二十四史校訂研究叢刊

貞石證北朝史

范兆飛　仇鹿鳴　著

中華書局

圖書在版編目(CIP)數據

貞石證北朝史/范兆飛,仇鹿鳴著. —北京:中華書局,2025.
8. —(二十四史校訂研究叢刊). —ISBN 978-7-101-17293-5

Ⅰ. K239. 2

中國國家版本館 CIP 數據核字第 2025TG3638 號

書　　名	貞石證北朝史	
著　　者	范兆飛　仇鹿鳴	
叢 書 名	二十四史校訂研究叢刊	
責任編輯	王志濤	
封面設計	周　玉	
責任印製	陳麗娜	
出版發行	中華書局	
	(北京市豐臺區太平橋西里 38 號　100073)	
	http://www.zhbc.com.cn	
	E-mail:zhbc@zhbc.com.cn	
印　　刷	河北博文科技印務有限公司	
版　　次	2025 年 8 月第 1 版	
	2025 年 8 月第 1 次印刷	
規　　格	開本/850×1168 毫米　1/32	
	印張12¾　插頁 2　字數 275 千字	
印　　數	1-2000 册	
國際書號	ISBN 978-7-101-17293-5	
定　　價	88.00 元	

前　言

　　利用碑版校訂補充正史記載訛誤疏漏的學術傳統至少能上溯至北宋，除歐陽脩《集古録跋尾》、趙明誠《金石録》等著述外，司馬光編纂《資治通鑑》時已援據金石裁定史籍之異文。如隋末群雄之一的薛仁果，傳世文獻記其名“仁果”“仁杲”不一，《資治通鑑》卷一八三《考異》云：“今醴泉昭陵前有石馬六匹，其一銘曰：‘白蹄烏，平薛仁果時所乘。’此最可據，今從之。”隨着乾嘉考據學的興起，地面所存的歷代碑刻漸次得到系統的調查、著録與整理，這一傳統獲得進一步光大，清人研究雖多以札記、題跋等形式呈現，然考訂邃密。1950—1970年代進行的“二十四史”整理中，唐長孺主持點校的“北朝四史”，一方面廣泛吸收以錢大昕爲代表清代學者的考證成果，另一方面充分利用趙萬里《漢魏南北朝墓誌集釋》所匯聚二十世紀後在洛陽北邙出土的北朝宗室顯宦於正史有傳者之墓誌，第一次自覺地在現代古籍整理中系統運用金石資料，校訂《魏書》《北齊書》《周書》《北史》中的訛誤，較乾嘉諸老更上一層。“北朝四史”出版後，被學界公認爲“二十四史”整理的典範，金石校史是其成就的重要一面。

　　近年陸續出版的點校本“二十四史”修訂本《魏書》《隋書》《周書》《北齊書》，雖援據部分碑誌補充原校勘記，但由於各種原因，取用資料範圍相對有限，尤其是未能充分利用二十餘年來新刊佈的墓誌。與上世紀初的情況相類，新見北朝墓誌多非科學考古發現，發表渠道分散，不易充分收集利用，也有學者對個別墓誌的真僞存有疑議。隨着學術研究的推進，墓誌辨僞已有充分積累，目前所見以梁春勝《六朝石刻叢考》所列僞刻表最爲詳審①。墓誌真僞與發表時間的先後並無關係，民國時期刊佈的舊誌，亦有近年方被學者考訂爲僞刻者②。總體而言，若能充分掌握學界已有成果，小心鑒別，墓誌資料的可靠性並無太大問題。因此，本書在中華書局點校本、修訂本的基礎上，廣泛收集石刻中可資校正訂補北朝諸史者，裒集成編，以期稍爲讀史之助。唐人李延壽編纂《北史》時，將隋歸爲北朝，或有强調本朝正統之意，今爲便於諸史間相互參照，仍將《隋書》納入其中。

一

　　唐長孺主持“北朝四史”整理時，對運用石刻校史極爲重視。據中華書局所存檔案，點校者曾系統比勘過《金石萃編》

---

① 梁春勝：《六朝石刻叢考》，中華書局，2021 年，第 32—63 頁。

② 如崔楷墓誌，雖于右任《鴛鴦七誌齋藏石》既已收入，近年梁春勝、羅新皆考其爲僞誌（梁春勝：《六朝石刻叢考》，第 1139—1140 頁；羅新：《崔巨倫其人》，《彼美淑令：北朝女性的個體生命史》，北京大學出版社，2024 年，第 146 頁）。另趙萬里《漢魏南北朝墓誌集釋》所收，目前似未有被學者指出爲僞誌者，足見鑒別之精。

《八瓊室金石補正》《漢魏南北朝墓誌集釋》等書①。從《周書》校勘記反映的情況來看，其後還取用《文苑英華》載録庾信所撰碑誌、《文館詞林》殘卷中楊紹碑等傳世文獻中保存的金石文字，幾近巨細靡遺。或囿於時勢不定，整理者當時未及利用的材料僅新中國成立後經科學考古發掘的墓誌。這類墓誌雖數量不多，却有關涉重要史實者。如1957年刊佈的河北景縣封氏墓群中發現的封延之墓誌，關於封延之的封爵，《魏書》卷三二《封懿傳》作“剡縣開國子”，《北齊書》卷二一《封隆之傳》作“郟城縣子”，《北史》卷二四《封懿傳》作“郟城子”，封延之墓誌作“郟城縣開國子”。按剡縣在南朝境内，《魏書》卷一〇六下《地形志下》襄城郡下有郟城縣，當以“郟城”爲是②，三史記載之歧異，由是涣然冰釋。原校勘記推考偶有疏失者，亦可藉此訂正，如《魏書》卷三二《封懿傳》記封延之“天平中，驃騎大將軍、青州刺史”，點校本校勘記云：“按《北齊書》卷二一《封隆之附封延之傳》，興和初才除中堅將軍，豈有天平中先已官驃騎大將軍之理？《北齊書》稱興和二年，延之死後贈驃騎大將軍，此或是舉贈官，而年號有誤。又延之先是‘行晉州事’，贈官是‘冀州刺史’，此云‘青州刺史’，也不合。”今檢封延之墓誌所記皆與傳合，原校勘記考證有誤③。

---

① 其中《魏書》與石刻的對校工作最初計劃由王永興承擔，徐俊：《〈魏書〉及“北朝四史”的點校與修訂》，《翠微却顧集：中華書局與現代學術文化》，中華書局，2021年，第396—399頁。
② 此條梁春勝《六朝石刻叢考》已指出，第122頁。
③ 按《魏書》修訂本已删除此條校勘記。

　　點校本運用石刻校史時，以墓誌與本傳比勘爲主。近年學者方注意到，北朝墓誌誌首或誌尾往往會詳細記録誌主家世婚宦等信息[1]，這些資料在當時並不具備通檢的條件[2]，現在若能充分利用，則能補充不少重要的校記。如《魏書》卷四八《高允傳》載録《徵士頌》一文，保存北魏神䴥四年徵召河北士人的名單，具有重要的史料價值，多爲學者矚目。點校本對此原有四條校勘記，考訂徵士名單中人名、官爵之誤。今據墓誌可補充兩條校勘記，並修訂一則。

　　東郡太守、蒲縣子中山劉策。蒲縣子，《北史》卷三一《高允傳》作"蒲陰子"。熙平元年劉顔墓誌云："祖策，散騎常侍、征虜將軍、東郡太守、蒲陰子。"按《魏書》卷一〇六上《地形志上》定州北平郡下有蒲陰縣。《隋書》卷三〇《地理志中》龍泉郡下有蒲縣，小注云"後周置"。知北魏無蒲縣，當以"蒲陰子"爲是。

　　中書郎、武恒子河間邢穎宗敬。武恒子，點校本校勘記引張森楷《北史》校勘記云："《邢巒傳》稱穎假平城子使宋，不云封'武恒子'，且地志亦無武恒縣，或'武垣'誤也。"今檢延昌四年邢偉墓誌、延昌四年邢巒墓誌、興和三年邢晏墓誌皆記其祖邢穎封城平子或城平侯。按邢晏墓誌、邢偉墓誌記兩人皆葬於武垣縣永貴鄉。《魏書》卷一〇六上《地形志上》瀛洲河間郡下有武垣縣，即

---

①　陳爽：《出土墓誌所見中古譜牒研究》，學林出版社，2015年，第59—61頁。

②　最基本的工具書如正史人名索引、地名索引皆是點校本完成後編製的，徐俊：《"二十四史"點校整理的回顧與現狀》，《翠微却顧集：中華書局與現代學術文化》，第456頁。

邢氏鄉里所在，“武恒”當是“武垣”之誤，邢穎或曾有改封。又宗敬，邢晏墓誌記祖邢穎字敬宗。

廣平太守、列人侯西河宋愔。列人侯，《魏書》卷六三《宋弁傳》云：“祖愔，……賜爵列人子，還拜廣平太守。……贈安遠將軍、相州刺史，謚曰惠。長子顯襲爵。”宋顯無子，養弁爲後。永熙二年長孫士亮妻宋靈妃墓誌記其祖宋弁爲“烈人子”，疑“侯”誤。另錢大昕《廿二史考異》卷三九據《魏書》卷三三《宋隱傳》“第三子溫，世祖時徵拜中書博士。卒，追贈建威將軍、豫州刺史，列人定侯”，疑溫與愔本一人。按宋溫、宋愔仕歷、贈官、爵謚皆不同，恐非一人。

由此可見，若能充分運用現有檢索手段，辨析相關史料，即使《漢魏南北朝墓誌集釋》所收的舊誌中，仍有不少可供發覆處。

反之，如對出土墓誌未能及時掌握，修訂本新增的校記，難免有以非爲是者。如《魏書》卷八九《酷吏傳》原闕，今本或據《高氏小史》等補，故文字訛脱較多。修訂本於《酷吏傳》“暮年數延攜之宴飲，醉酣之後，攜之時或言及本末”句下增加一校勘記，云《北史》卷八七《酷吏傳》無後一“攜之”，《魏書》卷八三上《外戚傳》記文成元皇后李氏兄弟，有峻、誕、嶷、雅、白、永六人，云“不見有名或字攜之者，……疑此句上下文當句讀作‘暮年數延攜之，宴飲醉酣之後，時或言及本末’”，認爲“攜之”非人名。今檢高道悦妻李氏墓誌云“元恭皇后之季姪，……祖方叔，征東大將軍，儀同三司、頓丘獻王。父攜之，使持節、都督冀青定相濟五州諸軍事、征南將軍、啓府儀同三司、冀青二州刺史、彭城靜王"，並記"至夫人兄平始降爲公"。按《魏書》卷六五《李平傳》云"彭城王嶷之長子"。知攜之即李嶷之字。《魏書》本無誤，而《北史》卷八七《酷吏傳》之"攜之"當補專名綫。

二

北朝五史的記載，既有可相互印證者，其間矛盾抵牾處亦不少，藉助碑誌方能決其是非。如《北齊書》卷二二《李義深傳》云"父紹宗，殷州別駕"，點校本校勘記據《北史》卷三三《李義深傳》、《新唐書》卷七二上《宰相世系表二上》"紹字嗣宗"，疑"紹"下脱"字嗣"二字。李義深弟李稚廉墓誌云"父紹宗，殷州憲公。"知《北齊書》不誤，當於《北史》出校。《周書》卷二二《柳慶傳》云："（大統十三年）兼尚書右丞，攝計部。十四年，正右丞。……十六年，太祖東討，以慶爲大行臺右丞，加撫軍將軍。還轉尚書右丞。"此段前後有四"右丞"，點校本校勘記云："《北史》本傳作'除尚書左丞攝計部'。按下文又云：'十六年，太祖東討，以慶爲大行臺右丞，加撫軍將軍。還轉尚書右丞。'而卷四六《孝義柳檜傳》云"弟慶爲尚書左丞"，正是大統十六、七年事，'左''右'也不同。"新出柳慶墓誌云："十三年，除尚書右丞，……十六年，太祖董帥東行，以公爲大□臺右丞，轉尚書左丞。"知最後一"右丞"當作"左丞"，而《北史》卷六四《柳慶傳》之"左丞"爲"右丞"之訛。《隋書》卷六四《張奫傳》記其歷撫、顯、齊三州刺史，修訂本校勘記引《北史》卷七八《張奫傳》作"撫濟二州刺史"，張楚賢墓誌記其父歷"撫顯濟三州刺史"，疑"濟州"是。

　　《北史》與其他四史記載雖時有別，今據碑誌可知部分差異實乃各有史源所致。如《周書》卷四六《柳雄亮傳》記其"大象末，位至賓部下大夫"，點校本校勘記引《隋書》卷四七《柳機傳》、《北史》卷六四《柳虯傳》記其在周官至"内史中大夫"。柳雄亮墓誌記其在周末先後歷賓部下大夫、納言下大夫、内史中大夫，《周書》《隋書》蓋各取一任，並無正誤之分，這類校勘記宜刪。

　　北朝諸史由於缺少善本，魯魚亥豕之訛甚多，點校本校勘記已注意到"豳""幽""泰""秦"等地名常因形近混淆。一畫之誤，涉及關鍵史實的差異，舊校雖多有考訂，據新出墓誌方足定讞。如《北齊書》卷一六《段榮傳》云其"天平三年，轉行泰州事"，原校勘記云："三朝本、汲本'泰'作'恭'，他本作'秦'。按當時無'恭州'，秦州屬西魏。'恭'和'秦'都是'泰'之訛。"段榮墓誌云："然砥柱之北，龍津以南，乃上國之西門，誠偏境之東面，仍除泰州刺史。"據誌文所述山川形勢，爲"泰州"無疑。又《魏書》卷一六《道武七王傳》記元世遵兩任幽州刺史，元遵墓誌記其後一任爲"豳州刺史"，誌文云其"歷宰五州"，綜合誌、傳記載知其先後歷幽、青、豳、荆、定五州，當以"豳州"爲是。甚至宋本已存在的闕文，亦有可據墓誌補正者，如《魏書》卷一九中《景穆十二王傳中》記元朗"贈都督瀛冀二州諸軍事、□□將軍、尚書右僕射、冀州刺史"，據元朗墓誌知所脫當是"中軍"二字。

　　一些更爲複雜的問題也可依靠墓誌提示的綫索得到解決。如《魏書》卷六三《王肅傳》云王孝康"武定中，尚書郎中。卒"，《北史》卷四二《王肅傳》無卒字，王孝康墓誌記其卒於天統二年，則《魏書》天保五年書成奏上時，王孝康仍在世。依《魏書》體例，僅記載入齊士人在東魏末的任官，此處"卒"字疑爲衍文。又《北齊書》卷四《文宣紀》云"（天保十年）五月癸未，誅始平公元世、東平公元景式等二十五家"，此處"元世"下有脱文，點校本校勘記云："本書卷二八及《北史》卷一九《元韶傳》作'元世哲'，這裏脱'哲'字。"《北史》卷七《齊本紀中》校勘記據李慈銘《北史札記》所云"考《魏書·任城王雲傳》有世哲，武定中吏部郎，爲僕射世儁之弟，即雲之孫，而未嘗有始平之封"，並指出："《魏書》卷二一下《彭城王勰傳》，勰子子正封始平王，子欽，字世道襲，入齊，隨例降爵。則此始平公應是元世道，即元欽，而非元世哲。"不過仍認稱"但元世哲亦是同時被殺者，見本書卷一九《元韶傳》"。元叡墓誌（字世哲）已於近年發現，知其早已在天保三年去世，則"元世"下所脱絕非"哲"字，疑當作"元世道"。

　　進一步擴展史料的範圍，《集古録跋尾》、《金石録》等宋人金石著述中的引文，雖吉光片羽，仍不乏有重要價值者。如《魏書》卷三一《于栗䃽傳》記于烈遷屯田給納，《金石録》卷二一引《後魏太尉于烈碑》作"屯田給事"。按《魏書》卷一一三《官氏志》載太和十九年詔云"原出朔土，舊爲部落大人，而自皇始已來，有三世官在給事已上，及州刺史、鎮大將，及品登王公者爲姓"。和平二年文成帝南巡碑碑陰題名中常見給事一職，蓋是北魏前期帶有胡族制度特征的官名。直至太和十八年《前職令》中，給事仍位從三品上階①，疑當作"給事"。

① 黄楨：《北魏〈于烈碑〉考》，《中華文史論叢》2024年第1期，第50—51頁。

造像題記中亦有可資校勘者，如錢大昕《潛研堂金石文跋尾》卷二據楊大眼造像記考《魏書》卷七三《楊大眼傳》中"安成縣開國子"爲"安戎縣開國子"。又《隋書》卷六二《元巖傳》云其"進爵平昌郡公"，開皇五年重修七帝寺碑有"前刺史昌平公元巖"，開皇十六年正解寺殘碑中亦有"昌平公元巖"，疑"昌平"是。《文苑英華》所收庾信撰碑誌雖已在點校本中得到利用，個別新出墓誌仍有重要價值。如《文苑英華》卷九四七《周車騎大將軍贈小司空宇文顯墓誌銘》，宇文顯墓誌原石已發現，知《文苑英華》"安吉縣侯"下脱"魏武皇帝龍潛蕃邸，躬勞三顧，爰始詔謀，公乃陳當世之事，運將來之策，帝由是感激，遂委心焉。武帝即位，除冠軍將軍、直閤將軍、閤内都督，別封城陽縣開國侯"一段關鍵文字，恰可證《周書》卷四〇《宇文神舉傳》記父顯和封"城陽縣公"蓋"城陽縣侯"之誤①。

　　儘管墓誌敍其先世歷官，往往有誇飾之處，若加以甄別，有時亦能提示重要綫索。如《北齊書》卷四二《盧潛傳》記其從祖兄懷仁，歷太尉記室、弘農郡守。盧敷墓誌云高祖懷仁"以后舅遷神農郡守"，盧思順墓誌、盧元福墓誌皆記曾祖懷仁爲神農郡守。以上三誌年代雖距北齊稍遠，所記高度一致，復檢《隋書》卷三一《地理志下》江都郡高郵縣下小注云："梁析置竹塘、三歸二縣，及置廣業郡，尋以有嘉禾，爲神農郡。開皇初郡廢。"知北齊曾置神農郡。弘農郡時爲西魏所據，興和中東魏曾於汲郡陳城僑置恒農郡以撫流民，郡廢於

---

①　王其禕、李舉綱：《新出土北周建德二年庾信撰〈宇文顯墓誌銘〉勘證》，《出土文獻研究》第8輯，上海古籍出版社，2007年，第250—259頁。

北齊①。北齊是否長期僑置弘農郡反倒存疑，神農郡至少可備一説。

三

以上枚舉諸例，雖分屬不同類型，仍不脱宋以來學者運用金石校訂史籍之舊轍，若追步唐長孺主持整理"北朝四史"的示範，如何在現代學術規範下，系統審慎地在古籍整理中運用石刻這類"他校"材料，除了實踐的累積，仍需在方法論上有所思考。

清代金石學作爲乾嘉學術的一部分，方法上蓋以考據爲旨歸，廣受稱譽的"北朝四史"整理某種意義上可視爲這一傳統的殿軍。其整理即廣泛收集各種材料，校訂史籍記載的訛誤，實際上涵括了校勘與訂誤兩個不同層次的工作。現代古籍整理規範經過"二十四史"點校的實踐方得以確立，與早期整理本多"不主一本，擇善而從"不同，在此之後底本式校勘成爲學界普遍遵循的工作原則。這一原則背後的理念是古籍整理當以恢復原書面貌爲宗旨，校勘的目的是訂正古籍傳寫刊刻過程中的訛脱，而非訂正史書記載的錯誤，但落實在具體工作中，因各人認識不同，去取的尺度差異頗大。大約受到兩個因素的左右，一者，何爲古籍"原貌"，往往取決於整理者的判斷，從而影響校改的尺度；其次，非考史無以校史，版本校中發現的異文，援據各種他校材料方能判定正誤，校勘與考證本是一體兩面，這在"二十四史"點校與修訂中體現

---

① 　施和金：《北齊地理志》，北京，中華書局，2008 年，第 147、549 頁。

得尤爲明顯。

　　具體到北朝諸史，除《隋書》外，其他四史由於素乏善本，南監本以下諸本皆直接或間接祖自三朝本，後出版本的異文多據《北史》改動或刻版時據上下文意徑改，恐無依據①。以版本校爲基礎的傳統整理規範，未必有效，甚至會産生誤導。如《魏書》卷四五《辛紹先傳》記辛祥弟少雍，字季仲，修訂本校勘記據他本及《北史》卷二六《辛紹先傳》改作“季和”。今檢辛祥墓誌誌尾云：“弟季仲，給事中。”即其人，底本本不誤，修訂本所據他本（即南監本以下諸本）之異文，疑係據《北史》改動。又《周書》卷三〇《李穆傳》云“尋進位大將軍，賜姓拓拔氏。”此處“拓拔”本自殿本，三朝本以下諸本皆作“搶拔”，點校本校勘記雖注意到殿本依《北史》改，並無版本依據，但以爲“拓”“搶”都是譯音，故從殿本。修訂本校勘記補充李賢墓誌云“建國搶拔，因以爲氏”，仍未改回。今檢賀蘭祥墓誌誌尾記“長女嫡拓拔氏，……次女嫡搶拔氏”，知“拓拔”“搶拔”乃是不同的兩姓，不能混同。

　　《資治通鑑》《册府元龜》等書引文較南監本以下諸本更多地保留了北朝諸史宋本的面貌，對於我們判斷校改尺度具有重要作用。如《魏書》卷二二《孝文五王傳》云“文昭皇后生宣武皇帝、廣平文穆王懷”，《北史》卷一九《孝文六王傳》底本亦作“文穆”，點校本校勘記指出《魏書》卷一一《出帝紀》、元懷墓誌、元懷子元悌和元誨諸墓誌、《洛陽伽藍記》卷二平等

①　唐長孺在《魏書》出版説明中就明確指出“以上六個本子實是一個系統，直接間接同祖三朝本，也都作了些校改，這些校改有得有失”。

寺條、《金石録》卷二《范陽王碑跋》等皆作"武穆"，仍出校不改，修訂本則改字出校，或出於與《北史》校改尺度一致的考量。今檢《資治通鑑》卷一四八亦作"廣陽文穆王"，知司馬光所見宋本已誤，由於"文穆""武穆"不存在致訛軌迹，從保存《魏書》《北史》原貌角度，出校不改更爲穩妥。又《周書》卷三五《崔謙傳》記崔説贈鄜延丹綏長五州刺史，"長"，修訂本校勘記引《文苑英華》卷九〇四《周大將軍崔説神道碑》作"恒"，似未注意到《文苑英華》周必大校記云"《周書》作'長'"，則《周書》宋本即作"長"。按《周書》卷二《文帝紀下》記廢帝三年春正月改南夏爲長州，其地與鄜延丹綏相鄰，"長"恐不誤。無論"長""恒"孰是，以《周書》原貌而言，此條校記本不必出。又《魏書》卷四四《羅結傳》記子羅斤"除散騎常侍、侍中、四部尚書"，修訂本校勘記疑"四部"爲"西部"之訛。今檢羅宗墓誌云："曾祖斤，侍中、羽真、四部尚書。"穆亮妻尉氏墓誌亦記"祖侍中、散騎常侍、建義將軍、四部尚書、西陽公"，知北魏前期有四部尚書之職，此處"四部"絶非"西部"之訛。即使没有石刻書證，《册府元龜》卷四七八、卷六五二、卷六五四、卷六五五諸卷皆作"四部"，知《魏書》宋本即作"四部"。

　　在版本校所能提供綫索相對有限的情況下，致訛軌迹是我們判斷異文是否爲傳寫之誤的重要依據，除上文述及"幽""幽""泰""秦"等地名外，如《北史》卷一五《魏諸宗室傳》記元季海字元泉，元華光墓誌誌尾云："弟……馮翊王諱季海，字九泉。"元媛柔墓誌云："父諱季海，字九泉。""元""九"是常見的形訛。又《魏書》卷一九下《景穆十二王傳下》記元顯恭"尋除中軍將軍、荆州刺史"，元恭墓誌(字顯恭)作"都督東荆州諸

軍事、中軍將軍、東荆州刺史”，而《魏書》卷一〇《孝莊紀》有
“中軍將軍、前東荆州刺史元顯恭”，傳疑脱“東”字。其他多
數情況，或雖有正誤之别，更可能是史書記載本身的錯誤。
如《隋書》卷三九《陰壽傳》記其封趙國公，《北史》卷七三《陰
壽傳》、陰雲墓誌皆作“趙郡公”，是時獨孤羅亦封趙國公，同
時似不當有兩“趙國公”，疑“趙郡公”是。復檢《隋書》卷二
《高祖紀下》有“趙國公羅雲”，羅雲即陰壽之字，《隋書》很可
能本誤記作趙國公，此誤並非流傳過程中的訛脱。“二十四
史”的點校與修訂在以校勘爲主的前提下，承續清代以來學
者的工作，早已將不少考訂史實的校記囊括其中，出校考辨
正誤本屬應有之義。若在没有致訛軌迹的情況下，輕率地校
改原文，則混淆了校勘與訂誤這兩種性質不同的工作①。

　　金石證史除了要在實踐中區分校勘與校正外，以現代學
術標準而言，將碑誌與史傳比勘前，首先需要對石刻與正史
的同源關係作充分的考察。趙明誠《金石録序》云“蓋史牒出
於後人之手，不能無失，而刻詞當時所立，可信不疑”，傳統金
石學家往往偏信出土石刻。唐長孺在“北朝四史”整理的實
踐中有更敏鋭的觀察，嘗云“傳和誌互見，未必傳誤。此類封
爵、歷官、名字、謚號等史、誌不同的很多，凡不能斷定史誤
者，今後不一一出校記”②。所謂傳、誌記載多有不同，蓋緣於
部分碑誌與正史傳記並無同源性。若將《周書》傳記與庾信

---

① 包括“北朝四史”在内，“二十四史”點校本的部分校勘記雖考證精審，誠爲不刊之
　論，然以現代古籍整理的標準揆之，校改尺度稍失之於寬。
② 《魏書》卷一四《神元平文諸帝子孫傳》點校本校勘記〔七〕，按唐先生類似判斷在“北
　朝四史”校勘記中多見，僅舉其一。

所撰碑誌比較，不難發現碑傳間的同源關係並不一律，如齊王宇文憲是周武帝時重要的政治人物，《文苑英華》卷八九〇《周上柱國齊王憲神道碑》所記憲歷官時間多與《周書》紀、傳不同，兩者蓋各有史源。在史源不同的前提下，碑誌與本傳記載的諸種分歧並無明確的正誤關係，實不必引入校訂。這類與傳迥異的北朝墓誌，近年多有發現，其中以宇文測、裴政等人的墓誌最爲典型①。同一人碑、誌與正史傳記的同源關係往往也有差別，如《文苑英華》卷九〇五《周柱國大將軍紇干弘神道碑》，1996 年又在寧夏固原發現了田弘墓誌，比較神道碑、墓誌與本傳，庾信所撰神道碑與《周書·田弘傳》的同源性更近，這類情況只要取用碑、誌中與本傳有同源性關係的一種即可，不必貪多務得。

　　《周書》卷二九《楊紹傳》提供了一個更典型的案例，本傳云紹"祖興，魏新平郡守。父國，中散大夫"，點校本校勘記引《文館詞林》卷四五二《後周大將軍楊紹碑銘》云"祖國，鎮西將軍。父定，新興太守"，祖、父姓名官爵似有誤倒。今檢楊紹墓誌云："祖興，仕魏，官至安西將軍、金紫光禄，封進昌侯、新興郡守。父國，終於中散大夫、征虜將軍、司州刺史。"知《周書》所記實有所本，並非誤載。楊紹子楊雄墓誌云"祖國，魏金紫光禄大夫、新興太原二郡守、穆公"，雖仍稱紹父名國，然已將新興太守一職從楊興移至楊國頭上。若作進一步考

---

① 宇文測墓誌，拓本刊載、榮新江主編：《大唐西市博物館藏墓誌》，北京大學出版社，2012 年，第 4 頁。宇文測墓誌係流散出土，裴政墓誌則屬科學考古發現，見陝西省考古研究院：《陝西隋代裴政墓發掘簡報》，《咸陽師範學院學報》2024 年第 3 期，第 61—69 頁。

察，《後周大將軍楊紹碑銘》蓋楊雄入隋貴盛後，由薛道衡所撰，與《周書》本傳出入頗多，並無同源性。不過楊紹碑所敍先世又與《求古録》載《大周無上孝明高皇后碑銘》、《新唐書》卷七一下《宰相世系表一下》等一致，後來成爲武則天母家楊氏對其祖先的標準敍事，而撰於北周建德元年的楊紹墓誌則與傳同源。楊紹墓誌雖係流散出土，其家族墓誌已有多方先後刊佈，相互印證，可靠性並無問題，而《周書》點校本的修訂，或宜取用與傳有同源關係的楊紹墓誌。總而言之，期待今後金石校史、證史的實踐中，對於碑誌與本傳史源關係的考察成爲相關研究的前置條件。

四

本書以《貞石證北朝史》爲題，比勘取用碑誌資料的尺度較之“二十四史”整理爲寬，除校勘文字、考訂史實外，對於碑誌與史傳史源不同者，亦存録其對同一史實的不同記載，同時酌情附存碑誌中獨見的如名字、諡號、官爵等具有史料價值的記録，嘗試分校勘、訂誤、録異、補遺四個不同的維度，揭示碑誌的史料價值。

余嘉錫《四庫提要辯證》序録嘗云：“然而紀氏之爲《提要》也難，而余之爲辨證也易，何者？無期限之促迫，無考成之顧忌故也。且紀氏於其所未讀，不能置之不言，而余則惟吾之趨避。譬之射然，紀氏控弦引滿，下雲中之飛鳥，余則樹之鵠而後放矢耳。易地以處，紀氏必優於作《辨證》，而余之不能爲《提要》決也。”學如積薪，隨着資料的豐富、檢索手段的完備、研究的深入，有一得之愚，後出轉精，或屬題中之義。

如能爲北朝諸史之諍友，實屬幸事。本書撰寫時曾參考前賢時彦的相關著述，從趙萬里、羅新、葉煒、梁春勝等學者的研究中獲教尤多，責編王志濤逐一查核引文，提示相關材料與意見，避免了書中的不少錯誤，在此深表感謝，也期待學界同仁的批評與指正。

目　録

凡　例

一、本書利用碑誌校訂《魏書》《北齊書》《周書》《隋書》《北史》五史，分爲七卷，旁及南朝諸史條目附錄於後。李延壽編纂《北史》時，將隋代歷史囊括其中，故本書亦將《隋書》納入，統稱爲《貞石證北朝史》。

二、本書以校勘上述五史的文字訛脱、考訂史實錯誤爲主，兼及存錄碑、傳對同一史實的不同記載，碑誌中獨見的如名字、謚號、官爵等具有史料價值的記錄亦酌情附存。碑誌記載顯誤者，一般不予收錄。

三、二十四史點校本、修訂本校勘記已用石刻材料校正者，若非有明顯增補或進一步考辨，不再收入。《魏書》《北齊書》《周書》《隋書》四史與《北史》有關聯的條目，凡涉及正誤者，一般附記《北史》同，不再於《北史》重出。爲避繁瑣，前人研究中比勘史傳與碑誌記載差異者，不一一出注，有獨見之明者，皆附注其出處，前人研究成果見《徵引書目》。

四、本書體例仿錢大昕《廿二史考異》，首先徵引正史相關記載，次敍考證文字。《魏書》《北齊書》《周書》《隋書》及南朝諸史爲中華書局點校本二十四史修訂本，《北史》爲中華書局點校本。

五、本書徵引石刻範圍以已刊北朝隋代墓誌爲主，旁及碑刻、造像記等資料，唐人碑誌敍及先世，較爲可信者，亦酌情取用。本書利用的碑誌資料截至二〇二四年十二月。

六、北朝人物多有改姓，本書一律取其通稱，如北魏宗室成員稱“元某”，不稱“拓跋”。

七、石刻引文中殘字以“□”表示，殘泐字數不明者以“■”表示，空格以“〇”表示。

八、本書引用碑誌，隨文括注其清晰圖版和録文出處，兼及相關考古報告與考釋。爲行文簡便，引用以下石刻文獻，使用簡稱；其他著作或論文，使用全稱或期刊卷號。

簡稱	引用文獻名
集釋＋編號	漢魏南北朝墓誌集釋
彙編＋編號	漢魏南北朝墓誌彙編
疏證＋編號	新出魏晉南北朝墓誌疏證
集成＋編號	南北朝墓誌集成
校注＋編號	漢魏六朝碑刻校注
隋考＋編號	隋代墓誌銘彙考
貞石＋編號	貞石可憑：新見隋代墓誌銘疏證
安豐＋編號	文化安豐
碑林全集＋分卷＋頁碼	西安碑林全集・碑刻碑帖卷
碑林新藏＋編號	西安碑林博物館新藏墓誌彙編
碑林續編＋編號	西安碑林博物館新藏墓誌續編
北朝藏品＋編號	北朝藝術研究院藏品圖録：墓誌

簡稱	引用文獻名
北圖藏拓＋册號＋頁碼	北京圖書館藏中國歷代石刻拓本匯編
北周珍貴＋頁碼	中國北周珍貴文物
補遺＋6/7/8/千唐＋頁碼	全唐文補遺:6、7、8、千唐誌齋新藏專輯
磁縣＋編號	磁縣北朝墓群出土碑誌集釋
鳳栖原＋頁碼	長安鳳栖原韋氏家族墓地墓誌輯考
高陽原＋編號	長安高陽原新出土隋唐墓誌
關中民俗＋編號	石墨鎸華:關中民俗藝術博物院收藏碑誌集釋
國博＋頁碼	中國國家博物館館藏文物研究叢書·墓誌卷
邯鄲＋頁碼	邯鄲碑刻
河北金石＋頁碼	河北金石輯録
河洛＋編號	河洛墓刻拾零
華山＋編號	華山碑石
匯編洛陽＋册號＋頁碼	隋唐五代墓誌匯編·洛陽卷
匯編陝西＋册號＋頁碼	隋唐五代墓誌匯編·陝西卷
輯繩＋編號	洛陽出土歷代墓誌輯繩
流散＋編號	洛陽流散唐代墓誌彙編
流散續＋編號	洛陽流散唐代墓誌彙編續集
流散三＋編號	洛陽流散唐代墓誌彙編三集
洛陽百品＋編號	洛陽新獲墓誌百品
洛陽二〇一五＋編號	洛陽新獲墓誌二〇一五
洛陽考古院＋編號	洛陽市文物考古研究院藏石集粹:墓誌篇

簡稱	引用文獻名
洛陽新獲＋編號	洛陽新獲墓誌
洛陽續編＋編號	洛陽新獲墓誌續編
洛陽選編＋圖版編號	洛陽出土北魏墓誌選編
邙洛＋編號	邙洛碑誌三百種
墨香閣＋編號	墨香閣藏北朝墓誌
七朝＋編號	洛陽新獲七朝墓誌
千唐＋編號	千唐誌齋藏誌
千唐全集＋編號	千唐誌齋碑銘全集
秦晉豫＋編號	秦晉豫新出墓誌蒐佚
秦晉豫續＋編號	秦晉豫新出墓誌蒐佚續編
秦晉豫三＋編號	秦晉豫新出墓誌蒐佚三編
山東石刻＋編號	山東石刻分類全集：歷代墓誌
陝博＋編號	風引薤歌：陝西歷史博物館藏墓誌萃編
陝考新藏＋編號	陝西省考古研究院新入藏墓誌
唐代彙編＋編號	唐代墓誌彙編
唐代續集＋編號	唐代墓誌彙編續集
西安新獲＋編號	西安新獲墓誌集萃
西南集釋＋編號	西南大學新藏墓誌集釋
西市＋編號	大唐西市博物館藏墓誌
新見集釋＋編號	新見北朝墓誌集釋
新見隋誌＋編號	陝西新見隋朝墓誌
新見唐誌＋編號	陝西新見唐朝墓誌
新中國＋分卷＋編號	新中國出土墓誌

續表

簡稱	引用文獻名
榆陽＋編號	榆陽區古代碑刻藝術博物館藏誌
鴛鴦＋編號	鴛鴦七誌齋藏石
贊皇李氏＋頁碼	贊皇西高北朝趙郡李氏家族墓地：2009—2010年北區發掘報告
張海館藏＋册號＋頁碼	張海書法藝術館館藏石刻選
昭陵＋頁碼	昭陵碑石
珍稀百品＋編號	珍稀墓誌百品
涿州＋頁碼	涿州貞石録

卷一　魏書一

世祖紀下（卷四下）

（太平真君六年八月）壬辰，（萬）度歸以輕騎至鄯善，執其王真達以詣京師。（頁116）

真達　延昌元年鄯乾墓誌（集釋212，彙編111）云："侍中、鎮西將軍、鄯鄯王寵之孫，平西將軍、青平涼三州刺史、鄯鄯王、臨澤懷侯視之長子。考以去真君六年歸國。"趙萬里引《北史》卷九七《西域傳》鄯善王比龍、真達，推定鄯善王寵即比龍，視即真達。張琦則認爲寵爲真達①。

高祖紀下（卷七下）

（太和十五年）六月丁未，濟陰王（元）鬱以貪殘賜死。（頁200）

丁未　《北史》卷三《魏本紀三》同。《北史》點校本校勘記據張元濟"以五月己亥、乙卯推算，當有誤"，推斷

---

① 張琦：《〈鄯乾墓誌〉世系新考》，《中國史研究》2025年第1期，第153—155頁。

"六月壬戌朔，無丁未。張説是"。熙平元年元鬱墓誌(秦晉豫15，新見集釋1)記其卒於太和十五年六月二十六日。按是年北魏置閏，有五月、六月兩説，《魏書》修訂本本卷校勘記〔九〕考是年閏五月，若此則六月辛卯朔，丁未爲十七日。張元濟所説恐誤，《北史》校勘記當删。

（太和二十年八月）丁巳，南安王（元）楨薨。（頁213）

　　丁巳　《北史》卷三《魏本紀三》同。按八月壬辰朔，丁巳爲二十六日。太和二十年元楨墓誌(集釋132，彙編60)記其卒於太和二十年八月二日癸巳。

（太和二十三年正月）甲辰，大赦天下。太保、齊郡王（元）簡薨。（頁219）

　　甲辰　《北史》卷三《魏本紀三》同。太和二十三年元簡墓誌(集釋162，彙編62)記其卒於太和二十三年正月二十六日癸卯。按正月戊寅朔，甲辰爲二十七日，誌、紀相差一日。

世宗紀（卷八）

（景明二年）夏五月壬子，廣陵王（元）羽薨。（頁232）

　　壬子　《北史》卷四《魏本紀四》同。景明二年元羽墓誌(集釋178，彙編69)記其卒於景明二年五月十八日。按五月甲午朔，壬子爲十九日，誌、紀相差一日。

（景明四年正月）詔行梁州事楊椿、左將軍羊祉討之。（頁
234）

　　左將軍　《魏書》卷一〇五之二《天象志二》同。《魏
書》卷八九《羊祉傳》云：“景明初，爲將作都將，加左軍將
軍。四年，持節爲梁州軍司，討叛氐。”熙平元年羊祉墓
誌(山東石刻 5—6,疏證 35)亦作“左軍將軍”。按《魏書》卷一
一三《官氏志》載《後職令》，左將軍位第三品，左軍將軍
位從四品上階。梁州宣武時並非上州，據《後職令》，中
州刺史位從三品①。羊祉持節爲梁州軍司，疑帶“左軍將
軍”。

（正始二年）夏四月己未，城陽王（元）鸞薨。（頁 238）

　　四月己未　《北史》卷四《魏本紀四》同。《魏書》卷
一〇五之二《天象志二》作“正始二年四月”。正始二年
元鸞墓誌(集釋 144,彙編 79)記其卒於正始二年三月二十五
日。按三月辛未朔，二十五日爲乙未，四月辛丑朔，己未
爲十九日。

（正始二年四月）丙寅，以仇池氐叛，詔光禄大夫楊椿假
平西將軍，率衆以討之。（頁 238）

　　太昌元年楊椿墓誌(秦晉豫續 77,集成 558)云：“（景明）
三年，轉平西將軍，餘如故。正始二年，徵拜銀青光禄大

---

① （日）窪添慶文：《魏晉南北朝官僚制研究》，趙立新等譯，復旦大學出版社，2017 年，
第 153 頁。

夫。"則楊椿先轉平西將軍,再加光禄大夫。

(永平元年九月)戊戌,殺侍中、太師、彭城王(元)勰。(頁 246)

戊戌 《北史》卷四《魏本紀四》同。永平元年元勰墓誌(集釋 185,彙編 93)記其卒於永平元年九月十九日己亥。按九月辛巳朔,戊戌爲十八日,誌、紀相差一日。

(延昌三年十一月)乙卯,以中護軍元遥爲征南將軍、東道都督,鎮遏梁楚。(頁 256)

征南將軍 熙平二年元遥墓誌(集釋 106,彙編 145)云: "延昌中,淮泗不靜,加公征南大將軍、都督南征諸軍事。"按《魏書》卷一一三《官氏志》載《後職令》,四征將軍第二品,小注云"加大者,位次衞大將軍"。

蕭宗紀 (卷九)

(神龜元年九月)戊申,皇太后高氏崩于瑶光寺。(頁 273)

戊申 《北史》卷四《魏本紀四》同。神龜元年高英墓誌(集釋 28,彙編 152)記其卒於神龜元年九月二十四日。按九月癸未朔,戊申爲二十六日,誌、紀相差二日。

(神龜二年)二月乙丑,齊郡王(元)祐薨。(頁 273)

二月乙丑 《北史》卷四《魏本紀四》同。按二月辛亥朔,乙丑爲十五日。神龜二年元祐墓誌(集釋 165,彙編

157)記其卒於神龜二年正月六日，葬於二月二十三日。趙萬里認爲當以誌爲正。

（正光元年）秋七月丙子，……殺太傅、領太尉、清河王（元）懌，總勒禁旅，決事殿中。（頁 275—276）

　　秋七月丙子　《北史》卷四《魏本紀四》、《魏書》卷一〇五之一《天象志一》同。孝昌元年元懌墓誌（洛陽選編107，彙編228）云：“（神龜三年）七月癸酉朔三日乙亥害王於位。”按七月癸酉朔，丙子爲四日，誌、紀相差一日。

（正光二年十一月）癸丑，侍中、車騎大將軍侯剛加儀同三司。（頁 278）

　　孝昌二年侯剛墓誌（集釋249，彙編243）云：“正光初，加車騎大將軍。三年，儀同三司。”

（正光五年）秋七月甲寅，詔吏部尚書元脩義兼尚書僕射，爲西道行臺，率諸將西討。（頁 282）

　　尚書僕射　《魏書》卷一九上《景穆十二王傳上》、《北史》卷一七《景穆十二王傳》作“尚書右僕射”。孝昌二年元壽安墓誌（字脩義，集釋117，彙編245）云：“改授使持節、開府、假驃騎大將軍、兼尚書右僕射、行秦州事，本官如故，爲西道行臺。”按《資治通鑑》卷一五〇亦作“尚書僕射”，知《魏書·肅宗紀》宋本即無“右”字。

（正光五年七月）丁丑，（莫折）念生遣其都督楊伯年、樊

元、張朗等攻仇鳩、河池二戍，東益州刺史魏子建遣將尹祥、黎叔和擊破之，斬樊元首，殺賊千餘人。（頁282）

　　　仇鳩　大業二年黎淳墓誌（秦晉豫續166，新見集釋37）作"鸜鳩"，"仇""鸜"音近。誌文記淳字叔和，蓋以字行。

（孝昌元年正月庚申）詔鎮軍將軍、臨淮王（元）彧，尚書李憲爲都督，衞將軍、國子祭酒、安豐王（元）延明爲東道行臺，復儀同三司李崇官爵，爲東道大都督，俱討徐州。崇以疾不行。（頁284）

　　　尚書李憲爲都督　元象元年李憲墓誌（集釋292，彙編359）記其本爲七兵尚書，是時"以公爲征東將軍、東討都督"。

　　　衞將軍國子祭酒安豐王延明爲東道行臺　太昌元年元延明墓誌（集釋169，彙編326）記其此前已"除衞將軍，仍侍中，領國子祭酒"，是時"除衞大將軍、東道僕射、大行臺，本官如故"。《魏書》卷二〇《文成五王傳》記元延明云："及元法僧反，詔爲東道行臺、徐州大都督。"《魏書》卷六六《李崇傳》云："乃詔復崇官爵，爲徐州大都督，節度諸軍事。會崇疾篤，乃以衞將軍、安豐王延明代之。"李崇因疾不行後，蓋以元延明代爲徐州大都督。

（孝昌元年九月）丙辰，詔左將軍、幽州刺史常景爲行臺，征虜將軍元譚爲都督，以討洛周。（頁287）

　　　征虜將軍元譚爲都督　建義元年元譚墓誌（集釋175，彙編277）云："捍城之舉，除征虜將軍、涇州刺史，遇患不行。遷平南將軍、武衞將軍、銀青光禄大夫、使持節、假安北將軍、幽州大都督。"按《魏書》卷二一上《獻文六王傳上》記元譚討杜洛周前，已入爲武衞將軍。

(孝昌二年)三月庚子，以驃騎大將軍、徐州刺史、安豐王(元)延明爲儀同三司。追復中山王(元)熙本爵，子叔仁紹之。(頁289)

　　　驃騎大將軍　太昌元年元延明墓誌(集釋169，彙編326)云："復除徐州刺史，仍侍中、本將軍。尋加驃騎大將軍、儀同三司。"據誌文知其本將軍號爲衞大將軍。

　　　追復中山王熙本爵　孝昌元年元熙墓誌(集釋134，彙編226)云："孝昌元年，追復王封，迎喪還洛陽。"與元熙同時遇害其子元晫墓誌(字景獻，集釋135，彙編231)亦云："孝昌元年十月十七日復耻申窓，大禮爰閟。"知元熙復爵在孝昌元年十月，趙萬里指出本紀將元熙復爵與其子叔仁紹封誤併一時。

(孝昌三年正月)大隴都督、南平王(元)仲冏，小隴都督高畢並相尋退散。(頁292)

　　　大隴都督南平王仲冏　武泰元年元暐墓誌(集釋74，彙編269)記其名暐，字仲冏，蓋以字行。誌文記元暐時爲"使持節、都督秦州諸軍事、本將軍、秦州刺史、假鎮西將軍，都督、王如故"。

(孝昌三年)八月，都督源子邕、李軌、裴衍攻鄴。丁未，

斬(元)鑒，相州平。（頁 293）

丁未　《北史》卷四《魏本紀四》同。天保八年元鑒墓誌(字長文，北魏元長文墓誌)記其卒於孝昌三年八月二十三日，按八月辛卯朔，丁未是十七日。

皇曾孫故臨洮王(元)寶暉世子釗。（頁 294）

臨洮王寶暉　《北史》卷四《魏本紀四》同。《魏書》卷二二《孝文五王傳》云：“後靈太后令愉之四子皆附屬籍，追封愉臨洮王。子寶月襲。”知元愉有四子。正光四年元愉妻楊奧妃墓誌(北朝藏品 6)誌尾記其四子名寶月、寶輝、寶炬、寶明，寶輝即寶暉。孝昌元年元寶月墓誌(集釋191，彙編232)記其卒於正光五年，寶月死後，或由弟寶輝襲爵。

孝莊紀（卷一〇）

（武泰元年四月癸卯）安南將軍、并州刺史元天穆爲太尉公，封上黨王；侍中、車騎大將軍、儀同三司楊椿爲司徒公；……中軍將軍、給事黃門侍郎元頊爲東海王。（頁 305）

安南將軍　據普泰元年元天穆墓誌(集釋 46，彙編320)，元天穆除太尉、封上黨王前爲安北將軍、并州刺史，安北與并州方位相合，疑紀誤。

儀同三司　太昌元年楊椿墓誌(秦晉豫續 77，集成 558)云：“尋遷侍中、車騎大將軍、開府儀同三司，仍雒州刺史。建義元年，除司徒公。”北魏前期，開府儀同三司與儀同三司似無區分,《後職令》將“儀同三司”“諸開府”列於從一品,未置開府儀同三司。以北魏末年遷轉實例而論,有從儀同三司遷至開府儀同三司者①,《隋書》卷二七《百官志中》記北齊制度,開府儀同三司爲從一品,儀同三司爲第二品,或源自魏末②。紀疑脫“開府”二字。

中軍將軍　《魏書》卷二一上《獻文六王傳上》記元頊云:“莊帝初,拜侍中、車騎將軍,封東海王,食邑千户。”太昌元年元頊墓誌(集釋184,彙編327)云:“入爲中軍將軍,大宗正卿。……分封樂平縣開國公,邑九百户,仍本將軍。復授黄門郎。及永安初,遷侍中、車騎將軍、左光禄大夫。……因封改加汝陽郡王,食邑千室。又更封東海郡王,轉中書監、本將軍。”紀、傳蓋將多次加官進爵併作一事。

(武泰元年四月)甲辰,追復故廣陽王(元)淵、故樂安王(元)鑒爵。(頁305)

樂安王　《魏書》卷九《肅宗紀》云:“(孝昌三年七月)相州刺史、安樂王鑒據州反。……(八月)丁未,斬鑒,相州平。”《魏書》卷二〇有《安樂王元鑒傳》,即其人,傳云“莊帝初,許復本族,又特復鑒王爵,贈司空”。天保八年元鑒墓誌(字長文,北魏元長文墓誌)題作“魏故使持節侍

---

① 如普泰元年穆紹墓誌(集釋280,彙編324)云:“乃授侍中、車騎大將軍、儀同三司。未幾,復以本號開府,爲定州刺史。辭疾不行,……除使持節、都督四州諸軍事、驃騎大將軍、開府儀同三司、青州刺史。”《魏書》卷二七《穆紹傳》略同。

② 張鶴泉:《論北魏時期的開府儀同三司》,《人文雜誌》2018年第7期,第74—86頁。

中司空公定州刺史安樂王墓誌銘”。故知此處“樂安”誤倒。按《魏書》百衲本誤作“樂安”，點校本徑改作“安樂”，修訂本據底本改回，未出校記校正。

（永安元年）十有一月戊午，以無上王世子（元）韶爲彭城王，陳留王子（元）寬爲陳留王，寬弟（元）剛爲浮陽王，剛弟（元）質爲林慮王。（頁309）

　　太昌元年元文墓誌(字思質，即元質，集釋188，彙編333)云：“永安二年，封林慮郡王，食邑一千户。”

（永安二年五月）丁巳，以撫軍將軍、前徐州刺史楊昱爲使持節、鎮東將軍、東南道大都督，率衆鎮滎陽。（頁310）

　　鎮東將軍　太昌元年楊昱墓誌(新中國陝西肆2，疏證60)云：“除撫軍將軍、度支尚書、鎮軍將軍、七兵尚書。淮泗襟帶，彭、沛攸屬，除使持節、散騎常侍、徐州刺史，曾不期月，龕虜万計，信服淮夷，義流異域。除右光禄大夫、河南尹，遷車騎將軍、兼尚書右僕射、東南道大行臺。”《魏書》卷五八《楊昱傳》云：“尋除鎮東將軍、假車騎將軍、東南道都督，又加散騎常侍。……還朝未幾，屬元顥侵逼大梁，除昱征東將軍、右光禄大夫、加散騎常侍、使持節、假車騎將軍，爲南道大都督，鎮滎陽。”按鎮東將軍，墓誌作“鎮軍將軍”，據《魏書》卷五八《楊昱傳》，昱鎮滎陽時，爲征東將軍，本紀所敍官職疑與第一次出爲東南道都督時相混。

　　東南道大都督　墓誌作“東南道大行臺”。按《魏書》卷七五《尒朱世隆傳》云：“顥既克滎陽，擒行臺楊昱。”

（永安二年五月丁丑）安昌縣開國侯元鷙爲華山王。（頁 310）

安昌 興和三年元鷙墓誌（集釋 42，彙編 369）云：“詔封昌安縣開國侯，食邑八百戶。”按《魏書》卷一〇六中《地形志中》豫州初安郡下有安昌縣、膠州平昌郡下有昌安縣。

（永安二年六月）壬寅，克河內，斬太守元襲、都督宗正珍孫。（頁 311）

壬寅 太昌元年元襲墓誌（集釋 112，彙編 332）記其卒於永安二年六月二十一日。按六月辛巳朔，壬寅爲二十二日，紀、誌相差一日。

（永安三年十月丙辰）以中軍將軍、前東荊州刺史元顯恭爲使持節、都督晉建南汾三州諸軍事、鎮西將軍、晉州刺史、兼尚書左僕射，爲征西道行臺。（頁 315）

征西道行臺 《魏書》卷一九下《景穆十二王傳下》作“西北道行臺”，張森楷稱“征西不當稱道，傳文是，此誤”。點校本校勘記以張說爲是。修訂本校勘記補充西北道行臺防遏汾水流域，而元顯恭爲晉州刺史，正在洛陽西北。今檢太昌元年元恭墓誌（字顯恭，集釋 147，彙編 334）云：“兼尚書左僕射、西北道大行臺、大都督、節度諸軍事。”當以“西北道”爲是。另《資治通鑑》卷一五四作“西道行臺”，或《魏書》卷一〇《孝莊紀》宋本已誤作“征西道”，司馬光徑刪“征”字。

廢出三帝紀（卷一一）

（普泰元年）秋七月壬申，尒朱世隆等害前太保楊椿、前司空公楊津及其家。（頁327）

秋七月壬申　按七月己巳朔，壬申爲四日。太昌元年楊椿墓誌（秦晉豫續77，集成558）云：“普泰元年六月廿九日薨于鄉第。”鄉第即指弘農楊氏故里華陰潼鄉習仙里。太昌元年楊津墓誌（秦晉豫續76，集成563）云：“普泰元年七月四日薨於洛陽依仁里。”則楊椿、楊津並非卒於同時同地。據已出數十通楊氏墓誌，知尒朱天光誅殺華陰諸楊，尒朱世隆誅殺洛陽諸楊，前者在六月二十九日，後者在七月四日，並非同日。

後廢帝，諱朗，字仲哲，章武王融第三子也，母曰程氏。（頁329）

章武王融第三子　《册府元龜》卷一〇作“章武王融第二子”。武定四年元融妻盧貴蘭墓誌（集釋150，彙編394）記其長子字景哲，次子字叔哲，三子字季哲，元朗字仲哲，係庶出，考其行第，當以“第二子”爲是。

永安二年，爲肆州魯郡王後軍府錄事參軍。（頁329）

肆州魯郡王後軍府　《魏書》卷一九下《景穆十二王傳下》記元肅“除散騎常侍，出爲後將軍、廣州刺史。後除衞將軍、肆州刺史”。永熙二年元肅墓誌（集釋142，彙編338）云：“於時并肆之地，分置廣州。……乃除持節、後將軍、廣州刺史，仍除衞將軍、肆州刺史、常侍，王並如故。”
按元肅爲肆州刺史時，軍號已轉爲衞將軍。

（永熙二年三月）甲午，⋯⋯太師、魯郡王（元）肅薨。（頁
337）

甲午　《北史》卷五《魏本紀五》同。永熙二年元肅
墓誌（集釋142，彙編338）未記其卒日，云“以永熙二年二月己
未朔廿六日甲申窆於西陵”。按三月己丑朔，甲午爲六日。

（永熙三年二月）壬午，以衞將軍、前徐州刺史元祐爲衞
大將軍、儀同三司。（頁339）

元祐　天平四年元祜墓誌（考古2007－11，磁縣5）記其
名“祜”。“祐”“祜”蓋形近致訛。

孝靜紀（卷一二）

（天平三年）夏四月丁酉，昌樂王（元）誕薨。（頁350）

丁酉　《北史》卷五《魏本紀五》同。天平三年元誕
墓誌（文物資料叢刊1，新中國河北壹8）云“天平三年歲次丙辰
四月甲戌廿六日己亥，薨於第”。按天平三年四月辛未
朔，丁酉爲二十七日，墓誌記四月甲戌朔，與曆法不合，
疑誤。然若以甲戌爲朔日，己亥亦爲二十六日，誌、紀相
差一日。

（武定）七年春正月戊辰，蕭衍弟子北徐州刺史、封山侯

蕭正表以鍾離内屬，封蘭陵郡開國公、吳郡王。（頁363—364）

　　封山侯　底本原作“中山侯”，點校本校勘記據《太平御覽》卷一〇四引《後魏書》、《資治通鑑》卷一六二改。按《梁書》卷二二《太祖五王傳》、《南史》卷五一《梁宗室傳》記蕭正表皆作“封山侯”，今檢武定八年蕭正表墓誌（集釋304，彙編400）亦作“封山縣開國侯”。

皇后傳（卷一三）

文成元皇后李氏，梁國蒙縣人，頓丘王峻之妹也。……後諡曰元皇后，葬金陵，配饗太廟。（頁387）

　　頓丘王峻之妹也　底本“頓丘”上原衍“母”字，點校本校勘記據《太平御覽》卷一三九引《後魏書》刪，並引《魏書》卷八三上《外戚傳上》“李峻，字珍之，梁國蒙縣人，元皇后兄也。父方叔，劉義隆濟陰太守”爲證。神龜二年高道悅妻李氏墓誌（山東石刻5—9，集成223）云：“元恭皇后之季姪，……祖方叔，征東大將軍、儀同三司、頓丘獻王。”武平七年李雲墓誌（考古1964—9，彙編487）云：“曾祖方叔，儀同三司、頓丘獻王，魏文成皇元恭后之父也。”皆證李皇后爲李方叔女，另知其後諡曰“恭”。

宣武皇后高氏，文昭皇后弟偃之女也。（頁393）

　　文昭皇后弟偃　《八瓊室金石補正》卷一五《贈營州刺史懿侯高貞碑》（北圖藏拓4—143）記其父高偃爲“文昭皇太后之第二兄也”。

神元平文諸帝子孫傳（卷一四）

長樂王（元）壽樂，章帝之後也。……拜太宰、都督中外諸軍事、録尚書事。（頁404）

長樂王壽樂　《魏書》卷五《高宗紀》有"驃騎大將軍元壽樂"，神龜二年堯君妻元妙墓誌（秦晉豫18，集成234）記其爲"都曹三公、侍中、太尉、驃騎大將軍、録尚書、萇樂王拔之孫"，所記官職與元壽樂相近，當即其人。拔是鮮卑語 bäg 之音譯，常作爲後綴詞施於人名之末，當是壽樂鮮卑名之一部分。周鼎據《北齊書》卷二七《万俟洛傳》記其"字受洛干"、《北史》卷五《魏本紀五》作"万俟壽樂干"等書證，比定元壽樂的鮮卑名是受洛拔①。

（元樂真）子禮，襲本爵高涼王。薨，謐懿王。子那，襲爵。拜中都大官。驍猛善攻戰。正平初，坐事伏法。（頁408）

子禮　孝昌二年元過仁墓誌（輯繩46，集成394）云："高梁王般之曾孫，侍中、儀同三司、高梁王那之孫，使持節、鎮北將軍、度建鎮都大將、平舒男度和之次子。""禮"大約是雅化的漢名，"般"應爲鮮卑名漢譯後的省稱。

子那　正始元年元龍墓誌（集釋41，彙編77）云："祖諱阿斗那，侍中、内都大官、都督河西諸軍事、啓府儀同三司、高梁王。父諱度和，散騎常侍、外都大官、使持節、鎮

---

① 周鼎：《北魏〈元妙墓誌〉三題》，《北朝研究》第9輯，科學出版社，2018年，第162—165頁。

北將軍、度斤鎮大將、平舒男。"《魏書》卷九七《島夷劉裕傳》有"高梁王那"。《宋書》卷七四《魯爽傳》有"僞高梁王阿叔泥",《宋書》卷九五《索虜傳》有"高梁王阿斗塈"。阿斗那、阿斗塈爲同名異譯①,那係省稱。

　　高涼王　《魏書》本紀各處同,出自南朝記錄皆作"高梁王"。按《魏書》卷一〇六上《地形志上》東雍州下有高涼郡。墓誌"涼""梁"不一,如熙平二年元萇墓誌(河洛22,集成199)記其"高涼王之玄孫",則"梁""涼"時常混寫。

(元)瓌子鷙,字孔雀。(頁408)

　　瓌子鷙　《北史》卷一五《魏諸宗室傳》同。興和三年元鷙墓誌(集釋42,彙編369)記其父名"肱"。

(元鷙)累遷領軍、畿部都督。(頁408)

　　畿部都督　興和三年元鷙墓誌(集釋42,彙編369)云:"以本官除領軍將軍、京畿都督。"

帝從之,前至長子,以尒朱榮赴援,除(元)鷙車騎將軍,封華山王。(頁409)

　　車騎將軍　興和三年元鷙墓誌(集釋42,彙編369)作"車騎大將軍"。按《魏書》卷一一三《官氏志》載《後職令》,車騎將軍位第二品,小注云"二將軍加大者,位在都督中外之下"。

---

① 《宋書》卷七四《魯秀傳》點校本校勘記疑"阿叔尼"爲"阿斗泥"之形訛。

（元）孤孫度，太祖初賜爵松滋侯。……子乙斤，襲爵襄陽侯。（頁409）

　　孤孫度　《北史》卷一五《魏諸宗室傳》同。普泰元年元天穆墓誌（集釋46，彙編320）云：“高梁神武王之玄孫。領軍將軍、松滋武侯之曾孫。”據此知松滋武侯元度是高梁神武王元孤之子，而非其孫。

　　子乙斤　熙平二年元萇墓誌（河洛22，集成199）、延昌三年元萇弟元珍墓誌（集釋44，彙編123）載其世系爲高涼王之玄孫，征南將軍、肆州刺史、襄陽公之孫。按襄陽公即乙斤，則乙斤是孤之孫。

（元度）子乙斤，襲爵襄陽侯。顯祖崇舊齒，拜外都大官。……子平，字楚國，襲世爵松滋侯。以軍功賜艾陵男。卒。子萇，高祖時，襲爵松滋侯，例降侯，賜艾陵伯。（頁409）

　　松滋侯　《北史》卷一五《魏諸宗室傳》同。熙平二年元萇墓誌（河洛22，集成199）記其爲“使持節、散騎常侍、征南將軍、肆州刺史、襄陽公之孫，使持節、羽真、輔國將軍、幽州刺史、松滋公之世子也”，並云“自襲爵松滋公”。延昌三年元萇弟元珍墓誌（集釋44，彙編123）亦云：“征南將軍、肆州刺史、襄陽公之孫，輔國將軍、幽州刺史、松茲公之子”。現存西安市臨潼區華清宮御湯博物館的溫泉頌碑（北圖藏拓4－29），額題“魏使持節散騎常侍都督雝州諸軍事安西將軍雝州刺史松滋公河南元萇於典溫泉之頌”，《金石萃編》卷二八云：“自萇之曾祖始累世承襲，皆是侯爵，未嘗稱公，則此題松滋公，所未詳也。”按元平、元萇爵位當爲松茲（滋）公。按《魏書》卷一〇六中《地形志中》揚州安豐郡下有松茲縣，疑"松茲""松滋"時混寫。據此可校正爲"襲世爵松滋（侯）〔公〕"，"襲爵松滋（侯）〔公〕，例降侯。賜艾陵伯"。另溫泉頌碑額中"於典"，以往各家多錄作"振興"，梁春勝校正並指出，元萇墓誌記其字"於巔"，"於典""於巔"即元萇鮮卑名的不同音譯①。

襄陽侯　《北史》卷一五《魏諸宗室傳》同。元萇墓誌、元珍墓誌作"襄陽公"，元天穆墓誌作"襄陽景侯"，知乙斤諡爲"景"。

（元）萇弟珍，字金省，襲爵艾陵男。（頁413）

金省　點校本校勘記據延昌三年元珍墓誌(集釋44，彙編123)改作"金雀"，修訂本改爲異文校。按"省""雀"蓋形近致訛，可以校改。

襲爵艾陵男　元珍墓誌僅云其"胙土晉陽男"，未記襲爵艾陵男。點校本校勘記認爲："據《萇傳》稱太和降爵，賜艾陵伯，當即在此時改封珍爲晉陽男，故誌稱'胙土'，不云'襲爵'。"按上條所考，元萇所襲爵位爲"松滋公"，艾陵伯蓋因功別賜，惟元萇墓誌未載此事。本傳上文云其父元平"以軍功賜艾陵男"，或由次子元珍所襲，誌文將"胙土晉陽男，遷平東將軍"繫於世宗即位後，因敗陳伯之之功獲封，約在景明元年，校勘記所述不確。神龜三年元珍子元孟輝墓誌(集釋45，彙編171)誌題作"魏

---

①　梁春勝：《六朝石刻叢考》，中華書局，2021年，第901—902頁。

故給事中晉陽男元君墓誌銘”，誌文云其爲“元子”，當襲父爵。

昭成子孫傳（卷一五）

常山王（元）遵，昭成子壽鳩之子也。……遷州牧，封常山王。……子素，太宗從母所生，特見親寵。（頁435）

壽鳩　永平四年元素曾孫元伓墓誌（集釋54，彙編103）作“受久”，開皇二年元素孫女元華光墓誌（出土文獻研究18，貞石004）作“壽久”，蓋鮮卑名的不同音譯。

常山王遵　元伓墓誌記元遵字勃兜，天和六年元素曾孫元世緒墓誌（西市8）記元遵字伏六兜，正光五年元素孫元昭墓誌（集釋49，彙編205）記元遵名兜，蓋其鮮卑名。

素　大業十一年元素玄孫元智墓誌（集釋51，隋考449）同，元伓墓誌、永平四年元素曾孫元保洛墓誌（集釋61，彙編101）、元世緒墓誌、元素玄孫元策墓誌（墨香閣257）作“素連”，元昭墓誌作“連”。和平二年文成帝南巡碑（文物1997-12）碑陰題名有“征西將軍、常山王直□□連戊烈”。所闕兩字爲“勤”“素”，素連戊烈，即素之本名①。

世宗崩，于忠執政，（元）昭爲黃門郎，又曲事之。（頁436）

正光五年元昭墓誌（集釋49，彙編205）記其除給事黃門侍郎在世宗去世前。按《魏書》卷一〇八之四《禮志四》

---

① 羅新：《北魏直勤考》，《中古北族名號研究》，北京大學出版社，2009年，第87頁。

云宣武帝去世後，"黃門郎元昭兼侍中，……于忠、元昭扶肅宗西面哭十數聲"，知元昭在宣武朝已爲黃門郎。

(元昭)後入爲尚書，諂事劉騰，進號征西將軍。（頁436）

　　正光五年元昭墓誌（集釋49，彙編205）云："徵入爲鎮西將軍、七兵尚書。……又除散騎常侍、征南將軍、殿中尚書。"誌文未記其領征西將軍。

高祖時，(元忠)累遷右僕射，賜爵城陽公，……謚曰宣，命有司爲立碑銘。（頁437）

　　城陽公　《北史》卷一五《魏諸宗室傳》同。《周書》卷三八《元偉傳》："曾祖忠，尚書左僕射，城陽王。祖盛，通直散騎常侍，城陽公。父順，以左衛將軍從魏孝武西遷，拜中書監、雍州刺史、開府儀同三司，封濮陽王。"正始元年元忠墓誌（墨香閣5）記其爲"城陽宣王"。按誌、傳皆載元忠卒於太和四年，本傳云"謚曰宣，命有司爲立碑銘"。墓誌撰於正始元年，其妻司馬妙玉卒後歸葬平城，與元忠合祔時所立。大業十一年元忠曾孫元智墓誌（集釋51，隋考449）記元忠爲"城陽宣王"，元策墓誌（墨香閣257）亦云："曾祖忠，字仙德，尚書僕射。祖盛，字始興，城陽公。父戀，字伯邕，太府卿。"則元忠始封城陽王，至太和十六年，子元盛方隨例降爵爲公。

(元)忠弟德，封河間公。卒於鎮南將軍，贈曹州刺史。（頁438）

曹州刺史　修訂本校勘記云北魏不見曹州，並引永平四年元侔墓誌(集釋54，彙編103)云“祖平南將軍、冀州刺史、河澗簡公，諱於德”，疑“冀州刺史”爲贈官。按神龜三年元暉墓誌(集釋55，彙編162)云“父冀州刺史、河間簡公”，可補充一條更直接的書證。建義元年元德曾孫元悛(集釋58，彙編279)、元憒墓誌(集釋59，彙編280)均作冀州刺史。另元侔、元悛、元憒墓誌皆記其名爲“於德”，德爲省稱。

鎮南將軍　元侔墓誌作“平南將軍”。

(元)德子悝，潁川太守。卒於光州刺史，謚曰恭。(頁438)

謚曰恭　興和三年元巘墓誌(西南集釋009)云：“常山康王之曾孫，河間簡公之孫，光州敬公之子。”云其謚曰“敬”。另永平四年元侔墓誌(集釋54，彙編103)誌陰云：“父鎮遠將軍、光州刺史，諱悝，字純陁。”知元悝字純陁。

(元悝)子巘，字子仲。出帝初，授兗州刺史。于時城人王奉伯等相扇謀逆。……詔齊州刺史尉景、本州刺史蔡儁各部在州士往討之。……謚曰靖懿。(頁438)

字子仲　興和三年元巘墓誌(西南集釋009)記其字仲宗。《北齊書》卷二一《高乾傳》有“元仲宗”，即其人。又永平四年元巘兄元侔墓誌(集釋54，彙編103)記元侔字伯宗。疑元巘字當以仲宗爲正，或一人有兩字。本傳記元巘謚“靖懿”，墓誌“謚曰”下闕空未填。元巘興和二年十月二十一日卒於瀛洲刺史任上，次年二月十八日返葬鄴城,是時謚號仍未頒下。

本州刺史蔡儁　點校本校勘記據《魏書》卷一一《出帝平陽王紀》、《北齊書》卷一九《蔡儁傳》,蔡儁時任濟州刺史,疑"本州"爲"濟州"之誤。端方《匋齋藏石記》卷八《蔡儁斷碑》亦記蔡儁任濟州刺史。

蕭宗初,(元暉)徵拜尚書左僕射。（頁439）

神龜三年元暉墓誌(集釋55,彙編162)云:"至於聖主統曆,文母臨朝,復以會府務殷,元愷任棘。入爲尚書右僕射,……俄轉侍中、衛大將軍、尚書左僕射。"蓋先以尚書右僕射徵,後轉左僕射。

神龜元年(元暉)卒,賜東園祕器,贈使持節、都督中外諸軍事、司空公,謚曰文憲。（頁441）

神龜元年卒　點校本校勘記云:"按元暉墓誌:'神龜二年九月庚午卒。'此傳誤。"修訂本校勘記以九月無庚午,云誌亦可疑。按《金石錄》卷二一引《後魏贈司空元暉碑》:"碑云'神龜二年卒',而史言'元年卒'者,亦非是。其餘遷拜次第,時有不同,不盡錄也。"碑、誌均載元暉卒於神龜二年,當以二年爲是,惟干支或有誤記。另《金石錄》卷二記元暉碑立於正光三年四月。據墓誌,元暉神龜三年三月葬,則葬後兩年方立碑。

陳留王(元)虔,昭成子紇根之子也。（頁441）

太和二十三年元弼墓誌(集釋62,彙編64)云:"曾祖根,

清河桓王。”按根即紇根省稱，《魏書》此卷原闕，失載其
事迹。《魏書》卷二《太祖紀》云：“（天賜元年九月）制爵
四等，曰王、公、侯、子，除伯、男之號；追録舊臣，加以封
爵，各有差。”高涼王孤、秦明王翰皆太祖時追贈，紇根或
亦如是。

（元崇）子建，襲，降爵爲公。位鎮北將軍、懷荒鎮大將。
卒。建子琛，位恒朔二州刺史。琛子翌，尚書左僕射。（頁
442—443）

　　　子建　神龜二年元君墓誌（秦晉豫三 54，集成 228）右上
角殘泐，誌尾記其先世云：“曾祖虔，車騎大將軍、陳留桓
王。……祖崇，征南大將軍、并州刺史。……父眷，鎮西
將軍，高平、懷荒二鎮都大將，陳留王。”其即元崇之孫，
父眷即元建。趙振華推測誌主爲元琛[1]。《魏書》記元琛
歷恒朔二州刺史，按《魏書》此卷原闕，據《北史》補，間有
溢出字句，《北史》記琛爲恒肆二州刺史。元君墓誌雖殘
一角，然大致完整，記其在孝明朝頗受重用，歷武衛將
軍、右衛將軍等禁衛武職，“一年六轉”，卒贈鎮北將軍、
定州刺史，謚曰“貞”，未云歷恒朔肆三州，恐非同一人。
《元和姓纂》卷四“元氏”條：“紇根生虔，陳留王。孫建，
生琛、永壽。琛孫暉，隋兵部尚書。”知元建另有一子名
永壽，不知是否即其人。

---

[1]　趙振華：《北魏〈元琛墓誌〉跋》，《洛陽古代銘刻文獻研究》，三秦出版社，2009 年，第
272—275 頁。

（元）虔兄顗，……子崘。（頁443）

顗　太和二十三年元弼墓誌（集釋62，彙編64）云：“祖突，肆州刺史。父崘，秦雍二州刺史、隴西定公。”“突”或爲顗鮮卑名之省稱。

（元拔干）子受洛，襲，進爵武邑公。卒。子叱奴，武川鎮將。（頁444）

受洛　熙平元年元睿墓誌（考古1991－9，疏證34）云：“祖受拔，侍中、太尉、武邑貞公。”

叱奴　元睿墓誌云：“父奴瓌，平北將軍、武川鎮將、昌邑子。”羅新、葉煒推測傳、誌異名蓋分別是“受洛拔”“叱奴瓌”的不同省稱①。

道武七王傳（卷一六）

（元熙）長子他，襲爵。……諡曰靖王。他三子。世子吐萬，早卒，贈冠軍、并州刺史、晉陽順侯。子顯，襲祖爵。薨，諡曰僖王。（頁455—456）

諡曰靖王　武定二年元顯墓誌（集釋67，彙編381）云：“祖大汗，司徒、淮南靜王。”大汗蓋元他之本名。按“靖”“靜”兩字通。

（元顯）子世遵，襲。（頁456）

---

① 　羅新、葉煒：《新出魏晉南北朝墓誌疏證》（修訂本），中華書局，2024年，第81頁。

世遵　《北史》卷一六《道武七王傳》同。孝昌元年
元遵墓誌(洛陽考古 2013－2，洛陽考古院 11，集成 383)云：“王諱
遵，字世順。”考其事迹，即世遵。按元遵弟元均本傳、武
定二年墓誌(集釋 68，彙編 382)皆記其名均，字世平，疑以誌
爲正。

（元世遵）出爲征虜將軍、幽州刺史。（頁 456）

幽州刺史　孝昌元年元遵墓誌(洛陽考古 2013－2，洛陽
考古院 11，集成 383)云：“後加征虜將軍、幽州刺史。”誌文云
其“歷宰五州”，當即墓誌所記幽青幽荊定五州。

**（元均）封安康縣開國伯，食邑五百户，除散騎常侍、平東
將軍。**（頁 457）

平東將軍　武定二年元均及妻杜氏墓誌(集釋 68，彙編
382)作“安東將軍。”

（元）均六子。（頁 457）

武定二年元均及妻杜氏墓誌(集釋 68，彙編 382)記元均
妻杜氏誕育七男六女。

**（元）均弟禹，容貌魁偉。起家司空參軍，轉符璽郎、太常
丞、鎮遠將軍、東海太守帶峒峿戍主。**（頁 457）

起家司空參軍　太昌元年禹墓誌(秦晉豫續 75，集成
556)云：“年十七，起家除符璽郎中。……皇弟司徒公、廣
平王殊禮偏知，啓爲户曹參軍。”按廣平王指元懷，《魏

書》卷九《蕭宗紀》云："（延昌四年二月癸未）驃騎大將軍、廣平王懷爲司空，……（八月己丑）司空、廣平王懷爲太保，領司徒。"誌、傳雖有"司空""司徒"之別，其事一也。《魏書》、《北史》中元懷本傳皆殘，據"召（元懷）入華林別館，禁其出入，令四門博士董徵授以經傳。世宗崩，乃得歸"，知元懷在宣武朝遭軟禁，自孝明帝繼位後，方歷司空、司徒。元禹卒於普泰元年，年四十五，若十七歲起家，時宣武帝景明四年。據《魏書》卷八《世宗紀》，景明三年閏四月，司空穆亮卒，至正始元年閏十二月，方以高陽王雍爲司空。另元禹墓誌記其先後歷官順序爲符璽郎中、司徒戶曹參軍、東海太守、太常丞，與傳迥異。按《魏書》卷一一三《官氏志》載《前職令》有符璽郎中，位從四品中階，《後職令》有符璽郎，位第六品上階，元禹入仕時，符璽郎中已廢，疑誌誤。

　　峒峿　點校本校勘記肯定殿本《考證》據《漢書》卷二八上《地理志上》東海郡司吾，認爲"峒"是"峝"之訛，並補充《水經注》卷二六《沭水篇》有"司吾山"、"司吾縣故城"。修訂本校勘記仍之，但加"疑是"二字。按錢大昕稱："'峒'當作'峝'，本司吾，後人加山旁。"元禹墓誌云："除東海太守、峒峿戍主。"足以定讞[1]。

建義元年，（元禹）與（尒朱）榮同入洛。除中軍將軍、金紫光禄大夫，封鄄城縣開國伯，邑五百户。……後贈征西將

---

① 梁春勝：《六朝石刻叢考》，第 122 頁。

軍、雍州刺史。（頁 457）

中軍將軍　太昌元年元禹墓誌(秦晉豫續 75,集成 556)云："建義孝莊,剋定宗社。加撫軍將、金紫光禄大夫、甄城縣開國伯,食邑五百户。"據《魏書》卷一一三《官氏志》載《後職令》,中軍將軍、撫軍將軍同爲從二品,中軍將軍位在前。

贈征西將軍雍州刺史　元禹墓誌撰於太昌元年,記其贈官爲"驃騎大將軍、儀同三司、都督青州諸軍事、青州刺史",與傳相異,當有累贈。

（元天琚）高祖時征虜將軍、青州刺史。從駕南征,拜後將軍,尋降公爲侯,除西中郎將。世祖時,征虜將軍、夏州刺史。卒,贈本將軍、濟州刺史。子延伯襲。卒。（頁 459）

世祖　點校本校勘記引張森楷説,認爲"世祖"是"世宗"之誤。按《魏書》卷一一三《官氏志》載《前職令》,征虜將軍位第三品上階,後將軍位從二品上階;《後職令》征虜將軍位從三品,後將軍位第三品。後將軍皆位在征虜將軍上。"世祖時,征虜將軍、夏州刺史"疑爲錯簡,當在"高祖時征虜將軍"句前。另熙平元年元天琚子元廣墓誌(集釋 69,彙編 141)云："二九辟爲直後,加員外郎。昇朝襲爵,仍以父位,傳踵前華,紹迹令軌。"元廣卒於熙平元年,時年五十,出仕於太和八年。元天琚本傳云其尋降公爲侯,除西中郎將,知其卒於太和十六年後。

延伯　元廣墓誌云："公諱廣,字延伯。"蓋以字行。

（元鑒）年四十二薨，贈衛大將軍、齊州刺史，王如故，謚曰悼王。（頁462）

四十二　正始四年元鑒墓誌（字紹達，集釋70，彙編87）作"四十三"。

謚曰悼王　元鑒墓誌誌題下補刻"贈齊州刺史、王如故，謚○○○○王"。按元鑒卒於正始三年五月，葬於四年三月，蓋落葬前後方獲追贈，故補刻於誌題下，時謚號仍未頒下，另誌文未云贈衛大將軍，或是累贈。

以陽平王（元）熙之第二子渾爲南平王。（頁464）

渾　河清四年元洪敬墓誌（墨香閣135，疏證71）云："曾祖吐谷渾，改封南平，謚康王。""吐谷渾"即元渾之鮮卑名。

（元渾）子飛龍，襲，後賜名霄。（頁464）

飛龍　《北史》卷一六《道武七王傳》作"飛"。河清四年元洪敬墓誌（墨香閣135，疏證71）記其祖父名"龍"。"飛""龍"皆係省稱。

（元）繼，字世仁。（頁465）

世仁　《北史》卷一六《道武七王傳》同。永安二年元繼墓誌（集釋76，彙編305）作"仁世"。

（元）乂，繼長子，字伯儁，小字夜叉。（頁468）

乂　修訂本校勘記引孝昌二年元乂墓誌（集釋78，彙編238）指出元乂即元叉，《册府元龜》"叉""乂"互見。按《册府元龜》作"元乂"處，檢宋本多作"元义"，蓋"乂"字漫漶所致，明本改作"乂"，《資治通鑑》亦作"元乂"，推知諸書宋本已作"元乂"。天平二年元乂從弟元玕墓誌(集釋75，彙編347)云："君從父兄領軍尚書令乂爲營明堂大將。"石刻中亦混寫。《元和姓纂》卷四"元氏"條作"乂"，然今本《姓纂》輯自《永樂大典》，無法反映早期文本面貌。惟"乂"係"义"之誤書，還是小字夜叉之省稱，尚難遽斷。修訂本校勘記云"或史特著'乂'名以貶其人"，恐不確。

太后猶以妹故，復追贈（元）乂侍中、驃騎大將軍、儀同三司、尚書令、冀州刺史。（頁472）

孝昌二年元义墓誌(集釋78，彙編238)云："太師悼世子之夙泯，愍孤魂之靡託，乃表讓爵土，追授于公。朝廷義之，哀而見許，乃改封江陽王。"知復追贈元乂江陽王。天保八年元乂妻胡玄輝墓誌(北朝藏品26)云"景昭王妃"，知元乂謚曰"景昭"。

（元）乂死之後，（元）羅逼乂妻，時人穢之。（頁473）

逼 《北史》卷一六《道武七王傳》作"通"。據天保八年元乂妻胡玄輝墓誌(北朝藏品26)，知元乂妻胡氏名玄輝。

（元）羅弟爽，……解褐祕書郎，稍遷給事黃門侍郎、金紫光祿大夫。（頁473）

解褐祕書郎 永熙二年元爽墓誌(集釋79，彙編342)云"起家爲員外散騎侍郎，遷秘書郎中"。

稍遷給事黃門侍郎金紫光禄大夫　　元爽墓誌云：
"又除給事黃門侍郎，加平東將軍。……以普泰中，除散
騎常侍、征東將軍、金紫光禄大夫、領左右直長。"黃門侍
郎、金紫光禄大夫非同時所授，傳因删節過甚，致有歧義。

**(元爽)贈使持節、都督涇岐秦三州諸軍事、衞將軍、尚書
左僕射、秦州刺史，謚曰懿。**（頁473）

衞將軍　　永熙二年元爽墓誌(集釋79，彙編342)誌題作
"衞大將軍"。按《魏書》卷一一三《官氏志》載《後職令》，
衞將軍第二品，小注云"加大者，位在太子太師之上"。

(元)爪字景邕，給事中。與兄乂同以罪誅。（頁473）

元乂墓誌(集釋78，彙編238)云："與第五弟給事中山賓
同時遇害。"即其人，山賓或元爪另一字。

明元六王傳（卷一七）

**樂安王(元)範，泰常七年封。……乃拜範都督五州諸軍
事、衞大將軍、開府儀同三司、長安鎮都大將。……長子良。**
（頁481）

都督五州諸軍事　　《魏書》卷四上《世祖紀上》、正光
四年元範孫元仙墓誌(集釋84，彙編190)、正光元年元範孫
元賄墓誌(輯繩34，集成258)作"都督秦雍涇梁益五州諸軍
事"。按《魏書》此卷原闕，據《北史》補，間有溢出字句，當
出於《高氏小史》，"都督五州諸軍事"七字不見於《北史》。

長子良 正始四年元緒墓誌（集釋 81，彙編 90）記其“衛
大將軍、簡王梁之元子”，襲爵樂安王，元梁即元良。永
平四年元緒子元悅墓誌（集釋 82，彙編 107）題作“魏故益州
刺史樂安哀王墓誌銘”，又云“葬其考靖王陵之左”，知元
緒謚曰“靖”，元悅謚曰“哀”。按《魏書》此卷據《北史》
補，樂安王一支下僅記元範、元良父子，今檢《册府元
龜》，亦無本支其他成員傳記佚文，或因元緒獻文、孝文
兩朝退隱不仕，至宣武帝時，“乃抽爲宗正卿”，事迹不
彰，《魏書》本未爲其立傳。

**建寧王（元）崇，……高宗時，封崇子麗濟南王。後與京
兆王杜元寶謀逆，父子並賜死。**（頁 482）

正光元年元賄墓誌（輯繩 34，集成 258）云：“旨繼從伯持
節、安南將軍、虎牢鎮都大將、建寧哀王之後。”知後以元
良子元賄出繼建寧王。

太武五王傳（卷一八）

臨淮王（元）譚，真君三年封燕王，拜侍中，參都曹事。（頁
486）

譚 天保六年元圓墓誌（秦晉豫續 114，集成 862）記元圓
爲“使持節、侍中、征北大將軍、都督中外諸軍事、開府、
參都座事、燕宣王受洛真之曾孫”，“受洛真”乃元譚之鮮
卑名。

（元譚）子提，襲。爲梁州刺史，以貪縱削除，……以預參遷都功，追封長鄉縣侯。世宗時，贈雍州刺史，謚曰懿。（頁487）

提　天保六年元圓墓誌（秦晉豫續 114，集成 862）記元圓爲"使持節、都督秦梁益雍四州諸軍事、領護羌戎校尉、仇池鎮大都將、車騎大將軍、開府儀同三司、雍州刺史、臨淮懿王步落提之孫"，"步落提"乃元提之鮮卑名。熙平二年刁遵墓誌（集釋 222，彙編 147）誌陰記刁遵婚宦世系，第二子刁尚妻"父堤，使持□、侍中、征西大將軍、梁雍二□□□□□王"，趙萬里考訂堤即臨淮王提。

出帝贈（元彧）太師、太尉公、雍州刺史。（頁 490）

雍州刺史　《北史》卷一六《太武五王傳》云："孝武帝末，贈大將軍、太師、太尉公、錄尚書事，謚曰文穆。"《北史》所記贈官不同，未及"雍州刺史"。按《魏書》此卷原闕，據《北史》補，間有溢出字句。元彧墓誌（集釋 94，彙編 541）未記卒葬時間，誌文云："有詔贈使持節、侍中、太保、領太尉公、錄尚書事、大將軍、都督定相二州諸軍事、定州刺史，王如故。"與傳相異。元彧於建明元年被殺，至孝武帝時，或有累贈。

（元孚）兄祐爲防城都督。（頁 495）

祐　《北史》卷一六《太武五王傳》同。天平四年元祐墓誌（考古 2007－11，磁縣 5）云："乃爲冀州防城都督。"誌文記元祐爲太武皇帝之曾孫、宣王之孫、懿王之子，正是元孚之兄，"祐""祜"蓋形近致訛。

（元）顥平，封（元）孚萬年鄉男。（頁 495）

萬年鄉男　天保六年元圓墓誌（秦晉豫續 114，集成 862）記元圓爲"使持節、侍中、都督二梁二益巴五州諸軍事、驃騎大將軍、滄冀徐梁四州刺史、開府儀同三司，萬年縣開國伯孚之第二子"。興和三年邢晏墓誌（河北金石 225，集成 680）云："息女援止，適河南元子㟼，鎮遠將軍、員外郎。父孚，使持節、侍中、都督二梁二益巴州諸軍事、驃騎大將軍、開府儀同三司、梁州刺史、萬年鄉男。"元圓墓誌記其歷員外散騎侍郎、鎮遠將軍，疑元子㟼即元圓，惟誌文記元圓字孝矩，或一人二字。另本傳記元祐子名子禮，或亦以字行。元孚後隨孝武帝入關，《北史》卷一六本傳記其在西魏封扶風郡王，歷位司空、兼尚書令、太保，贈大司馬、録尚書事，謚曰"文簡"。據《北史》卷五《魏本紀》，元孚卒於大統六年，即興和二年，元圓、邢晏墓誌所記皆是其在東魏之歷官，較本傳爲詳，惟元圓墓誌記其"萬年縣伯"，邢晏墓誌作"萬年鄉男"，未知孰是。據《魏書》卷一一三《官氏志》載《後職令》，開國縣伯位正三品，未載鄉男品位，羅新、葉煒推測鄉男當在縣男（五品）以下[1]。

（元）嘉後妃，宜都王（元）穆壽孫女，司空從妹也。（頁 497）

---

[1]　羅新、葉煒：《新出魏晉南北朝墓誌疏證》（修訂本），第 258 頁。

司空從妹　武定二年元嘉孫元湛墓誌(字士深,集釋 96,彙編 379)記其祖母穆氏爲"宜都王壽孫女,司空亮從妹"。

(元嘉)子深,字智遠,襲爵。……莊帝追復王爵,贈司徒公,諡曰忠武。(頁 497、502)

子深　點校本校勘記云:"按《魏書》紀傳都作'廣陽王淵'。此傳以《北史》補,《北史》避唐諱,改'淵'作'深'。"孝昌三年元淵墓誌(七朝 23,集成 450)云:"王諱淵,字智遠。"元淵葬於孝昌三年十一月,誌文未記贈官、諡號。徐沖指出元淵因有降附葛榮嫌疑,死後被奪爵,至孝莊繼位後,方復爵,並獲贈官、諡號①。惟認爲誌題仍稱廣陽王,是喪家執意爲之的結果,似鑿之過深。在元淵被奪爵期間,孝昌三年元融墓誌(集釋 575,彙編 258)即稱"與前軍廣陽王先驅遄邁"。北魏宗室生前被奪爵,後嗣墓誌中仍稱舊爵者亦多見,如《魏書》卷一五《昭成子孫傳》記常山王陪斤,"襲爵,坐事國除",正光五年其子元昭墓誌(集釋 49,彙編 205)仍稱"常山簡王第三子",恐非有深意。又據武定二年元淵子元湛墓誌(集釋 96,彙編 379),元淵另贈雍州刺史。

(元)深乃上書乞還京師,令左衞將軍楊津代深爲都督,以深爲侍中、右衞將軍、定州刺史。(頁 499)

---

①　徐沖:《元淵之死與北魏末年政局——以新出元淵墓誌爲綫索》,《歷史研究》2015 年第 1 期,第 43—44 頁。

左衞將軍　《北史》卷一六《太武五王傳》同。《魏書》卷五八《楊津傳》："乃加津安北將軍、假撫軍將軍、北道大都督、右衞，尋轉左衞，加撫軍將軍。"太昌元年楊津墓誌(秦晉豫續 76，集成 563)亦云："征拜右衞，加散騎常侍，行定州刺史，加安北將軍。俄轉左衞，除撫軍將軍。"按楊津代元淵時，所帶爲右衞將軍。

右衞將軍　《北史》卷一六《太武五王傳》同。孝昌三年元淵墓誌(七朝 23，集成 450)云："改授使持節、侍中、都督定州諸軍事、衞將軍、定州刺史。"

景穆十二王傳上（卷一九上）

(元新成)後爲内都大官。薨，諡曰幽。（頁 510）

諡曰幽　熙平二年元新成妻李氏墓誌(集釋 98，彙編 149)、正光五年元新成孫元崇業墓誌(集釋 103，彙編 213)、正光五年元新成孫元璨墓誌(集釋 101，彙編 211)均作"幽王"，永安元年元新成子元欽墓誌(集釋 102，彙編 296)作"哀王"，存此備考。

(元頤)諡曰莊王。傳國至孫宗胤，肅宗時，坐殺叔父賜死，爵除。（頁 510）

莊王　熙平二年元新成妻李氏墓誌(集釋 98，彙編 149)云："陽平惠王之母。"李氏即元頤生母。永平四年元頤子元昌墓誌(華夏考古 1993–1，洛陽新獲 4，疏證 31)云："故陽平王之孫。故陽平〇王第二息"，未書諡號。

傳國至孫宗胤　元昌墓誌誌題作"陽平王墓誌銘"，誌文云"諡曰恭王"，蓋由元昌襲爵陽平王，宗胤係元昌之子。

(元)頤弟衍，字安樂，賜爵廣陵侯。……諡曰康侯。……歷牧四州，皆有稱績。（頁510）

廣陵侯　正光五年元璨墓誌（集釋101，彙編211）記其爲"廣陵康公衍之元子"，"公"或是敬稱，存此備考。

歷牧四州　本傳僅載梁徐雍三州，元璨墓誌記元衍爲"營梁徐雍定五州刺史"，本傳未記營州，傳云其卒於雍州刺史，則定州刺史爲贈官。

(元欽)後除司空公，封鉅平縣公。於河陰遇害，贈假黃鉞、太師、太尉公。（頁511）

鉅平縣公　《北史》卷一七《景穆十二王傳上》同。永安元年元欽墓誌（集釋102，彙編296）誌題作"鉅平縣開國侯"，誌文云"復除侍中、司空公、開國侯，食邑五百户"。當以誌爲是。

贈假黃鉞太師太尉公　元欽墓誌云："迺贈侍中、太師、太尉、尚書令、驃騎大將軍、定州刺史，諡曰文懿。"

(元欽)子子孝，字季業。早有令譽。（頁511）

子孝字季業　《北史》卷一七《景穆十二王傳上》同。正光五年元欽子元崇業墓誌（集釋103，彙編213）記其字子建，永安元年元欽子元誕業墓誌（輯繩52，集成498）記其字子通，傳云子孝字季業，疑名、字誤倒。

(元遹)子沖，襲。無子，國絕。（頁513）

　　子沖　武定三年元睵墓誌（集釋105，彙編391）云：“王諱睵，字子沖。”即其人，蓋以字行，傳或脫“子”字。另墓誌記其父元遹謚曰“文獻”。

詔以(元)遙爲使持節、都督北征諸軍事。（頁514）

　　《魏書》卷九《蕭宗紀》云：“（延昌四年七月）丁未，詔假右光禄大夫元遙征北大將軍。”熙平二年元遙墓誌（集釋106，彙編145）云：“除公征北大將軍、都督北征諸軍事。”紀、傳皆有省文。

濟陰王小新成，和平二年封。……薨，贈大將軍，謚曰惠公。（頁515）

　　小新成　神龜二年元瓚墓誌（河洛24，新見集釋7）記其爲“濟陰新城王之孫”，興和三年元阿耶墓誌（北圖藏拓6-74，彙編367）云“曾祖濟陰宣王，字小新城”，天保三年元孝輔墓誌（秦晉豫44，新見集釋34）云“曾祖新成，濟陰王”。“成”“城”，譯無定字。

　　謚曰惠公　紀傳未記小新成曾失爵，《北史》卷一七《景穆十二王傳上》校勘記引張森楷説，“公”當是“王”之誤。元阿耶墓誌云“曾祖濟陰宣王”，疑本傳所記爵、謚皆誤。

（元）鬱弟偓，字仲琬，位太中大夫。卒。（頁 516）

太和二十二年元偓墓誌（集釋 115，彙編 61）記其歷賀侯延鎮都大將、城門校尉、太中大夫，封始平侯，謚曰"順"。

（元誕）薨，謚曰靜王。（頁 517）

靜王　興和三年元阿耶墓誌（北圖藏拓 6－74，彙編 367）記其爲"濟陰靖王之長女"。按"靜""靖"兩字通。

詔以（元）麗爲使持節、都督、秦州刺史，與別駕楊椿討之。（頁 517）

別駕　修訂本校勘記據《魏書》卷五八《楊椿傳》"詔椿爲別將，隸安西將軍元麗討之"，疑"別駕"爲"別將"之誤，並稱楊椿此時已假平西將軍、兼太僕卿，位在第三品，不大可能復任從四品上階之州別駕。可從。太昌元年楊椿墓誌（秦晉豫續 77，集成 558）云："（景明）三年，轉平西將軍，餘如故。正始二年，徵拜銀青光禄大夫。五年，除太僕卿，本州大中正。"墓誌記録了遷轉的具體時間，楊椿除太僕卿在正始五年。據《魏書》卷八《世宗紀》，正始三年正月，秦州民王智、主簿呂苟兒等叛亂，元麗七月討平之，則楊椿除太僕卿在平叛後。

（元麗）卒，謚曰威。（頁 517）

天保三年元孝輔墓誌（秦晉豫 44，新見集釋 34）記祖父元麗封淮陰縣開國侯，本傳未載。

（元）遑弟汎，字普安。自元士稍遷營州刺史。……後除光禄大夫、宗正卿，封東燕縣男。（頁519）

汎　《北史》卷一七《景穆十二王傳上》同。孝昌三年元汎略墓誌（七朝22，集成440）云：“君諱汎略，字普安。”傳雙名省稱。

自元士稍遷營州刺史　元汎略墓誌云“年十八，解褐爲羽林監”。另誌文記其歷官甚詳，未及光禄大夫、東燕縣男。

（元）天賜第五子脩義，字壽安。（頁519）

脩義字壽安　孝昌二年元壽安墓誌（集釋117，彙編245）記其名壽安，字脩義。按本傳記載脩義兄遑，字萬安；遑弟汎，字普；孝昌三年元脩義弟元固墓誌（集釋120，彙編263）記其名固，字全安。元脩義兄弟字皆帶“安”，疑其字壽安，名脩義。

（元脩義）贈司空，謚曰文。（頁520）

謚曰文　《北史》卷一七《景穆十二王傳上》同。孝昌二年元壽安墓誌（集釋117，彙編245）拓本“謚曰”下殘泐兩字，當爲複謚。大象二年元脩義妻盧蘭墓誌（集釋118，彙編504）云“文貞殉節元戎，忠臣天下”，誌題作“始平文貞公國太妃盧氏墓誌銘”，趙萬里考元脩義謚曰“文貞”，可從。

（元脩義）子均，位給事黄門侍郎。（頁520）

均　《北史》卷一七《景穆十二王傳上》同，《元和姓

纂》卷四"元氏"條亦作"安昌王均"。大業六年韋津妻元
咳女墓誌(新中國陝西肆 49，貞石 131)云："祖尚書左僕射、雍
州牧、司空公、安昌平王子均。"《周書》卷四三《李延孫
傳》亦作"安昌王子均"，《隋書》卷五〇《元孝矩傳》亦載
"父子均"。傳省稱作均。

景穆十二王傳中（卷一九中）

任城王(元)雲。（頁 531）

　　雲　延昌四年邢巒墓誌(考古 1959－4，河北金石 211，集成
165)誌尾云："後夫人河南元氏，父岱雲，使持節、都督中
外諸軍事、開府、征東大將軍、冀雍徐三州刺史、任城康
王。"建德六年拓跋迪墓誌(中原文物 2019－3，新中國陝西肆 19)
云："曾祖岱，太師、任城康王"。"岱雲"或爲其鮮卑名。

**莊帝初，(元彝)河陰遇害，贈車騎將軍、儀同三司、青州
刺史。謚曰文。**（頁 551）

　　車騎將軍　建義元年元彝墓誌(集釋 128，彙編 275)作
"車騎大將軍"。按《魏書》卷一一三《官氏志》載《後職
令》，車騎將軍位第二品，小注云"二將軍加大者，位在都
督中外之下"。

　　謚曰文　《北史》卷一八《景穆十二王傳下》同。元
彝墓誌記其謚曰"文昭"。按其兄元順同卒於河陰之變，
本傳記其謚曰"文烈"，趙萬里認爲當以誌爲正，可從。

（元順）以父憂去職，哭泣嘔血，身自負土。時年二十五，便有白髮。（頁 552）

時年二十五　《北史》卷一八《景穆十二王傳下》同。建義元年元順墓誌（集釋 127，彙編 273）記其建義元年四月卒於河陰之變，時年四十二，則推知其生於太和十一年。據《魏書》卷九《肅宗紀》、卷一九中《景穆十二王傳中》，其父元澄卒於神龜二年。推知元順時三十三歲，本傳云"時年二十五"，疑誤。

（元順）出除平北將軍、恒州刺史。（頁 552）

平北將軍　建義元年元順墓誌（集釋 127，彙編 273）云："初爲使持節、安北將軍、都督恒州諸軍事、恒州刺史。"

（元徽）由是與徐紇間（元）順於靈太后，出順爲護軍將軍、太常卿。……（元順）後除吏部尚書，兼右僕射。（頁 553、555）

出順爲護軍將軍　《北史》卷一八《景穆十二王傳下》同。建義元年元順墓誌（集釋 127，彙編 273）云："出爲中軍將軍、吏部尚書、兼右僕射。"元乂解領軍後，元順被召回洛陽，誌文云："至孝昌元年復還，徵爲黃門郎。尋以本官除護軍將軍，加散騎常侍。續遷侍中，護軍如故。既任屬喉脣，亟居近侍。"按護軍將軍職典禁兵，位居近密，不當云出，疑"中軍將軍"是。

增任城王（元）彝邑二千戶，又析彝邑五百戶以封（元）

順，爲東阿縣開國公。（頁 554）

增任城王彝邑二千户　《北史》卷一八《景穆十二王傳下》同。建義元年元順墓誌（集釋 127，彙編 273）云：“追加嗣子任城王彝邑千室。析户五百，分封公爲東阿縣開國公。”

（元順）贈驃騎大將軍、尚書令、司徒公、定州刺史，謚曰文烈。（頁 556）

司徒公　《北史》卷一八《景穆十二王傳下》同。建義元年元順墓誌（集釋 127，彙編 273）作“司空公”。

謚曰文烈　《北史》卷一八《景穆十二王傳下》同。元順墓誌“謚”下空兩格，蓋葬時謚號仍未頒下。元象元年元順子元朗墓誌（新見集釋 23）亦云“父東阿文烈公”。元順另一子建德六年拓跋迪墓誌（中原文物 2019－3，新中國陝西肆 19）記其父爲“東阿文簡公”，或西魏另行追謚。

（元順）長子朗，時年十七。枕戈潛伏積年，乃手刃康奴，以首祭於順墓，然後詣闕請罪。……天平中，爲奴所害。（頁 556）

時年十七　《北史》卷一八《景穆十二王傳下》同。元象元年元朗墓誌（新見集釋 23）記其卒於元象元年，春秋二十四，則推知其生於延昌四年。其父元順卒於建義元年，元朗時年十四。誌文云：“十三喪父，毀幾滅性。十五嗣位，構稱輪奂。”十三、十四之别，或與計算方式有關。

天平中　《北史》卷一八《景穆十二王傳下》同。元朗墓誌記其卒於元象元年十月十九日。

(元朗)贈都督瀛冀二州諸軍事、□□將軍、尚書右僕射、冀州刺史。（頁556）

　　□□將軍　元象元年元朗墓誌(新見集釋23)云："策贈使持節、都督冀瀛二州諸軍事、中軍將軍、冀州刺史、尚書右僕射，中正、開國公如故，謚曰文貞，禮也。"《魏書》所脱當是"中軍"二字。

(元嵩)贈車騎將軍、領軍。（頁558）

　　車騎將軍　正始四年元嵩墓誌(集釋129，彙編88)作"車騎大將軍"。按《魏書》卷一一三《官氏志》載《後職令》，車騎將軍位第二品，小注云"二將軍加大者，位在都督中外之下"。

(元嵩)第二子世儁，頗有幹用，而無行業。（頁558）

　　興和三年元世儁墓誌(張海館藏上175)記其字子逸。

肅宗時，追論(元)嵩勳，封(元)世儁衛縣開國男，食邑二百户。（頁559）

　　衛縣開國男　興和三年元世儁墓誌(張海館藏上175)作"衛國縣開國男"。按《魏書》卷一〇六上《地形志上》司州頓丘郡下有衛國縣，小注云"二漢屬東郡，晉屬。漢曰觀，後漢光武改"。

前廢帝世，(元世儁)爲驃騎將軍，仍加尚書。（頁 559）

驃騎將軍　興和三年元世儁墓誌（張海館藏上 175）云：
"普泰初，遷驃騎大將軍、吏部尚書。"《魏書》卷一一一《廢
出三帝紀》亦作"驃騎大將軍"。按《魏書》卷一一三《官
氏志》載《後職令》，驃騎將軍位第二品，小注云"二將軍
加大者，位在都督中外之下"。

**(元世儁)贈侍中、都督冀定瀛殷四州諸軍事、驃騎大將
軍、太傅、定州刺史，尚書令、開國公如故，諡曰躁戾。**（頁 559）

開國公如故　興和三年元世儁墓誌（張海館藏上 175）
作"武陽縣開國子如故"。按本傳、墓誌皆記其改封武陽
縣開國子，"開國公"疑誤。

諡曰躁戾　元世儁墓誌記其諡曰"文穆"。按本傳
云"世儁輕薄，好去就，詔送晉陽"，後卒於晉陽，因此獲
惡諡，誌文或有諱飾。

(元)世賢弟世哲，武定中，吏部郎。（頁 559）

天保三年元叡墓誌（墨香閣 95）記其名叡，字世哲，蓋
以字行。

(元)嵩弟瞻，字道周。（頁 559）

瞻　建義元年元瞻墓誌（集釋 130，彙編 276）云："公諱
瞻，字道周。"即其人。

景穆十二王傳下（卷一九下）

南安王(元)楨。（頁565）

　　武泰元年元舉墓誌_(集釋154，彙編268)誌尾記"曾祖南安惠王楨，字乙各伏"，"乙各伏"或爲元楨之鮮卑名。

(元熙)尋除平西將軍、東秦州刺史，進號安西將軍，祕書監。尋以本將軍授相州刺史。（頁575）

　　本將軍　孝昌元年元熙墓誌_(集釋134，彙編226)云："熙平元年，入爲祕書監。……拜使持節、都督相州諸軍事、安東將軍、相州刺史。"元熙出爲相州刺史時，轉安東將軍。

(元熙)長子景獻，次仲獻，次叔獻。（頁577）

　　景獻　孝昌元年元暐墓誌_(集釋135，彙編231)云"君諱暐，字景獻"，蓋以字行。

(元誘)出爲右將軍、南秦州刺史。（頁578）

　　右將軍　孝昌元年元誘墓誌_(集釋136，彙編227)作"左將軍"。

(元誘)追封都昌縣開國伯，食邑八百户，謚曰恭。（頁578）

　　都昌縣開國伯　孝昌元年元誘墓誌_(集釋136，彙編227)作"都昌縣侯"，孝昌元年元誘妻薛伯徽墓誌_(集釋138，彙編229)誌題亦稱"都昌侯元公夫人薛氏"。

諡曰恭　元誘墓誌作"諡曰恭惠公"。

（元略）子景式，襲。（頁579）

　　建義元年元略墓誌（集釋139，彙編285）誌尾記"世子規，字景式"，蓋以字行。

（元纂）追封北平縣公。（頁580）

　　北平縣公　孝昌元年元纂墓誌（集釋140，彙編230）誌題作"安平縣（公）"①。

（元）熙異母弟義興。（頁580）

　　建義元年元廞墓誌（集釋141，彙編287）云："君諱廞，字義興。"按據《魏書》卷一九下《景穆十二王傳下》，元英諸子，元攸字玄興、元熙字真興、元誘字惠興、元略字儁興、元纂字紹興，蓋元廞以字行。

（元義興）後贈散騎常侍、征東將軍，餘如故。（頁580）

　　征東將軍　建義元年元廞墓誌（集釋141，彙編287）作"征東大將軍"。按《魏書》卷一一三《官氏志》載《後職令》，四征將軍位第二品，小注云"加大者，位次衛大將軍"。

（元怡）長子蕭，起家員外散騎侍郎。（頁580）

①　按誌題作"魏故持節都督恒州諸軍事安北將軍恒州刺史安平縣元公之墓誌銘"，"安平縣"下疑脫"公"字。

起家員外散騎侍郎　　永熙二年元肅墓誌（集釋142，彙編338）記其“起家兖州平東府録事參軍”。

(元徽)子延，襲爵。（頁584）

太昌元年元徽墓誌（集釋145，彙編335）記“世子須陀延”，“須陀延”即元延之鮮卑名。

(元)徽兄顯魏。（頁585）

孝昌元年元顯魏墓誌（集釋146，彙編224）記其字光都。

(元)徽次兄顯恭，字懷忠。（頁585）

太昌元年元恭墓誌（集釋147，彙編334）云：“君諱恭，字顯恭。”

(元顯恭)尋除中軍將軍、荆州刺史。（頁585）

荆州刺史　　太昌元年元恭墓誌（集釋147，彙編334）作“都督東荆州諸軍事、中軍將軍、東荆州刺史”，《魏書》卷一〇《孝莊紀》有“中軍將軍、前東荆州刺史元顯恭”，傳疑脱“東”字。

(元)彬，字豹兒。（頁585）

字豹兒　　元舉墓誌（集釋154，彙編268）誌尾云：“祖章武烈王彬，字豹仁。”修訂本《魏書》卷五《高宗紀》校勘記指出當時北方讀音，“仁”“兒”不別，並枚舉多例書證。

（元彬）出爲使持節、都督東秦幽夏三州諸軍事、鎮西大將軍、西戎校尉、統萬鎮都大將、朔州刺史。(頁 585)

鎮西大將軍　　修訂本校勘記引太和二十三年元彬墓誌(集釋 149，彙編 65)作"征西大將軍"。今檢孝昌三年元彬子元融墓誌(集釋 575，彙編 258)、建義元年元湛墓誌(集釋 152，彙編 286)及武泰元年元彬孫元舉墓誌(集釋 154，彙編 268)皆作"鎮西大將軍"。

統萬鎮都大將　　元彬墓誌、元融墓誌、元湛墓誌、元舉墓誌皆作"統萬突鎮都大將"。永平四年元保洛墓誌(集釋 61，彙編 101)記其曾祖素連爲吐萬突鎮都大將，羅新對統(吐)萬突的阿爾泰語語源曾有考證①。

朔州刺史　　點校本校勘記引張森楷説，統萬在夏州，不在朔州，疑《魏書》誤，並以元彬墓誌爲證。另《魏書》卷七下《高祖紀下》有"夏州刺史章武王彬"，元融墓誌、元湛墓誌、元舉墓誌亦作"夏州刺史"，可爲旁證。

（元融）賜東園祕器、朝服一具、綵二千八百段。……進贈司徒，加前後部鼓吹。(頁 587)

綵二千八百段　　孝昌三年元融墓誌(集釋 575，彙編 258)云"賵物八百段"。

加前後部鼓吹　　《北史》卷一八《景穆十二王傳下》同。元融墓誌作"特加後部鼓吹"。

---

① 　羅新:《統萬城與統萬突》,《中華文史論叢》2018 年第 4 期,第 107—115 頁。

（元融）謚曰莊武。（頁587）

　　莊武　《北史》卷一八《景穆十二王傳下》同。孝昌三年元融墓誌（集釋575，彙編258）誌題作“武莊”，建義元年元融弟元湛墓誌（字珍興，集釋152，彙編286）記元融爲“章武武莊王”。

（元融）子景哲，襲。……景哲弟朗，即後廢帝。（頁587）

　　武定四年元融妻盧貴蘭墓誌（集釋150，彙編394）云“長子章武王，字景哲”，《魏書》卷一一《後出三帝紀》記元朗字仲哲，知景哲蓋以字行。

（元休）及將葬，又贈布帛二千匹，謚曰靖王。（頁590）

　　謚曰靖王　《八瓊室金石補正》卷一三《太中大夫安定王元燮題記》（北圖藏拓3−97）記“亡考太傅靜王”，題爲“魏聖朝太中大夫安定王元燮造”。《金石萃編》卷二七《華州刺史安定王造石窟像記》（北圖藏拓3−142）云：“仰爲亡祖親□太妃、亡考太傅靜王、亡妣蔣妃，敬造石窟一軀。”永平二年元願平妻王氏墓誌（集釋157，彙編96）誌題作“魏黃鉞大將軍太傅大司馬安定靖王第二子給事君夫人王氏之墓誌”，孝昌二年元珽墓誌（集釋158，彙編244）記其爲“安定靖王第五子也”。按“靖”“靜”兩字通。

世宗初，（元燮）襲，拜太中大夫，除征虜將軍、華州刺史。（頁590）

　　《八瓊室金石補正》卷一三《太中大夫安定王元燮題

記》_(北圖藏拓 3-97)記造像於正始四年二月，《金石萃編》卷二七《華州刺史安定王造石窟像記》_(北圖藏拓 3-142)記造像於永平四年十月十六日。元燮轉華州刺史不在世宗初，"太中大夫"後逗號宜改作句號。

御史中丞侯剛案（元願平）以不道，處死。（頁 591）

御史中丞　《魏書》卷九三《侯剛傳》、孝昌二年侯剛墓誌_(集釋 249，彙編 243)皆記其任御史中尉。按《魏書》卷一一三《官氏志》載《後職令》，御史中尉位從三品。《唐六典》卷一三御史中丞條云："後魏改中丞曰中尉，正三品；太和二十三年，爲從三品。北齊復曰中丞，從三品。"

（元）永平弟珍平。（頁 592）

孝昌二年元珽墓誌_(集釋 158，彙編 244)云"君諱珽，字珍平"，蓋以字行。

文成五王傳（卷二〇）

（安樂王元長樂）子詮，字搜賢。（頁 598）

搜賢　《北史》卷一九《文成五王傳》同。延昌元年元詮墓誌_(集釋 160，彙編 109)作"休賢"。

廣川王（元）略，延興二年封。（頁 598）

略　孝昌元年元煥墓誌_(集釋 161，彙編 225)云："繼曾祖賀略汗，侍中、征北大將軍、中都大官，又加車騎大將軍、廣川莊王。"《八瓊室金石補正》卷一二《廣川王太妃侯爲夫造像》(北圖藏拓 3—59)作"賀蘭汗"。按賀略汗、賀蘭汗，音近，蓋略之鮮卑名。

(元諧)子靈道，襲。卒，謚悼王。(頁 600)

靈道　點校本校勘記引孝昌元年元煥墓誌(集釋 161，彙編 225)云："'靈道'作'靈遵'，這裏'道'字當是'遵'形近而訛。又'悼王'作'哀王'，諸墓誌謚號不但常與史異，而且誌與誌也有不同，未必定是傳誤。"修訂本對原校勘記做了簡化。檢《魏書》卷五三《李孝伯傳》有"廣川王遵"，遵係雙名省稱，即其人。元煥墓誌誌尾記"父靈遵，冠軍將軍、青州刺史、廣川哀王"，與本傳云靈道謚曰"悼"不同，或曾有改謚。誌文云："永平元年，宣武皇帝旨紹廣川哀王焉。"本傳記元諧卒於太和十九年，亦不能排除靈道、靈遵實爲兄弟兩人，相繼襲爵。

(元簡)謚曰靈王。世宗時，改謚曰順。(頁 600)

改謚曰順　太和二十三年元簡墓誌(集釋 162，彙編 62)記其卒於太和二十三年正月二十六日，"謚曰順王"。按元簡葬於是年三月甲午，則卒後即賜謚"順"，非世宗時改謚。元簡去世時，高祖不豫，仍詔力疾發哀，似不當賜惡謚"靈"。

詔京兆康王子(元)太安爲後。(頁 601)

太安　景明元年元定墓誌(集釋 108，彙編 68)誌題作

“故京兆康王之第四子廣平内史前河間王元泰安諱定君
墓誌銘”，即其人。按“泰”“太”兩字通，知元泰安名定，
蓋以字行。

（元猛）贈太尉，謚曰匡。（頁602）

　　匡　天保六年元子邃墓誌（集釋577，彙編419）云“祖太
尉、安豐匡王”，與此相合。熙平二年王誦妻元貴妃墓誌
（集釋266，彙編144）則記“父侍中、太尉、安豐圉王”。董剛據
拓跋猛事迹及《逸周書·謚法解》“威德剛武曰‘圉’”，推
測當以“圉”爲是①。按或曾有改謚。

獻文六王傳上（卷二一上）

（趙郡王元幹）子諡，世宗初襲封。（頁615）

　　正光五年元諡墓誌（集釋171，彙編203）記其字道安。按
本卷趙郡王幹一支傳記多未記其字，可據墓誌補充建義
元年元諡弟元譚墓誌（集釋175，彙編277）記其字延思，建義
元年元諶弟元讞墓誌（洛陽選編155，集成474）記其字寧國，
神龜三年元讞弟元譓墓誌（集釋177，彙編170）記其字安國。

（元毓）贈衛大將軍、儀同三司、青州刺史。（頁616）

　　青州刺史　建義元年元毓墓誌（集釋173，彙編290）作
“冀州刺史”。

---

①　董剛：《北魏元延明墓誌考釋》，《史學史研究》2016年第3期，第101頁。

（元譚）歷太僕、宗正少卿，加冠軍將軍。（頁617）

宗正少卿　建義元年元譚墓誌（集釋175，彙編277）云：
"轉太僕卿、冠軍將軍、大宗正卿。"正光四年元譚妻司馬
氏墓誌（集釋176，彙編194）誌尾云"大宗正卿元譚"。按司馬
氏卒於正光三年六月，葬於四年三月，元譚時任宗正卿，
疑傳誤。

**徐州平，（元譚）遷光禄少卿、行南兗州事、征虜將軍、涇
州刺史。**（頁617）

光禄少卿　建義元年元譚墓誌（集釋175，彙編277）云：
"還轉光禄卿，行兗州事，捍城之舉。除征虜將軍、涇州
刺史，遇患不行。"按元譚前已歷太僕、宗正二卿，據誌、
傳，又有平定徐州之功，不當僅遷光禄少卿，當以誌爲是。

南兗州　元譚墓誌作"兗州"。按《魏書》卷七九《范
紹傳》云："詔以徐豫二境，民稀土曠，令紹量度處所，更
立一州。紹以譙城形要之所，置州爲便，遂立南兗。"南
兗州位於邊境，與誌文"捍城之舉"相合，疑"南兗"是。
另據墓誌，知元譚未赴任涇州。

（元譚）卒，贈撫軍將軍、儀同三司、青州刺史。（頁617）

撫軍將軍　建義元年元譚墓誌（集釋175，彙編277）記贈
官爲"衞大將軍、儀同三司、青州刺史"。按《魏書》卷一
一三《官氏志》載《後職令》，撫軍將軍位從二品，衞將軍
第二品，小注云"加大者，位在太子太師之上"。

（高陽王元雍）嫡子泰，字昌。（頁 630）

　　昌　永安三年元泰墓誌_(洛陽百品 006)記其字達磨，或一人兩字。

（元泰）尋遷通直散騎常侍、鎮東將軍、太常卿。（頁 630）

　　永安三年元泰墓誌_(洛陽百品 006)云：“除通直散騎常侍。……服闋，太常卿。……俄遷使持節、都督光州諸軍事、鎮東將軍、光州刺史，固辭不受。”元泰蓋先歷太常卿，再出爲光州刺史、鎮東將軍，實未之任。本傳所記遷轉次序疑誤。

（元泰）追贈侍中、特進、驃騎大將軍、太尉公、武州刺史、高陽王，謚曰文孝。（頁 630）

　　武州刺史　永安三年元泰墓誌_(洛陽百品 006)作“定州刺史”。按《魏書》卷一〇六上《地形志上》有武州，小注云“武定元年置。治雁門川，武定三年始立州城”。是時尚未置武州。元泰爲高陽王雍嫡子，追封王爵，贈官當以上州，疑“定州”是。

（元端）累遷通直常侍、鴻臚、太常少卿、散騎常侍。（頁 630）

　　太常少卿　建義元年元端墓誌_(集釋 179，彙編 282)云：“擢君爲通直散騎常侍、鴻臚少卿。以在棘瑜名，清風遠扇，轉除太常卿，常侍如故。”

(元)叡弟誕，字文發。（頁 631）

文發　天平三年元誕墓誌（新中國河北壹 8）記其字子發。

(元誕)遷平南將軍、散騎常侍、黃門侍郎。（頁 631）

平南將軍　天平三年元誕墓誌（新中國河北壹 8）云："遷給事黃門侍郎、平東將軍，加散騎常侍。"

(元誕)贈使持節、侍中、太保、司徒公、尚書令，將軍、牧如故。（頁 631）

牧如故　天平三年元誕墓誌（新中國河北壹 8）云："贈使持節、侍中、太保，領司徒公、尚書令、司州牧，王如故。"按北魏後期追贈本官者，亦不鮮見，元誕生前已領侍中、司州牧、車騎大將軍，唯"牧如故"不詞，疑爲"司州牧，王如故"之脫誤。

(元)彌陀弟僧育，……僧育走關西，國除。（頁 631）

僧育　魏後二年拓跋育墓誌（碑林集刊 4，疏證 92）云："公諱育，字僧會。……高陽文穆王雍之第十子。魏後二年，改封淮安公。"祥生考證彌陀弟名育，字僧會，"僧育"誤①，可從。《周書》卷一六《侯莫陳凱傳》、卷三八《元偉傳》有"淮安王元育"，即其人。

① 祥生：《長安發現北魏獻文皇帝之孫墓誌》，《碑林集刊》第 4 輯，陝西人民美術出版社，1996 年，第 62—63 頁。

（元頊）歷武衛將軍、光祿少卿、黃門郎。（頁 638）

　　光祿少卿　　太昌元年元頊墓誌（集釋 184，彙編 327）作
"光祿卿"。

（元頊）封平樂縣開國公，食邑八百戶。（頁 638）

　　平樂縣開國公　　太昌元年元頊墓誌（集釋 184，彙編 327）
作"樂平縣開國公"。按《魏書》卷一〇六中《地形志中》
兗州東陽平郡下有樂平縣，無平樂縣。疑傳誤。

　　八百戶　　元頊墓誌作"九百戶"。

獻文六王傳下（卷二一下）

（元勰）嫡子劭，字子訥，襲封。（頁 656）

　　劭字子訥　　《北史》卷一九《獻文六王傳》同。正光
五年元勰妻李媛華墓誌（集釋 186，彙編 208）誌首記"子子訥，
字令言，今彭城郡王"。按本傳下文及正光五年元劭兄
元子直墓誌（集釋 187，彙編 209）記其字方言。建義元年元劭
弟元子正墓誌（集釋 189，彙編 292）記其字休度。知元勰諸子
爲雙名，均有"子"字。劭或是後來改名。

（元子正）歷散騎侍郎、太常少卿。（頁 658）

　　建義元年元子正墓誌（集釋 189，彙編 292）云："除散騎侍
郎，不拜，尋改中書。……又轉太常少卿。"知元子正未
就散騎侍郎，所歷爲中書侍郎。

（元子正）贈假黃鉞、侍中、都督中外諸軍事、大將軍、録尚書事、相，王如故。（頁658）

相　建義元年元子正墓誌（集釋189，彙編292）作"相國"。點校本校勘記云："'相'上當脱'丞'字，或'相'下脱'國'字"，今據墓誌，知所脱者爲"國"字。

（元子正）諡曰貞。（頁658）

貞　建義元年元子正墓誌（集釋189，彙編292）作"文貞"。

孝文五王傳（卷二二）

文昭皇后生宣武皇帝、廣平武穆王（元）懷。（頁661）

武穆　《北史》卷一九《孝文六王傳》同。底本原作"文穆"，點校本校勘記據《魏書》卷一一《出帝紀》、熙平二年元懷墓誌（集釋193，彙編143）、建義元年元懷子元悌墓誌（集釋194，彙編271）、普泰元年元誨墓誌（集釋195，彙編318）皆作"武穆"，指出當以"武穆"爲是，修訂本改字出校。今檢《資治通鑑》卷一四八亦作"廣平文穆王"，知宋本已誤，仍以出校不改爲宜。又興和三年房悦墓誌（文物資料叢刊2，山東石刻5－27，集成681）云"廣平文獻王以帝子之尊，母弟之重，……引公爲國常侍"，《魏書》卷七二《房悦傳》記其"解褐廣平王懷國常侍"。按目前所見最晚記元懷諡曰"武穆"者爲永熙二年高樹生墓誌（文物2014－2，集成586）記其次子高永寶"妻華陽郡公主，河南元氏。父廣平武穆王"，而孝昌元年元懷兄元懌墓誌（洛陽選編107，彙編228）

記其諡曰"文獻"，房悅墓誌可能混淆了兩人的諡號。

後靈太后令(元)愉之四子皆附屬籍，追封愉臨洮王。子寶月襲。乃改葬父母，追服三年。（頁665）

愉之四子　錢大昕《廿二史考異》卷三八云："其一爲臨洮王寶暉，其一爲南陽王寶炬，其一當是寶月，其一不可考矣。"正光四年元愉妻楊奥妃墓誌(北朝藏品6)誌尾記四子：寶月、寶輝、寶炬、寶明。知幼子名寶明，"寶暉"當作"寶輝"。

寶月襲　孝昌元年元寶月墓誌(集釋191，彙編232)云："早世淪英，宜加褒異。可葬以王禮，餘如前贈。考行論德，諡曰孝王。"元寶月似生前未襲爵，追封爲王。

追服三年　《魏書》卷九《肅宗紀》云："(正光四年春二月壬辰，追封)京兆王愉爲臨洮王。"據元愉妻楊奥妃墓誌記其葬於正光四年四月二十九日，元寶月墓誌記其卒於正光五年五月二十五日，知寶月追服一年有餘即去世。

廣平王(元)懷。闕有魏諸王。召入華林別館，禁其出入，令四門博士董徵授以經傳。世宗崩，乃得歸。（頁667）

《魏書》此卷原闕，據《北史》補，間有溢出字句，當出《高氏小史》。《北史》卷一九《孝文六王傳》亦闕，僅存三十六字。熙平二年元懷墓誌(集釋193，彙編143)記其字宣義，可稍補其事迹。另建義元年元懷子元悌墓誌(集釋194，彙編271)記其字孝睦，襲封廣平王，建義元年死於河陰之變，謚曰“文懿”。元悌亦見《魏書》卷一〇《孝莊紀》。普泰元年元懷子元誨墓誌（集釋195，彙編318）記其字孝規，封范陽王，永安三年爲尒朱兆所殺。元誨亦見《魏書》卷九《肅宗紀》、卷一〇《孝莊紀》、卷七七《辛雄傳》。元悌、元誨兩人本當附傳於廣平王懷下，今本《魏書》《北史》闕。

卷二　魏書二

張袞傳　鄧淵傳（卷二四）

張袞，字洪龍，上谷沮陽人也。（頁686）

沮陽　《北史》卷二一《張袞傳》同。建義元年張袞玄孫張彥墓誌（秦晉豫26，集成463）作"俎陽"。按《晉書》卷一二三《慕容垂載記》云"垂至上谷之俎陽"，點校本校勘記據《晉書·地理志》改作沮陽，並云"沮""俎"音近，當時通用，但本名當作"沮"。《魏書》本卷記張袞子張太封"俎陽侯"，正始三年寇猛墓誌（文物參考資料1957－2，輯繩18，彙編84）記其爲"燕州上谷郡俎陽縣都鄉孝里人也"。疑"俎陽"爲正字。

（鄧羨）出爲齊州武昌王征虜長史。後李元護之爲齊州，仍爲長史，帶東魏郡太守。（頁711）

神龜元年鄧羨妻李栗蘭墓誌（集釋224，彙編153）云："太和廿年，武昌王以宗室親勳，……除公爲長史，帶東魏郡。"據《魏書》卷一六《道武七王傳》、正始四年元鑒墓誌（集釋70，彙編87），武昌王爲元鑒。故鄧羨帶東魏郡太守，始於武昌王任上。標點宜改爲"出爲齊州武昌王征虜長史，後李元護之爲齊州，仍爲長史。帶東魏郡太守。”

長孫嵩傳　長孫道生傳（卷二五）

（長孫嵩）謚曰宣王。（頁 721）

　　宣王　《北史》卷二二《長孫嵩傳》、永熙三年長孫嵩曾孫長孫子澤墓誌(北圖藏拓5-195,彙編346)同。孝昌元年長孫嵩曾孫女封君妻長孫氏墓誌(書法1995-3,疏證49)記“謚曰宣惠王”。開皇十二年長孫懿墓誌(新見隋誌13,貞石056)云：“七世祖嵩，魏太尉、北平宣惠王。”

（長孫道生）子抗，位少卿，早卒。抗子觀。少以壯勇知名，後襲祖爵上黨王。（頁 722）

　　抗　《北史》卷二二《長孫道生傳》作“瓶”，《新唐書》卷七二上《宰相世系表二上》作“斾”。大統十四年長孫抗曾孫長孫儔墓誌(碑林集刊17,集成798)云：“曾祖諱烏者，特進、上黨康王。……考諱稚，太師、文宣王。”“烏者”蓋抗之鮮卑名。另本傳記長孫抗早卒，又云其子長孫觀“襲祖爵上黨王”，則抗爵、謚均爲追贈。

　　觀　長孫儔墓誌作“拔六觀”，蓋其鮮卑名。

（長孫）子彥，本名儔。（頁 725）

　　子彥　大統十四年長孫儔墓誌(碑林集刊17,集成798)云：“公諱儔，字子彥。”子彥係其字。

穆崇傳（卷二七）

先是，衛王（元）儀謀逆，（穆）崇豫焉，太祖惜其功而祕之。及有司奏諡，太祖親覽諡法，至"述義不克曰'丁'"。太祖曰："此當矣。"乃諡曰丁公。（頁742）

諡曰丁公　景明三年穆崇玄孫穆亮墓誌（集釋201，彙編71）、正光二年穆崇五世孫穆纂墓誌（集釋233，彙編175）、永安二年穆崇五世孫穆彥墓誌（集釋275，彙編312）均記穆崇諡曰"貞"。按穆崇因卷入衛王儀謀逆，被賜惡諡，疑後有改諡。

（穆十儒）子容，武定中，汲郡太守。（頁744）

子容　修訂本校勘記引《北史》卷二〇《穆泰傳》作"子子容"，且敍事較詳，疑名作"子容"爲是。按《魏書》卷七五《尒朱世隆傳》有"都官郎穆子容"。《金石萃編》卷三二《太公吕望表》末題"通直散騎常侍、聘梁使、平東將軍、中書侍郎、恒州大中正、脩左史、汲郡太守穆子容山行之文"，與《北史》所記官職合，即其人。

（穆）遂留弟觀，字闥拔，襲崇爵。（頁744）

闥拔　景明三年穆亮墓誌（集釋201，彙編71）作"闒"，正光二年穆纂墓誌（集釋233，彙編175）作"跂"。熙平元年元睿墓誌（考古1991－9，疏證34）記祖母穆氏"父泰拔，侍中、中書監、宜都王"。岑仲勉認爲"闥拔"是穆觀之鮮卑本名[1]。

---

[1]　（唐）林寶撰，岑仲勉校記：《元和姓纂（附四校記）》，郁賢浩、陶敏整理，中華書局，1994年，第1430頁。

泰拔、闥拔音近，闥、跋，均爲省稱。

（穆壽）子平國，襲爵。尚城陽長公主。（頁 746）

城陽長公主　《北史》卷二〇《穆壽傳》同。景明三年穆亮墓誌（集釋 201，彙編 71）記其父平國“尚城陽、長樂二公主”。疑此處“長”下脱“樂”字。另本傳下文記平國弟正國亦尚長樂公主，不知是否爲同一人。

（穆亮）謚曰匡。……（子穆紹）謚曰文獻。（頁 751、753）

《北史》卷二〇《穆亮傳》《穆紹傳》同。景明三年穆亮墓誌誌題（集釋 201，彙編 71）記其謚曰“文獻”，普泰元年穆紹墓誌（集釋 280，彙編 324）未記其謚號，武定八年穆紹子穆子巖墓誌（集釋 305，彙編 402）銘文云：“貞王之孫，匡王之子。”則穆紹謚曰“匡”。疑本傳混淆了穆亮、穆紹父子的謚號。

人物	史料		
	《魏書》	穆亮墓誌	穆子巖墓誌
穆亮	匡	文獻	貞
穆紹	文獻	—	匡

（穆紹）世宗初，通直散騎常侍、高陽王雍友。遭父憂，詔起襲爵，散騎常侍。（頁 751—752）

普泰元年穆紹墓誌（集釋 280，彙編 324）云：“襲爵頓丘公。除散騎常侍，在通直；尋轉正員。”誌文記穆紹襲爵後方遷通直散騎常侍。

（穆紹）遷祕書監、侍中、金紫光禄大夫、光禄卿，……復爲侍中，領本邑中正。（頁752）

普泰元年穆紹墓誌（集釋280，彙編324）云："乃授秘書監，俄遷侍中，領河南邑中正。"知穆紹領本邑中正在初爲侍中時，疑本傳删削致誤。

（穆紹）以功加特進，……尋加儀同三司，領左右。……除車騎大將軍、開府、定州刺史，固辭不拜。又除侍中，託疾未起。（頁752）

《魏書》卷九《肅宗紀》云："（孝昌元年二月）侍中、特進、衛大將軍穆紹爲儀同三司。"與傳合。普泰元年穆紹墓誌（集釋280，彙編324）云："乃授侍中、車騎大將軍、儀同三司。未幾，復以本號開府，爲定州刺史。辭疾不行，還除前任，加位特進。"誌文記加特進在還除侍中時。

（穆紹）子長嵩，字子岳。……子巖，武定中，司徒諮議參軍。（頁753）

子巖　本卷上文云"又拜其次子巖爲給事中"。武定八年穆子巖墓誌（集釋305，彙編402）記其釋褐給事中，武定七年卒於司徒諮議參軍，即其人。按穆子巖係穆長嵩之弟，"子巖"疑是"弟巖"之誤。另本傳記穆長嵩字子岳，建義元年穆紹子穆景冑墓誌（七朝25，集成461）記其字子胤。疑子巖係其字，蓋以字行。

（穆）平城弟長城，司徒左長史。（頁753）

　　長城　正光二年穆纂墓誌(集釋 233，彙編 175)記其父名
"長成"，長城、長成屬同音假借。

(穆顯業)子子琳。(頁 758)

　　子琳　武定五年穆顯業子穆瑜墓誌(北朝藏品 15)云：
"君諱瑜，字子琳。"蓋以字行。

(穆子琳)封高唐縣開國男，邑二百户。(頁 758)

　　二百户　武定五年穆瑜墓誌(北朝藏品 15)作"三百
户"。

阿至羅國主副羅越居爲蠕蠕所破，其子去賓來奔。(頁
758)

　　副羅　修訂本校勘記云《魏書》一二《孝靜紀》作"副
伏羅"。按《魏書》卷一〇三《高車傳》記高車十二姓"十
曰副伏羅氏"，武定五年穆瑜墓誌(北朝藏品 15)云："高車主
覆羅去賓舉其部落，萬里來王。"蓋譯無定字。

(穆子琳)尋遷儀同開府長史、齊獻武王丞相司馬。(頁
758)

　　武定五年穆瑜墓誌(北朝藏品 15)云："還爲相國勃海王
第三子永安公開府長史。"知儀同爲高浚，《北史》卷五一
有傳。

(穆子琳)卒時年五十三，贈驃騎大將軍、都官尚書、瀛州

刺史。（頁 758）

　　五十三　　武定五年穆瑜墓誌(北朝藏品 15)作“五十有四”。

　　都官尚書　　穆瑜墓誌記其贈度支尚書。天保七年穆瑜妻陸脩容墓誌(北朝藏品 24)誌題作“魏故驃騎大將軍瀛洲刺史都官尚書相國司馬高唐縣開國男穆子琳妻陸氏墓誌銘”，或有改贈。

(穆)子琳弟良，字先德。司空行參軍、將作丞、司徒祭酒、安東將軍、南鉅鹿太守。（頁 758）

　　先德　　武定八年穆良墓誌(秦晉豫 43，集成 765)作“祖德”。

　　安東將軍　　穆良墓誌作“平東將軍”，誌題作“魏故安東將軍中書舍人穆君墓誌銘”，未知孰是。

樓伏連傳　丘堆傳　劉尼傳
閭大肥傳　陸真傳（卷三〇）

樓伏連，……諡曰恭王。……（子樓）真次弟大拔，……賜爵永平侯。……子稟，字法生，襲。（頁 799—800）

　　大統六年長孫儁妻婁貴華墓誌(碑林集刊 17，集成 781)云：“天柱大將軍、廣陵恭王之曾孫，定州刺史、鉅鏕康公之孫，恒朔二州刺史、永平宣公之女。”《北史》卷二〇《樓伏連傳》記大拔“封鉅鹿子”，知樓大拔曾改封鉅鹿，樓稟諡曰“宣”。又誌文記樓伏連歷天柱大將軍，大統十年婁叡墓誌（唐史論叢 28）亦記“天柱大將軍、廣陵恭王□□孫”。
按《魏書》卷七四《尒朱榮傳》云：“此官雖訪古無聞，今員
未有，太祖已前增置此號，式遵典故，用錫殊禮。”周一良
傾向認爲此前並無此官①。墓誌記先世官爵，或不無誇
飾，姑録之備考。

丘堆，代人也。……進爵臨淮公，加鎮西將軍。（頁 801）

　　堆　武泰元年丘堆孫丘哲墓誌（集釋 268，彙編 311）記其
爲“鎮西大將軍、都督定州諸軍事、定州刺史、臨淮公庫
堆之孫”。“庫堆”即丘堆之鮮卑名。

劉尼，代人也。（頁 803）

　　尼　天保四年獨孤忻墓誌（安豐 61，集成 847）云：“曾祖
湏，司徒公，東安王。”即劉尼。湏、尼，譯字不同。

（劉尼）子社生，襲爵。（頁 804）

　　社生　普泰元年赫連悦墓誌（集釋 588，彙編 319）誌尾
云：“夫人劉氏，諱虎兒，洛陽人也。司徒公東安王之孫，
新平太守東安公榮之元女。”趙萬里考訂其祖劉尼，父劉
榮字社生，劉榮蓋以字行。

**閭大肥，……尚華陰公主，……復尚濩澤公主。……追
贈中山王。**（頁 810—811）

---

① 周一良：《魏晉南北朝史札記》，中華書局，2007 年，第 370 頁。

華陰公主　《北史》卷二〇《閭大肥傳》作"華陽公主"。河清三年赫連子悦妻閭炫墓誌_(集釋 345，彙編 442)記曾祖閭大肥尚隴西長公主，薨贈老生王。按《魏書》卷一三《皇后傳》記道武宣穆皇后劉氏，生華陰公主。閭炫距閭大肥時代已遠，姑録之備考。

陸真，代人也。（頁 812）

大統四年陸醜墓誌_(文物 2021－11)云："使持節、散騎常侍、吏部尚書、青州刺史、河南烈公乞真之孫。"乞真蓋真之鮮卑名。

于栗磾傳（卷三一）

（于栗磾）子洛拔，襲爵。……出爲使持節、散騎常侍、寧東將軍、和龍鎮都大將、營州刺史。（頁 821）

和龍鎮都大將　《金石録》卷二一引《後魏太尉于烈碑》作"黄龍鎮都大將"。按《魏書》卷一〇六上《地形志上》記營州治和龍城，故和龍鎮都大將常兼營州刺史。黄龍鎮不見於《魏書》，然屢見於墓誌，如永安二年尒朱紹墓誌_(集釋 273，彙編 308)記其祖尒朱真爲黄龍鎮大將，太昌元年長孫季墓誌_(洛陽續編 10)記妻慕容氏"黄龍鎮將定之女也"。周一良認爲"黄龍蓋即和龍之異稱也"[①]，似可再考。

---

① 周一良：《北魏鎮戍制度考及續考》，《魏晉南北朝史論集》，北京大學出版社，1997年，第 231 頁。

（于烈）遷屯田給納。（頁 821）

　　屯田給納　《金石録》卷二一引《後魏太尉于烈碑》作"屯田給事"。按《魏書》卷一一三《官氏志》引太和十九年詔云："原出朔土，舊爲部落大人，而自皇始已來，有三世官在給事已上，及州刺史、鎮大將，及品登王公者爲姓。"和平二年文成帝南巡碑（文物 1997—12）碑陰題名中常見此職，蓋是北魏前期帶有胡族制度特徵的官名。直至太和十八年《前職令》中，給事仍位從三品上階，但太和二十三年《後職令》中已無此官①。

八月，（于烈）暴疾卒，時年六十五。（頁 824）

　　六十五　《金石録》卷二一引《後魏太尉于烈碑》作"六十七"。

（于景）自司州從事，稍遷步兵校尉、寧朔將軍、高平鎮將。（頁 831）

　　司州從事　孝昌二年于景墓誌（集釋 252，彙編 248）作"司州主簿"。

　　高平鎮將　于景墓誌作"薄骨律高平二鎮大將"。

高湖傳　封懿傳（卷三二）

太祖賜（高湖）爵東阿侯，加右將軍，總代東諸部。（頁 838）

---

①　黄楨：《北魏〈于烈碑〉考》，《中華文史論叢》2024 年第 1 期，第 50—51 頁。

東阿侯　永熙二年高樹生墓誌(文物 2014-2,集成 586)記其祖高湖爲河東侯,修訂本校勘記據此出校,認爲本作"河東",傳寫誤倒作"東河",後人又改作"東阿"。恐誤。今檢天平三年高盛碑(北圖藏拓 6-38,魯迅輯校石刻手稿碑銘中 321)記其先世云:"高祖□,玄菟太守,天爵■燕散騎常侍、殿中尚書。入國爲涼州鎮都大將、東阿侯。"東阿侯即高湖。天保六年高建墓誌(集釋 309,彙編 418)亦記曾祖高湖爲東阿侯,疑高樹生墓誌誤。

太昌初,(高謐)追贈使持節、侍中、都督青徐齊濟兗五州諸軍事、驃騎大將軍、太尉公、青州刺史,謐武貞公。(頁 838)

青州　底本原作"壽州",點校本校勘記引錢大昕《廿二史考異》卷二八云:"'壽'當作'青',《地形志》無壽州。"修訂本校勘記補充永熙二年高樹生墓誌(文物 2014-2,集成 586)作爲書證。今檢興和二年高謐孫女尉景妻高婁斤墓誌(墨香閣 39)亦作"青州"。

(高翻)子嶽,武定末,侍中、太傅公、清河郡開國公。(頁 839)

太傅公　點校本校勘記引《北齊書》卷一三《清河王嶽傳》作"太尉"。今檢天保七年高嶽墓誌(洛陽二〇一五 35)亦云"除侍中、太尉公",足以定讞。

(高昚)子永樂,興和中,驃騎大將軍、儀同三司、濟州刺史、陽川縣開國公。(頁 840)

陽川縣開國公　《北史》卷五一《齊宗室諸王傳上》云:"太昌初,封陽州縣伯,進爵爲公。"興和三年高永樂墓誌(墨香閣 47)亦云:"封陽州縣開國伯,邑五百户。……進爵爲公,增邑千户。""陽川"係形近致訛。

(封玄之)弟虔之子磨奴,字君明。(頁847)

磨奴　正光二年封魔奴墓誌(考古通訊 1957-3,國博 11)作"魔奴"。另誌文記其父名勗,虔之係其字。

(封興之)尋重贈殿中尚書,諡曰文。(頁849)

文　底本原作"孝"。汲古閣本下注"一作'文'"。點校本校勘記據北監本、殿本、《北史》卷二四《封懿傳》及《新唐書》卷七一下《宰相世系表一下》改。今檢大象元年封興之子封孝琰墓誌(文物春秋 1990-4,河北金石 248,疏證 114)記其父爲"文侯",足以定讞。

天平中,(封延之)驃騎大將軍、青州刺史、剡縣開國子。(頁849)

剡縣開國子　《北齊書》卷二一《封隆之傳》作"郟城縣子",《北史》卷二四《封懿傳》作"郟城子"。興和三年封延之墓誌(考古通訊 1957-3,國博 22)作"郟城縣開國子"。按剡縣在南朝境内,《魏書》卷一〇六下《地形志下》荆州襄城郡下有郟城縣。當以"郟城"爲是①。

---

① 　梁春勝:《六朝石刻叢考》,第 122 頁。

(封)偉伯乃與南平王(元)罔潛結關中豪右韋子粲等謀舉義兵。(頁853)

南平王罔　《魏書》卷九《肅宗紀》有"南平王仲罔"。按武泰元年元暐墓誌(集釋74，彙編269)記其名暐，字仲罔，蓋以字行，又省稱爲罔。

李順傳（卷三六）

(李式)歷散騎常侍、平東將軍、西兗州刺史，濮陽侯。(頁924)

西兗州　武定二年李式孫李希宗墓誌(考古1977-6，新中國河北壹12)、天保元年李騫墓誌(墨香閣87)、天保七年李希禮墓誌(新中國河北壹17)皆作"兗州"。按《魏書》卷八七《汲固傳》云："爲兗州從事。刺史李式坐事被收。"錢大昕《廿二史考異》卷二八："此西兗州治滑臺，非地形志之西兗州也。志之西兗治定陶，乃孝昌中所置。"周一良亦認爲治滑臺之兗州即太和十八年以前之西兗州[1]。《南齊書》卷五七《魏虜傳》記永明四年北魏政區，云河南二十五州中有西兗州。兗州常與西兗州混稱[2]。另武平七年李式曾孫李祖勳墓誌(北朝藏品48)云"曾祖兗州康侯"，知李式謚曰"康"。

---

[1]　周一良：《西兗州與南兗州》，《魏晉南北朝史札記》，第391頁。

[2]　牟發松、毋有江、魏俊傑：《中國行政區劃通史·十六國北朝卷》，復旦大學出版社，2017年，第536頁。

詔(李)憲爲使持節、假鎮東將軍、徐州都督,與安豐王(元)延明、臨淮王(元)彧等討之。(頁925)

鎮東將軍　元象元年李憲墓誌(集釋292,彙編359)作"征東將軍",誌文記其此前已歷鎮東將軍。本傳下文云徐州既平,"仍除征東將軍",當以"征東"爲是。

徐州都督　李憲墓誌作"東討都督"。按《魏書》卷二〇《文成五王傳》記元延明爲"東道行臺、徐州大都督"。據《魏書》卷六六《李崇傳》:"乃詔復崇官爵,爲徐州大都督,節度諸軍事。會崇疾篤,乃以衞將軍、安豐王延明代之。"李崇因疾不行後,蓋以元延明代爲徐州大都督。

(李)希遠兄長鈞,興和中,梁州驃騎府長史。(頁926)

長鈞　元象元年李憲墓誌(集釋292,彙編359)云:"子長鈞,字孝友。"按李憲墓誌誌尾所記諸子行第,以長子希遠、第二子希宗、第三子希仁、第四子騫、第五子希禮爲序,李長鈞蓋庶出。

(李)希仁弟騫,字希義。(頁927)

騫字希義　元象元年李憲墓誌(集釋292,彙編328)云:"第四子騫,字景讓。"修訂本校勘記據李憲墓誌認爲李憲諸子皆名希某,字景某,推測騫本名希義,字景讓,後改名騫,即以原名爲字。今檢李騫墓誌(墨香閣87)云"君諱騫,字希義",與傳相合。修訂本校勘記當刪。

（李）曬從弟仲琁，奉朝請、定雍二州長史，⋯⋯仍除北雍州刺史。⋯⋯出除車騎大將軍、兗州刺史。（頁935—936）

　　仲琁　《金石萃編》卷三一《李仲琁修孔子廟碑》記其字仲琁，蓋以字行。

　　定雍二州長史　《金石萃編》卷三一《李仲琁修孔子廟碑》作“定相雖三州長史”。

　　仍除北雍州刺史　《金石萃編》卷三一《李仲琁修孔子廟碑》記其歷“雖兗二州刺史”。

司馬楚之傳　司馬叔璠傳（卷三七）

太宗末，⋯⋯於是假（司馬）楚之使持節、征南將軍、荊州刺史。（頁947）

　　征南將軍　《文苑英華》卷九〇四《周大將軍司馬裔碑》記曾祖司馬楚之“魏明元皇帝遙授平南大將軍、荊州刺史”。碑、傳所記不同。又本傳下文及司馬裔神道碑皆記楚之世祖初爲安南大將軍。

（司馬楚之）贈都督梁益秦寧四州諸軍事、征南大將軍、領護西戎校尉、揚州刺史，謚貞王。（頁949）

　　梁益秦寧四州諸軍事　修訂本校勘記據延興四年司馬金龍妻欽文姬辰墓銘(文物1972－3,彙編58)記司馬楚之爲“都督梁益兗豫諸軍事、領護南蠻校尉”。按《文苑英華》卷九〇四《周大將軍司馬裔碑》云“贈征西大將軍、都督梁益秦寧荊兗青豫郢洛十州諸軍事”，傳、誌所列梁

益秦寧兗豫六州，皆在司馬裔神道碑所舉十州内，天平
二年司馬昇墓誌(集釋289，彙編348)亦記祖司馬楚之“十州
諸軍事”，疑本傳有省文。

征南大將軍　　永平四年司馬悦墓誌(文物1981－12，新
中國河南壹213)、司馬昇墓誌皆記司馬楚之爲征南大將軍，
疑司馬裔神道碑作“征西”誤，若贈征南，似當領南蠻
校尉。

(司馬金龍)贈大將軍、司空公。(頁949)

大將軍　　太和八年司馬金龍墓銘(文物1972－3，彙編
59)、延興四年司馬金龍妻欽文姬辰墓銘(文物1972－3，彙編
58)、《文苑英華》卷九〇四《周大將軍司馬裔碑》皆作“鎮
西大將軍”，疑脱“鎮西”二字。

永平元年(司馬纂)卒。贈鎮遠將軍、南青州刺史。(頁950)

永平元年卒　　大業三年司馬纂子司馬季沖墓誌(北朝
藏品55)云：“祖龍，魏司徒公。考纂，儀同三司、青州刺
史。”誌文記司馬季沖大象三年八月卒於鄴城，春秋六十
有二，則生於正光元年。按本傳記司馬纂卒於永平元
年，時季沖未生，疑誤。大象三年二月，隋文帝代周，改
元開皇，墓誌所記卒年恐亦有誤。

(司馬悦)賜帛三百疋，謚曰莊。(頁951)

三百疋　　永平四年司馬悦墓誌(文物1981－12，新中國河

南壹 213)作“一千匹”。

（司馬）道壽長子元興，襲父爵。子景和。（頁 954）

　　元興　永平四年司馬道壽子司馬紹墓誌（集釋 209，彙編 102）記其字元興，蓋司馬紹以字行。

　　景和　正光元年司馬元興子司馬昞墓誌（集釋 230，彙編 173）記其字景和，司馬昞亦以字行。

（司馬景和）稍遷揚州驃騎府長史、清河內史。（頁 954）

　　揚州驃騎府長史　正光元年司馬昞墓誌（集釋 230，彙編 173）作“楊州車騎大將軍府長史”。按《魏書》卷六六《李崇傳》云“延昌初，加侍中、車騎將軍”，卷九《肅宗紀》記“（熙平元年）三月辛未，以揚州刺史李崇爲驃騎將軍、儀同三司”。延昌三年司馬景和妻孟敬訓墓誌（集釋 231，彙編 118）誌題“魏代楊州長史南梁郡太守宜陽子司馬景和妻墓誌銘”，知司馬昞時仕於李崇幕府，因李崇將軍號之遷改，有車騎、驃騎之異。

刁雍傳　王慧龍傳（卷三八）

（刁）融弟肅，字奉誠。中書博士。（頁 965）

　　中書博士　熙平二年刁遵墓誌（集釋 222，彙編 147）誌陰記第六弟肅爲“中□侍郎”。

（王遵業）位著作佐郎，與司徒左長史崔鴻同撰起居注。

（頁 973）

　　司徒左長史　《北史》卷三五《王遵業傳》同，《魏書》卷六七《崔鴻傳》記其延昌四年“爲司徒長史”。孝昌二年崔鴻墓誌（考古學報 1984—2，山東石刻 5—16，彙編 241）云：“任城文憲王得一居宗，……迺請君爲右長史。”任城王當指元澄。據《魏書》卷九《肅宗紀》云：“（神龜二年）五月戊戌，以司空、任城王澄爲司徒。”《八瓊室金石補正》卷一五《崔懃造像記》（北圖藏拓 4—71）云：“魏員外散騎常待、中堅將軍、三公郎中、中散大夫、高陽王右、司徒府右長史崔鴻”[1]，造像時間爲神龜二年九月，則崔鴻自神龜二年五月之後，一直爲司徒右長史，疑“左”誤。

李寶傳（卷三九）

（李）産之弟蒨之。（頁 982）

　　蒨之　《北史》卷一〇〇《序傳》同。開皇六年李倩之墓誌（秦晉豫三 117，貞石 023）作“倩之”。顯慶三年李勗墓誌（秦晉豫三 168）記其祖名“蒨之”，即其人。按北朝俗字，常在本字上加“艹”頭，如長常刻寫作“萇”[2]，或因此致混。

延昌初，冀州大乘賊起，令（李）虔以本官爲別將，與都督

---

[1]　《魏書》卷六七《崔鴻傳》記其爲“高陽王友”，前“右”字疑爲“友”之誤刻。

[2]　辛德勇：《北齊〈大安樂寺碑〉與長生久視之命名習慣》，《石室賸言》，中華書局，2014年，第 305—310 頁。

元遙討平之。（頁 984）

延昌初　《北史》卷一〇〇《序傳》同。《魏書》卷九《肅宗紀》云：“（延昌四年）六月，沙門法慶聚衆反於冀州，殺阜城令，自稱‘大乘’。……（九月）甲寅，征北元遙破斬法慶及渠帥百餘人，傳首京師。”“延昌初”蓋“延昌末”之誤。另熙平二年元遙墓誌（集釋106，彙編145）云“熙平初，大乘之亂，傾蕩河冀”。按孝明帝延昌四年正月繼位，次年正月改元熙平，元遙墓誌所記亦誤。

（李蕤）長子詠，字義興。（頁 985）

詠　《北史》卷一〇〇《序傳》作“諺”。點校本校勘記據興和三年元子邃妻李艷華墓誌（集釋578，彙編372）“祖蕤，司農、豫州刺史。父該，散騎常侍、濟廣二州刺史”，云“該官位與詠同，知‘詠’‘諺’均爲‘該’之訛”。修訂本刪除此校勘記。今檢崔楷墓誌誌蓋（文物春秋2009－6，集成1320）記其子士謙“妻隴西李氏，父該，侍中、吏部尚書、冀州刺史”，與本傳所記詠贈官合。疑“詠”“諺”皆“該”字之形訛。另正始二年李蕤墓誌（集釋205，彙編82）記蕤謚曰“簡”。

太和初，高祖爲咸陽王（元）禧納其女爲妃。（頁 987）

太和初　《北史》卷一〇〇《序傳》作“太和中”。修訂本校勘記據《資治通鑑》卷一四〇及《魏書》卷七下《高祖紀下》，推定六王聘妃事在太和十七年遷洛後至二十年正月改封元勰爲彭城王前，“太和初”爲“太和中”之誤。六王選聘諸妃中，河清三年元羽妻鄭始容墓誌_{（中國}書法 2005－9,集成 952）記其卒於河清三年，春秋八十有六，推知其生於太和三年。正光五年元颺妻李媛華墓誌_{（集釋}186,彙編 208）記其卒於正光五年，春秋卅有二，推知其生於太和七年。皆證高祖爲諸弟聘妃在太和中。

（李佐）贈征虜將軍、秦州刺史，謚曰莊。子遵襲。（頁 989）

　　謚曰莊　《北史》卷一〇〇《序傳》同。景明三年李伯欽墓誌（墨香閣 3,疏證 27）記父李佐"涇陽照子"。正光六年李遵墓誌（北圖藏拓 4－184,彙編 222）云"顯考昭侯"、興和三年李挺墓誌（集釋 592,彙編 374）云"父尚書昭侯"。羅新、葉煒指出李佐謚曰"昭"，本傳誤作"莊"①。孝昌二年李勔墓誌（秦晉豫續 64,集成 424）記爲"涇陽昭侯第六子"，亦爲佐證。

　　子遵襲　本傳記李佐"以功封涇陽縣開國子"，李伯欽墓誌亦記其爲"涇陽照子"，李遵墓誌誌題作"魏故驃騎將軍洛州刺史涇陽縣開國子李使君墓誌"，知遵襲子爵。李遵、李挺、李勔三誌皆記李佐爲昭侯，或後有追贈。

（李遵）歷相州治中，轉別駕、冀州征北府長史。（頁 989）

　　正光六年李遵墓誌（北圖藏拓 4－184,彙編 222）敘其歷官云："高陽王，帝之季弟，作鎮鄴都，……爲行參軍署法曹，……服闋，除員外散騎侍郎。……除相州別駕，……

出補冀州征北大將軍長史。"按李遵服喪畢，自員外散騎侍郎出爲相州別駕，本傳删削過簡，致有歧義，別駕後頓號宜改作逗號。另誌文記遵字仲敬。

(李)㫋弟神儁，小名提。（頁990）

興和三年李㫋墓誌（集釋592，彙編374）云："公諱㫋，字神儁。"蓋李㫋以字行。

莊帝纂統，以（李）神儁外戚之望，拜散騎常侍、殿中尚書。追論固守荊州之功，封千乘縣開國侯，邑一千户。……贈都督雍秦涇三州諸軍事、驃騎大將軍、尚書左僕射、司徒公、雍州刺史，侍中、開國公如故。（頁990）

興和三年李㫋墓誌（集釋592，彙編374）記其"以功封千乘縣侯，食邑一千户"在孝明朝，趙萬里指出誌傳記載封爵"一在孝明末，一在孝莊初"。

開國公如故　李㫋墓誌云"以功封千乘縣侯，食邑一千户"。誌、傳皆未載神儁進爵爲公。

(李)神儁無子，從弟延度以第三子容兒後之。（頁991）

河清二年李叔儉墓誌（墨香閣127）記云"祖佐""考儁公"，儁即神儁雙名省稱。按誌文未記叔儉爲過繼，神儁似有子嗣。按李㫋家族皆葬於鄴城西門豹祠東南二里半，如興和三年李㫋墓誌（集釋592，彙編374）云"葬於鄴城之西南七里，豹祠之東南二里半"，而李叔儉墓誌記其窆於鄴城西十五里，未與李㫋葬於同處，兩人關係存疑待考。

陸俟傳（卷四〇）

陸俟，代人也。（頁 997）

　　俟　天保五年陸俟曾孫陸淨墓誌（北朝藏品 22）記陸俟名"期"。俟、期音近，譯字不同。

長子（陸）馛，多智，有父風。（頁 1000）

　　馛　普泰元年陸馛孫女陸蒺藜墓誌（河洛 34，集成 534）記其名"受洛馛"，武定五年陸馛孫女陸順華墓誌（集釋 151，彙編 397）記其名"受洛跋"，天保五年陸馥孫陸淨墓誌（北朝藏品 22）作"跋"。孝昌三年元固墓誌（集釋 120，彙編 263）誌尾記妻河南陸氏，祖父拔。受洛馛、受洛跋爲其鮮卑本名的不同譯法，拔、跋、馛皆是省稱。

（陸定國）子昕之，字慶始，風望端雅。（頁 1005）

　　昕之　《金石萃編》卷二七《孝文皇帝弔殷比干墓文》碑陰題名有"散騎侍郎、東郡公臣河南郡陸昕"，岑仲勉指出即陸昕之[1]。

源賀傳（卷四一）

源賀，自署河西王禿髮傉檀之子也。（頁 1019）

　　賀　延興四年司馬金龍妻欽文姬辰墓誌（文物 1972—

---

[1]　（唐）林寶撰，岑仲勉校記：《元和姓纂（附四校記）》，第 1424 頁。

3,彙編58)云:"隴西王、直懃賀豆跋",《宋書》卷九五《索虜傳》作"直懃駕頭拔",羅新認爲駕、賀形近而訛[1]。熙平元年源顯明墓誌(邙洛11,集成188)云:"祖諱跋,魏故太尉公,涼王。"源賀鮮卑名爲賀豆跋,賀、跋皆其省稱。

禿髮傉檀　永安元年源延伯墓誌(秦晉豫27,集成500)記其高祖名"禿發褥但"。檀、但音近,譯字不同。

(源子雍)長子延伯,出後從伯。次子士則,早亡。士則弟士正、士規,並坐事死。(頁1032)

延伯　永安元年源延伯墓誌(秦晉豫27,集成500)云"君諱○,字延伯",誌石未填諱,蓋以字行。

士則　永安元年源模墓誌(秦晉豫28,集成501)記其字士則,蓋以字行。按本傳下文云"次楷,字士質",知其弟源士正、源士規,亦以字行。

(源延伯)贈持節、平北將軍。(頁1033)

持節　永安元年源延伯墓誌(秦晉豫27,集成500)作"使持節"。

(源纂)贈散騎常侍、征北將軍、定州刺史。(頁1037)

開皇三年源剛墓誌(隋考024)云:"考諱纂,字靈秀,魏尚書左僕射。"或後有累贈。

---

①　羅新:《北魏直勤考》,《中古北族名號研究》,第85頁。

寇讚傳　堯暄傳（卷四二）

（寇元寶）子祖，襲爵。高祖時，爲安南將軍、東徐州刺史。（頁 1047）

東徐州刺史　神龜元年寇演墓誌（集釋 226，彙編 156）云"父祖暎，使持節、安南將軍、徐州刺史"，按寇祖暎即寇祖，永安三年寇祖孫寇霄墓誌（集釋 277，彙編 313）亦記寇祖爲"徐州刺史"。按本卷上文云"秦雍之民來奔河南、滎陽、河内者户至萬數，拜讚安遠將軍、南雍州刺史"，寇讚領南雍州十七年，正始三年寇臻墓誌（集釋 206，彙編 83）亦記父寇讚"南雍州使君"，然寇演墓誌、孝昌二年寇治墓誌（集釋 254，彙編 250）皆記寇讚爲雍州刺史，知此類記録，誌未必是，録之備考。

（寇臻）長子祖訓，順陽太守。（頁 1048）

祖訓　孝昌二年寇軌子寇侃墓誌（集釋 256，彙編 255）記其爲"順陽太守軌之第三子"、宣政二年寇軌子寇熾墓誌（集釋 356，彙編 500）記其爲"順陽府君軌第四子"、宣政二年寇軌孫寇胤哲墓誌（集釋 355，彙編 499）云"順陽府君軌之孫"，知寇祖訓名軌，蓋以字行。按本卷下文云"祖訓弟治，字祖禮"，神龜二年寇臻第七子寇憑墓誌（集釋 225，彙編 155）記其字祖驎，知寇軌兄弟爲單名，字皆有"祖"字。

（寇）祖訓弟治，字祖禮。自洛陽令稍遷鎮遠將軍、東荆州刺史。……治，世宗末，遷前將軍、河州刺史。……贈持

節、都督雍華岐三州諸軍事、衛大將軍、七兵尚書、雍州刺史、昌平男。（頁 1048）

自洛陽令　孝昌二年寇治墓誌（集釋 254，彙編 250）云："年十九，辟本州主簿。……釋褐中散、平憲司直司府令，加強弩將軍。……尋除冠軍府長史，帶舞陰太守。君志性高遠，以任荒不就，即拜太子翼軍校尉。……徙洛陽令。"自洛陽令前，已歷數任，本傳刪節過甚，致有歧義。

世宗末遷前將軍河州刺史　寇治墓誌云："世宗晏駕，入奔山陵。除將作大匠。……重除持節、督東荊州諸軍事、前將軍、東荊州刺史。……復除持節、督河州諸軍事、河州刺史。"寇治爲河州刺史在世宗去世後。

持節　寇治墓誌作"使持節"。

都督雍華岐三州諸軍事　寇治墓誌作"都督雍州諸軍事"。

衛大將軍　寇治墓誌作"衛將軍"。按《魏書》卷一一三《官氏志》載《後職令》，衛將軍第二品，小注云"加大者，位在太子太師之上"。另誌文記其諡曰"昭"。

(寇)治弟彌，……後没關西。（頁 1049）

後没關西　修訂本校勘記據《魏書》卷一九下《景穆十二王傳下》記元徽爲"故吏寇彌"所殺，又引《洛陽伽藍記》卷四載元徽投前洛陽令寇祖仁，祖仁將徽斬送尒朱兆，指出寇彌字祖仁。天平三年寇永墓誌（秦晉豫 32，集成 615）記其爲"安南將軍、銀青光禄大夫祖仁之子"。據《洛陽伽藍記》，寇彌僅仕至洛陽令，誌文所記疑是贈官。寇彌後爲尒朱兆所殺，非没於關西。修訂本校勘記引《周書》卷三七《寇儁傳》“（大統）五年，將家及親屬四百餘口入關”，疑本傳寇彌下脱弟寇儁事迹而致誤，頗有所見，惟云“《周書·寇儁傳》稱‘兄祖訓，祖禮及儁，並有志行’，不及祖仁，當是諱言之”，恐誤。正始三年寇臻墓誌（集釋206，彙編83）記其有九子，傳多不記，恐無所諱。另宣政二年寇嶠妻薛氏墓誌（集釋359，彙編501）云：“及四海分崩，二京圮隔，邵州叔父開府西安元公舉家西赴，夫人亦隨入關，携小抱大，終守元吉。”按西安元公即寇儁，稍見寇氏家族入關之情形。

（堯）洪弟遵。（頁1055）

　　熙平三年堯遵墓誌（七朝12，集成212）記其字延壽。

興和中，（堯奮）驃騎將軍、潁州刺史。（頁1055）

　　驃騎將軍　武定元年堯奮墓誌（西南集釋011）、天統三年堯奮妻獨孤華墓誌（西南集釋020）、武定五年堯奮母趙胡仁墓誌（考古1977－6，新中國河北壹13）皆作“驃騎大將軍”。按《魏書》卷一一三《官氏志》載《後職令》，驃騎將軍位第二品，小注云“二將軍加大者，位在都督中外之下”。

（堯）奮弟難宗，武定中，征西將軍、南岐州刺史、征羌縣開國伯。（頁1055）

　　難宗　天統三年堯峻墓誌（文物1984－4，新中國河北壹

22)云"君諱峻，字難宗"，蓋以字行。

征羌縣開國伯　堯峻墓誌記"仍除主衣都統、征羌侯"，後因破侯景之功，武定六年"除征西將軍、征羌縣開國子，食邑三百"。誌文記天統二年六月堯峻卒後贈開國侯。天統三年二月與其合葬的堯峻妻吐谷渾靜媚墓誌(文物1984－4，新中國河北壹23)誌題作"故驃騎大將軍開府儀同三司征羌縣開國侯堯公妻吐谷渾墓誌銘"。按堯峻墓誌云武定中爵爲"征羌縣開國子"，然武平二年堯峻妻獨孤思男墓誌(文物1984－4，新中國河北壹26)誌題作"征羌縣開國伯堯難宗妻莨平郡君獨孤氏墓誌銘"。

房法壽傳（卷四三）

（房法壽）贈平東將軍、青州刺史，謚敬侯。（頁1073）

《金石萃編》卷四三《房彥謙碑》記其高祖房法壽"贈前將軍、青州刺史，謚簡侯"。

羅結傳　伊䫻傳　乙瓌傳　薛野䐗傳
宇文福傳（卷四四）

（羅斤）除散騎常侍、侍中、四部尚書。（頁1090）

四部尚書　修訂本校勘記云疑爲"西部尚書"之訛。今檢神龜二年羅宗墓誌(河洛25，集成239)云："曾祖斤，侍中、羽真、四部尚書。"按神龜三年穆亮妻尉氏墓誌(集釋202，彙編163)云"祖侍中、散騎常侍、建義將軍、四部尚書、西陽公”，知北魏前期有四部尚書之職，非西部之訛。另修訂本於卷三六《李順傳》“遷四部尚書”下亦出校，疑作“西部”，按《册府元龜》卷四七八、卷六五二、卷六五四、卷六五五皆作“四部”，知《魏書》宋本即爲“四部”。修訂本校勘記當删。

（羅斤）諡曰靜。……（子羅拔）除征西將軍、吏部尚書，改封趙郡王。後例降爲公。卒，贈寧東將軍、定州刺史，諡曰康。（頁 1090—1091）

神龜二年羅宗墓誌（河洛 25，集成 239）記其曾祖羅斤諡曰“康公”，記其祖羅拔“追贈使持節、鎮南大將軍、定州刺史。諡曰靖王”。羅斤、羅拔父子諡號，誌、傳互倒，必有一誤。另羅拔生前位至征西將軍，卒僅贈寧東將軍，恐有誤，疑以誌爲正。按《魏書》卷一一三《官氏志》載《前職令》，四征、四鎮皆位從一品，四鎮下小注云“加大者，次尚書令”。另《魏書》卷一〇三《蠕蠕傳》有濟南公羅烏拔，即其人。

（羅提）子雲，早有名位。顯祖時給事中，西征敕勒，爲賊所襲殺。子蓋，世宗時右將軍、直閣將軍。轉龍驤將軍、濟州刺史。卒，贈本將軍、兗州刺史。長子鑒，累遷冠軍將軍、岐州刺史。（頁 1091）

蓋　廢帝元年王光妻叱羅招男墓誌（西市 3）誌尾云：“祖退干，魏驃騎大將軍，濟徐二州刺史。父鑒，魏驃騎大將軍、岐州刺史。”武成二年王光墓誌（西市 4）誌尾云：

“夫人曲梁郡君河南叱羅氏，岐殷二州刺史、石邑公鑒第二之女。”葉煒據《魏書》卷一一三《官氏志》“叱羅氏，後改爲羅氏”，考叱羅鑒即羅鑒，叱羅退干即羅蓋[1]。《金石萃編》卷二七《孝文皇帝弔殷比干墓文》碑陰題名有“直閣武衞中臣河南郡叱羅吐蓋”，葉煒認爲“退干”、“吐蓋”蓋同名異譯。另興和三年元寶建墓誌（集釋192，彙編368）誌首記曾祖母河南羅氏“父雲，使持節、侍中、鎮東將軍、青州刺史”，祖母河南羅氏“父蓋，使持節、撫軍將軍、濟兖二州刺史”，歷官多有本傳未記者。

（伊盆生）與荆州刺史、淮南王（元）世遵，魯陽太守崔模俱討襄陽，不克而還，坐免官。（頁1093）

淮南王世遵　孝昌元年元遵墓誌（洛陽考古2013-2，洛陽考古院11，集成383）云：“王諱遵，字世順。”考其事迹，即世遵。

（乙瓌）後除侍中、征東將軍、儀同三司、定州刺史，進爵爲王。……和平中薨，時年二十九。（頁1094）

乙瓌　《北史》卷一三《后妃傳上》云：“涼州平，后之高祖莫瓌擁部落入附，拜定州刺史，封西平公。”錢大昕《廿二史考異》卷四○《北史三》指出乙弗莫瓌即乙瓌。按《魏書》卷一一三《官氏志》云“乙弗氏，後改爲乙氏”。

---

① 葉煒：《從王光、叱羅招男夫婦墓誌論西魏北周史二題》，《魏晉南北朝隋唐史資料》第28輯，武漢大學人文社會科學學報編輯部，2012年，第86頁。

征東將軍　大同北朝藝術博物館藏有數十塊乙弗莫瓌父子墓磚,磚銘内容大致相同,云:"侍中、征東大將軍、啓府儀同三司、駙馬都尉、羽真、西平王乙弗莫瓌磚。"①據《魏書》卷一一三《官氏志》載《前職令》,征東將軍從一品,小注云"加大者,位次衛大將軍"。

和平中薨　乙弗莫瓌墓磚云:"太安四年四月二十一日,歲在戊戌造。"

(薛)忻弟安顥,武定末,東豫州征西府長史。(頁1101)

安顥　河清四年薛廣墓誌(北圖藏拓7—148,彙編445)云"君諱廣,字安顥",蓋以字行。

征西府長史　薛廣墓誌云"遷平東將軍、太中大夫、東豫州驃大府長史",或府主所領軍號曾有遷轉。

(宇文福)長子善,字慶孫,襲爵。自司空掾,稍遷平南將軍、光禄大夫。孝昌末,北征戰殁。(頁1104)

長子善　孝昌二年宇文善墓誌(秦晉豫續62,集成417)云:"以君長兄東宫直後字元慶,器均顔項,命亦如之,未有紹嗣,弱年不永。君既居次子,襲社承茅。拜襄樂縣開國男。"知宇文善實爲次子,兄元慶因早卒失載。

孝昌末　宇文善墓誌未記其卒年,但云葬於孝昌二年十一月。誌文云"及燕塞多虞,群胡縱勃,……乃命君

---

① 張慶捷:《北魏乙弗莫瓌父子墓磚銘跋》,《宿白紀念文集》,文物出版社,2022年,第236—247頁。

爲北道都督”,宇文善尋兵敗被殺,據《魏書》卷九《肅宗紀》,或指孝昌二年九月廣陽王淵北討葛榮大敗一事,當作“孝昌中”。又誌文記宇文善歷官甚詳,未及“平南將軍、光禄大夫”。

（宇文延）永平中,釋褐奉朝請,直後、員外散騎常侍。（頁1104）

孝昌二年宇文延墓誌（秦晉豫續 63,集成 418）云:“永平二年中,旨除奉朝請。尋以才藝絶倫,篤誠款至,引爲直後。……熙平元年正月中,遷員外散騎侍郎。……正光之末,……特除員外散騎常侍。”本傳敍遷轉官時間稍不確。

韋閬傳　杜銓傳　辛紹先傳
柳崇傳（卷四五）

（韋尚）贈安遠將軍、雍州刺史。（頁1117）

孝昌二年韋尚孫韋彧墓誌（文博 2000－2,疏證 54）云“祖魏雍州刺史、杜縣簡侯”,大統十七年韋隆墓誌（校注 1066,集成 808）云“雍州刺史杜縣簡侯尚之孫”。按本卷上文記韋閬族子韋欣宗“以歸國勳,別賜爵杜縣侯。……謚曰簡”,兩人時代相近,爵、謚完全一致,或有誤記。

（韋珍）贈本將軍、南青州刺史。（頁1118）

南青州刺史　孝昌二年韋珍子韋彧墓誌（文博 2000－

2,疏證 54)記"考郢荊青三州使君",建德五年韋珍孫韋彪
墓誌(文博 2000－2,疏證 104)云："祖珍,荊郢青三州刺史。"
按本傳僅記韋珍歷郢州、荊州刺史,青州疑是贈官。

**(韋)或以蠻俗荒梗,不識禮儀,乃表立太學,選諸郡生徒
於州總教。又於城北置宗武館以習武焉。**(頁 1119)

　　宗武館　　修訂本校勘記指出《北史》卷二六《韋或
傳》、《太平御覽》卷二五七、卷二七七引《後魏書》、《册府
元龜》卷六九六作"崇武館"。孝昌二年韋或墓誌(文博
2000－2,疏證 54)云："建太學,置崇文堂,立孔聖廟,生徒負
袠,慕義如雲,俎豆之容,道齊一變。"誌文云立崇文堂,
與傳不同,或各舉其一。

**(韋或)尋以本官兼尚書,爲幽夏行臺。以功封陰盤縣開
國男,邑二百戶。**(頁 1119)

　　孝昌二年韋或墓誌(文博 2000－2,疏證 54)云："孝昌元
年,詔公本官持節、都督征幽軍事,兼七兵尚書、西道行
臺。太和高祖大駕廓清樊、鄧,公有力焉。封開國男,食
邑二百戶。"知封爵在太和末,而非孝昌中,本傳刪削過
簡,致有歧義。

　　陰盤縣開國男　　建德五年韋彪墓誌(文博 2000－2,疏證
104)云"父或,豫雍二州刺史、陰槃縣開國男",大統十六
年韋或妻柳敬憐墓誌(文博 2000－2,疏證 89)題作"陰槃縣開
國文烈公"。按《魏書》卷一〇六下《地形志下》雍州京兆
郡下有陰槃縣。

（韋彧）贈撫軍將軍、雍州刺史，謐曰文。（頁 1119）

謐曰文　《北史》卷二六《韋閬傳》同。孝昌二年韋
彧墓誌(文博 2000－2，疏證 54)云："太常博士朱惠興議：……
謹依謐法，博聞多見曰文，有功安民曰烈。太常卿、尚書
僕射元順奏可，禮也。"韋彧墓誌誌題亦作文烈公。

（韋彧）子彪，襲。……彪弟融。（頁 1119）

建德五年韋彪墓誌(文博 2000－2，疏證 104)記其字道
亮。大統十六年韋彧妻柳敬憐墓誌(文博 2000－2，疏證 89)
記韋融爲第三子，字道昶。

（杜洪太）子祖悦，字士豁。（頁 1124）

士豁　正光五年杜祖悦墓誌(墨香閣 21)作"仕豁"。

**正光中，（杜祖悦）入爲太尉、汝南王（元）悦諮議參軍。
出除高陽太守，卒於郡。**（頁 1124）

卒於郡　正光五年杜祖悦墓誌(墨香閣 21)未記其出
爲高陽太守，並云於正光五年六月卒於洛陽勸學里。

**（杜）長文第四弟子達，武定中，齊文襄王大都督府户曹
參軍。**（頁 1124）

子達　武平二年杜孝績墓誌(墨香閣 171)云"君諱孝
績，字子達"，蓋以字行。

齊文襄王大都督府户曹參軍　杜孝績墓誌云"世宗
文襄皇帝在田之日，爲相府户曹參軍"。

（辛紹先）贈冠軍將軍、并州刺史、晉陽公，謚曰惠。（頁 1130）

　　晉陽公　《北史》卷二六《辛紹先傳》作"晉陽侯"。修訂本校勘記據武泰元年辛穆墓誌（七朝 24，集成 453）誌尾記"君父紹先，持節、冠軍將軍、并州刺史、晉陽惠侯"，云子孫墓誌理不會自降父祖爵號，疑作"侯"。今檢神龜三年辛祥墓誌（考古學集刊 1，集成 245）亦云"祖父紹先，下邳太守，贈使持節、冠軍將軍、并州刺史、晉陽惠侯"。

永安二年，（辛祥）贈冠軍將軍、南青州刺史。（頁 1131）

　　南青州刺史　天平四年辛祥子辛匡墓誌（秦晉豫三 72，新見集釋 21）云"青州使君之弟五子"。按神龜三年辛祥墓誌（考古學集刊 1，集成 245）云其葬於神龜三年四月，故未記贈官。

（辛）琨弟懷仁。（頁 1131）

　　懷仁　神龜三年辛祥墓誌（考古學集刊 1，集成 245）誌尾記"第二息岳，字懷仁"。按本傳記載辛琨兄弟皆爲單名，知辛岳蓋以字行。

（辛）祥弟少雍，字季和。……遷給事中。（頁 1132）

　　季和　底本原作"季仲"，修訂本校勘記據他本及《北史》卷二六《辛紹先傳》改作"季和"。今檢神龜三年辛祥墓誌（考古學集刊 1，集成 245）誌尾云："弟季仲，給事中"，即其人。底本不誤，當作"季仲"。

（辛穆）歷東荊州司馬，轉長史，帶義陽太守，領戍。（頁1132）

　　義陽太守　武泰元年辛穆墓誌（七朝24，集成453）作“西義陽太守”。按《魏書》卷一〇六中《地形志中》豫州下有義陽郡，小注云“永安三年置郢州，天平四年罷州置”。按《魏書》本卷上文云辛祥“後除郢州龍驤府長史，帶義陽太守”，此即郢州之義陽。東荊州所領者當是西義陽。

孝昌二年，（辛穆）徵爲征虜將軍、太中大夫，未發，卒於郡，年七十七。……謚曰貞。（頁1133）

　　貞　武泰元年辛穆墓誌（七朝24，集成453）作“貞簡”。另誌文記辛穆卒孝昌三年五月五日，“未發”前宜改作句號。

孝昌初，（辛子馥）釋褐南司州龍驤府錄事參軍。（頁1133）

　　南司州　點校本校勘記援引錢大昕《廿二史考異》卷二八云“按《地形志》：南司州，魏正始元年爲郢州，孝昌三年陷，蕭衍改爲司州，武定七年復，乃有南司之名。辛子馥仕孝昌初，其時無南司州也”。今檢武泰元年辛穆墓誌（七朝24，集成453）誌尾云：“君大息子馥，字元穎，年廿九，司州前龍驤府錄事參軍事。”足以定讞。

（柳）崇從父弟元章。（頁1135）

　　廢帝二年韋彪妻柳遺蘭墓誌（文博2000－2，疏證91）云：“妻父璨，元璋，……相州中山王長史。”即其人，蓋以字

行。按元璋，建德五年韋彪墓誌(文博 2000－2，疏證 104)作
“元章”。

**(柳元章)遷相州平東府長史。屬刺史元熙起兵，欲除元
叉。元章與魏郡太守李孝怡等執熙。賜爵猗氏伯，除正平太
守。**(頁 1135)

　　遷相州平東府長史　孝昌元年元熙墓誌(集釋 134，彙
編 226)云：“拜使持節、都督相州諸軍事、安東將軍、相州
刺史。”“平東”疑爲“安東”之誤。

　　猗氏伯　廢帝二年韋彪妻柳遺蘭墓誌(文博 2000－2，
疏證 91)記其父柳璨封“安陽伯”。

李訢傳(卷四六)

**以(李)崇爲平西將軍、北幽州刺史、固安侯。……諡曰
襄侯。**(頁 1145)

　　北幽州刺史　《北史》卷二七《李訢傳》同。大業三
年楊君妻李叔蘭墓誌(隋考 275，疏證 194)云：“曾祖崇，使持
節、幽州刺史、太尉、固安襄公。”按《魏書·地形志》無北
幽州，《廿二史考異》卷二八亦云“北幽州未詳所在”。本
卷下文云“云何不取幽州刺史李崇老翁兒也”，疑此處衍
“北”字。

(李)璞字季真，……贈安西將軍、雍州刺史，諡曰穆。(頁
1149)

安西將軍　大業三年楊君妻李叔蘭墓誌(隋考 275,疏證 194)云:"祖璞,安東將軍、雍州刺史、宜陽穆侯。"

盧玄傳(卷四七)

(盧淵)贈安北將軍、幽州刺史,復本爵固安伯,謚曰懿。(頁 1158)

復本爵固安伯　正光三年盧令媛墓誌(集釋 37,彙編 184)記祖盧淵爲"固安懿侯",開皇六年李産之妻盧勝髣墓誌(安豐 101,貞石 017)云"曾祖尚書懿侯淵",景龍三年崔訥墓誌(北圖藏拓 20—77,補遺 6—373)云:"夫人范陽盧氏,即魏尚書固安懿侯之玄孫。"按《新唐書》卷七三上《宰相世系表三上》亦作"固安懿侯",後或有追封。

(盧道裕)賜帛三百匹,謚曰文侯。(頁 1159)

謚曰文侯　正光五年元颺妻李媛華墓誌(集釋 186,彙編 208)云:"姊令妃,適故使持節、撫軍、青州刺史、文子范陽盧道裕。"

(濟南長公)主二子,昌寓、昌仁。(頁 1160)

昌寓　《北史》卷三〇《盧玄傳》同。大業八年盧昌寓墓誌(涿州 114,隋考 354)云"父道虔,尚書右僕射、司空公",疑即其人。

(盧)道和弟道約,字季恭。(頁 1160)

　　道約　　底本原脱"約"字，修訂本校勘記據三朝本、南監本及本卷下文補。今檢正光三年盧令媛墓誌(集釋37，彙編184)云"父道約，字季恭，今司空録事參軍"，可補書證。

高允傳（卷四八）

東郡太守、蒲縣子中山劉策。（頁 1190）

　　蒲縣子　　《北史》卷三一《高允傳》作"蒲陰子"。熙平元年劉顔墓誌(集釋584，彙編136)云："祖策，散騎常侍、征虜將軍、東郡太守、蒲陰子。"按《魏書》卷一〇六上《地形志上》定州北平郡下有蒲陰縣。《隋書》卷三〇《地理志中》龍泉郡下有蒲縣，小注云"後周置"。知北魏無蒲縣，當以"蒲陰子"爲是。

中書郎、武恒子河間邢穎宗敬。（頁 1190）

　　武恒子　　點校本校勘記引張森楷《北史》校勘記云："《邢巒傳》稱穎假平城子使宋，不云封'武恒子'，且地志亦無武恒縣，或'武垣'誤也。"今檢延昌四年邢偉墓誌(考古 1959－4，新中國河北壹 2)、延昌四年邢巒墓誌(考古 1959－4，河北金石 211，集成 165)、邢晏墓誌(河北金石 225，集成 680)皆記其祖邢穎封城平子或城平侯。按邢晏墓誌、邢偉墓誌記兩人皆葬於武垣縣永貴鄉。《魏書》卷一〇六上《地形志上》瀛洲河間郡下有武垣縣，即邢氏鄉里所在，"武恒"當是"武垣"之誤，邢穎或曾有改封。

宗敬　邢晏墓誌記祖邢穎字敬宗。

廣平太守、列人侯西河宋惜。（頁1190）

列人侯　《魏書》卷六三《宋弁傳》云：“祖惜，……賜爵列人子，還拜廣平太守。……贈安遠將軍、相州刺史，諡曰惠。長子顯襲爵。”宋顯無子，養弁爲後。永熙二年長孫士亮妻宋靈妃墓誌（集釋589，彙編337）記其祖宋弁爲“烈人子”，疑“侯”誤。另錢大昕《廿二史考異》卷三九據《魏書》卷三三《宋隱傳》“第三子温，世祖時徵拜中書博士。卒，追贈建威將軍、豫州刺史，列人定侯”，疑温與惜本一人。按宋温、宋惜仕歷、贈官、爵諡皆不同，恐非一人。

李靈傳（卷四九）

(李)靈弟均，趙郡太守。（頁1213）

太和二十年李元茂墓誌（贊皇李氏10）云：“祖父均，字德善。”

(李)均子璨，字世顯。……與張讜對爲兗州刺史。（頁1213）

兗州刺史　修訂本校勘記據《魏書》卷五〇《尉元傳》“中書侍郎高閭領騎一千，與張讜對爲東徐州刺史；中書侍郎李璨與畢衆敬對爲東兗州刺史”，疑與李璨對爲刺史者爲畢衆敬，並疑“兗州”應作“東兗州”。正始四年李璨子李仲胤墓誌（考古2015—8，集成87）、正始五年李璨孫李瞻墓誌(墨香閣7)皆記李璨爲"東兗州刺史"。《魏書》卷六一《畢眾敬傳》作"兗州刺史",太和二十年李璨子李元茂墓誌(贊皇李氏10)、孝昌二年李璨孫李弼墓誌(贊皇李氏35)、天保三年李璨孫李秀之墓誌(贊皇李氏26)、孝昌元年李璨孫李子雲墓誌(彼美淑令99)皆記璨爲"兗州刺史"。毋有江指出:"皇興二年北魏佔領瑕丘,置東兗州。太和十八年改稱兗州。"①時當作"東兗州",後世追敍常混淆。

(李璨)以參定徐州之功,賜爵始豐侯,加建武將軍。……卒,謚曰懿。(頁1213)

始豐侯　《北史》卷三三《李靈傳》同。孝昌二年李弼墓誌(贊皇李氏35)、孝昌元年李子雲墓誌(彼美淑令99)皆記祖李璨爲始豐子。太和二十年李元茂墓誌(贊皇李氏10)云"又襲爵始豐子"。疑以"始豐子"爲是。惟天保三年李秀之墓誌(贊皇李氏26)記祖世顯爲"始豐順侯",或後有追贈。

建武將軍　李元茂墓誌作"建威將軍"。據《魏書》卷一一三《官氏志》載《後職令》,建威將軍、建武將軍皆位從四品,建威班位在前。

謚曰懿　李秀之墓誌記李璨謚曰"順"。按本傳下文記李元茂亦謚曰"順",兩者恐有一誤。

(李元茂)尋除振威將軍、南征別將、彭城鎮副將。(頁1213)

---

① 牟發松、毋有江、魏俊傑:《中國行政區劃通史·十六國北朝卷》,第468頁。

振威將軍　太和二十年李元茂墓誌（贊皇李氏10）云："建□將軍，督淮泗諸軍事，鎮彭城。"按墓誌誌題作"<u>魏</u>故建威將軍彭城鎮公始豐子李使君"，知誌文作"建威"。孝昌元年李子雲墓誌（彼美淑令99）亦云："父元茂，假節、建威將軍，督淮泗諸軍事，鎮彭城。"按《魏書》卷一一三《官氏志》載《後職令》，建威將軍、振威將軍皆位從四品，建威班位在前。

（李元茂）子秀之，字鳳起。（頁1213）

秀之　底本原作"季之"，修訂本校勘記據他本及《北史》卷三三《李靈傳》改。按天保三年李秀之墓誌（贊皇李氏26）既出，足以定讞。

（李）秀之弟子雲，字鳳昇。司空參軍，轉外兵參軍、本州治中。（頁1214）

司空參軍　孝昌元年李子雲墓誌（彼美淑令99）云："太尉府召爲行參軍，後轉司空外兵。"

（李）子雲弟子羽，字鳳降。征南法曹參軍。（頁1214）

征南法曹參軍　天保三年李秀之墓誌（贊皇李氏26）云："次弟子羽，征西府法曹參軍。"

（李）子羽弟子岳，字鳳跱。（頁1214）

鳳跱　《北史》卷三三《李靈傳》同。孝昌元年李子雲墓誌（彼美淑令99）云："弟子岳，字鳳峙。"

(李)道宗弟道林，司徒中兵參軍。（頁 1214）

　　道林　《北史》卷三三《李靈傳》作"德林"。孝昌元年李子雲墓誌（彼美淑令 99）云："息二：道宗、德林。"當以"德林"爲是。

(李)宣茂弟叔胤，……景明三年卒，年三十六。……叔胤弟仲胤。（頁 1215）

　　正始四年李仲胤墓誌（考古 2015－8，集成 87）記其卒於正始三年，春秋四十三，推知其生於和平五年。依《李叔胤傳》載其景明三年卒，年三十六，推算其生於皇興元年，仲胤似長於叔胤。羅新認爲《魏書》"三十六"爲"四十六"之訛①。按神龜二年李叔胤妻崔賓媛墓誌（墨香閣 15）記其卒神龜元年，春秋六十一，推知其生於太安四年，若李叔胤生於皇興元年，則比崔賓媛小九歲，似不合常理，羅說疑是。

(李翼)又除員外郎，遷尚書郎。（頁 1215）

　　尚書郎　建義元年李翼墓誌（考古 2015－12）云："俄轉員外散騎侍郎、建威將軍、尚書右主客郎中。"

(李仲胤)少子子仁，尚書主客郎。（頁 1215）

　　興和三年邢晏墓誌（河北金石 225，集成 680）誌尾記云：

---

① 羅新：《崔巨倫其人》，《彼美淑令：北朝女性的個體生命史》，北京大學出版社，2024年，第 97 頁。

"息女援娥,適趙國李雝子仁,尚書南主客郎中、輔國將軍、殷州刺史。"知子仁名雝,蓋以字行。

韓茂傳　皮豹子傳（卷五一）

韓茂,字元興,安定安武人也。父耆,字黃老。……遷龍驤將軍、常山太守,假安武侯。（頁 1241）

黃老　《北史》卷三七《韓茂傳》作"黃耇",修訂本已出異文校。《新唐書》卷七三上《宰相世系表三上》亦作"黃耇"。正光五年韓虎墓誌（秦晉豫續 58,新見集釋 10）云"魏常山太守、安武子苟之曾孫",正光五年韓攻墓誌（秦晉豫 20,集成 335）誌尾記"高祖苟,常山太守","苟"即"黃耇"之雙名省稱。

安武侯　韓虎墓誌作"安武子",北魏太武帝東巡碑題名有"射聲校尉安武子韓元興"[1]。按韓茂字元興,知茂襲子爵,疑"安武侯"誤。

高宗踐祚,（韓茂）拜尚書令,加侍中、征南大將軍。（頁 1242）

征南大將軍　正光五年韓虎墓誌（秦晉豫續 58,新見集釋 10）、正光五年韓攻墓誌（秦晉豫 20,集成 335）均作"征東大將軍"。

---

[1]　羅新、李泉匯:《北魏太武帝東巡碑的新發現》,《中國國家博物館館刊》2011 年第 9 期,第 108 頁。

（皮）道明第八弟喜。（頁 1246）

　　喜　《北史》卷三七《皮豹子傳》作"歡喜"，《魏書》卷七上《高祖紀上》有"廣川公皮懽喜"。熙平元年皮演墓誌（洛陽新獲 5，疏證 36）記其爲"廣川恭公歡欣之子"。羅新、葉煒推測喜是名，歡欣是字[1]。《北史》卷三七點校本校勘記云："本名'歡喜'，《魏書》避高歡諱，故單作'喜'。"此說恐誤。元龍墓誌（集釋 41，彙編 77）誌尾記云："夫人下邳皮氏。祖豹，侍中、儀同三司、淮陽王。父欣，侍中、豫州刺史、廣川公。"按皮豹子一族是鮮卑化的漢人，以上諸名或皆是其鮮卑名的意譯。

趙逸傳　胡方回傳（卷五二）

太和末，（趙超宗）爲豫州平南府長史，帶汝南太守，加建威將軍，賜爵尋陽伯。……除持節、征虜將軍、岐州刺史。（頁 1260）

　　平南府長史　永平元年趙超宗墓誌（碑林新藏 002）作"鎮南府長史"。另誌文記賜爵尋陽伯在加建威將軍前，與傳稍異。

　　持節　趙超宗墓誌作"使持節"。

（趙超宗）子懿，襲爵。歷員外常侍、尚書郎。（頁 1260）

　　懿　大統二年趙超宗妻王氏墓誌（碑林新藏 007）誌尾

---

①　羅新、葉煒：《新出魏晉南北朝墓誌疏證》（修訂本），第 88 頁。

記云："次子仲懿，尚書郎中，行南秦州事、撫軍將軍、岐州刺史、尋陽伯。"開皇九年趙文鏡墓誌（秦晉豫三120，貞石033）云"父尋陽伯仲懿"，即其人。《隋書》卷四六《趙煚傳》云"祖超宗，魏河東太守。父仲懿，尚書左丞"，《魏書》本傳雙名省稱作"懿"。

（趙遐）封牟平縣開國子，食邑二百户。（頁1261）

牟平縣開國子　元象元年崔混墓誌（考古學報1984－2，山東石刻5－23，彙編358）誌尾記"夫人南陽趙氏，父遐，使持節、車騎將軍、豫州刺史、牟平縣開國伯襄公"，知趙遐後進爵爲伯。

既知（胡）方回，召爲中書博士，賜爵臨涇子。（頁1263）

臨涇子　正光三年胡顯明墓誌（考古學集刊1，集成291）誌尾記父胡方回爲"臨涇宣侯"，或後進爵爲侯。

李孝伯傳（卷五三）

興安二年，（李孝伯）出爲使持節、散騎常侍、平西將軍、秦州刺史。（頁1286）

秦州刺史　點校本校勘記據正光三年盧令媛墓誌（集釋37，彙編127）"夫人趙郡李氏，父孝伯，散騎常侍、尚書、使持節、平西將軍、泰州刺史、宣城公"，並據趙萬里《集釋》歷引錢大昕以來諸家之説，證《魏書》卷一○六下《地形志下》治蒲坂之秦州爲泰州之訛，並以此傳"秦州"

亦"泰州"之訛。今檢興和二年魏仲姿墓誌_{(書法叢刊}
_{2019－3)}誌尾云："母趙郡李氏，父孝伯，泰州刺史、北部尚
書、壽光侯。"可補書證。

**(李郁)尋病卒，贈散騎常侍、都督定冀相滄殷五州軍事、
驃騎大將軍、尚書左僕射、儀同三司、定州刺史。**（頁 1293）

尚書左僕射　《北史》卷三三《李郁傳》同。開皇八
年李郁子李士謙墓誌_(中國書法 2019－12)云："考郁，開府儀
同三司、尚書右僕射、定州刺史。"

劉芳傳（卷五五）

(劉芳)父邕，劉駿兗州長史。（頁 1333）

劉駿兗州長史　興和三年李挺妻劉幼妃墓誌_{(鴛鴦}
_{151，集成 686)}記其祖劉邕爲"宋兗州刺史"。

鄭羲傳　崔辯傳（卷五六）

(鄭羲)父曄，不仕。（頁 1353）

不仕　《八瓊室金石補正》卷一四《兗州刺史滎陽文
公鄭羲下碑》①記其父鄭曄"拜建威將軍，汝陰太守"。

---

① 按鄭羲碑有兩塊，上碑立於天柱山、下碑立於雲峰山，上碑 882 字，下碑 1243 字，下
碑較上碑進行了 53 處修改，多出 361 字，兩碑的拓本及文字比對見賴非《雲峰刻石》
(浙江人民美術出版社，2023 年，第 16、34、224 頁)。故如無文字差異，以下碑爲準。

（鄭羲）出爲安東將軍、西兗州刺史，假南陽公。（頁1355）

　　西兗州刺史　《八瓊室金石補正》卷一四《兗州刺史熒陽文公鄭羲下碑》作"兗州刺史"。神龜二年李叔胤妻崔賓媛墓誌誌蓋（收藏家2012－6，集成230）記其弟崔逸妻鄭氏"父義，中書令、西兗州刺史、南陽公。"錢大昕《廿二史考異》卷三九云："《魏書·地形志》，東郡治滑臺城，天興中，置兗州，此傳云西兗州者指此，非《志》之西兗州也。《志》之西兗治定陶城，孝昌三年置。酸棗、鄄城皆東郡所屬，故羲得表薦之。高祐爲西兗州刺史，鎮滑臺，亦在高祖朝。"周一良亦認爲治滑臺之兗州即太和十八年以前之西兗州[1]。《南齊書》卷五七《魏虜傳》記永明四年北魏政區，云河南二十五州中有西兗州。兗州常與西兗州混稱[2]。

依諡法：博聞多見曰"文"，不勤成名曰"靈"。（鄭羲）可贈以本官，加諡文靈。（頁1355）

　　文靈　《八瓊室金石補正》卷一四《兗州刺史熒陽文公鄭羲下碑》作"文"，《八瓊室金石補正》卷二二《光州刺史鄭述祖天柱山銘》記云"皇祖魏故中書令、秘書監、兗州刺史文貞公"。《金石錄》卷二一《後魏鄭羲碑》云："《傳》載賜諡詔書甚詳，不應差誤，而碑當時所立，必不敢諱其一字，皆莫可知也已。"《平津讀碑記》卷二《中書

①　周一良：《西兗州與南兗州》，《魏晉南北朝史札記》，第391頁。
②　牟發松、毋有江、魏俊傑：《中國行政區劃通史·十六國北朝卷》，第536頁。

令鄭羲碑》稱“(文、文貞)皆諱之也”。蓋子孫諱其惡諡。

(鄭懿)拜太常少卿，加冠軍將軍，出爲征虜將軍、齊州刺史，尋進號平東將軍。（頁 1355）

　　太常少卿　《北史》卷三五《鄭羲傳》同。《八瓊室金石補正》卷一四《兗州刺史滎陽文公鄭羲下碑》作“太常卿”。

(鄭胤伯)卒於鴻臚少卿，諡曰簡。（頁 1360）

　　鴻臚少卿　《北史》卷三五《鄭羲傳》同。《金石録》卷二一引《後魏大鴻臚卿鄭胤伯碑》、《姓纂》皆云胤伯仕至大鴻臚卿，疑“少卿”誤。

(鄭輯之)贈都督北豫梁二州諸軍事、驃騎將軍、度支尚書、北豫州刺史。（頁 1361）

　　贈都督北豫梁二州諸軍事　河清三年元羽妻鄭始容墓誌（中國書法 2005－9，集成 952）誌尾記“第三弟輯之，司空長史，贈梁豫州刺史”。

(鄭)輯之弟懷孝，武定中，司徒諮議。（頁 1361）

　　懷孝　《北史》卷三五《鄭羲傳》同。修訂本校勘記云三朝本、南監本作“懷考”。河清三年元羽妻鄭始容墓誌（中國書法 2005－9，集成 952）誌尾記云：“第四弟懷考，征虜將軍、河間太守。”當以“懷考”爲正。

(鄭伯夏)子忠，字周子。右軍將軍、鎮遠將軍。（頁 1362）

忠　正光三年鄭道忠墓誌（集釋 234，彙編 186）云："君諱道忠，字周子。"忠蓋雙名省稱。

右軍將軍　鄭道忠墓誌作"後軍將軍"。

(鄭連山)其第二子思明，驍勇善騎射。……後贈冠軍將軍、濟州刺史。（頁 1363）

《文苑英華》卷九四七《周大將軍襄城公鄭偉墓誌銘》云："祖徹，撫軍，贈濟州刺史。"知鄭思明名徹，蓋以字行。

(鄭先護)以功封平昌縣開國侯，邑七百户。……進爵郡公，增邑一千三百户。（頁 1363）

《文苑英華》卷九四七《周大將軍襄城公鄭偉墓誌銘》云"父先護，驃騎大將軍、儀同三司、襄城郡公、青州刺史"，並記鄭偉"襲襄城郡公"。疑鄭先護進爵爲郡公時，改封襄城。

(鄭)羲從父兄德玄。……子穎考，太和中，復爲滎陽太守。卒，贈冠軍將軍、豫州刺史、開封侯，謚曰惠。（頁 1365）

大業六年鄭仲明墓誌（中原文物 2015－6，貞石 133）云："祖玄，陽武靖侯。……父永，豫州刺史。"知鄭穎考名永，蓋以字行。另正光五年元緦妻李媛華墓誌（集釋 186，彙編 208）記其母滎陽鄭氏"父德玄，字文通"。

（鄭）仲明兄洪健，李沖女婿。（頁 1366）

洪健　《册府元龜》卷一三七作"洪建"。按本卷上文有鄭穎考子鄭洪建傳，云："子洪建，太尉祭酒。同元禧之逆，與弟祖育同伏法。"正光五年李沖女李媛華墓誌（集釋186，彙編208）云："姊仲玉，適故司徒主簿熒陽鄭洪建。"知"洪健"爲"洪建"之訛。

（鄭仲明）除熒陽太守。……乃追封安平縣開國侯、邑七百户，贈侍中、車騎大將軍、儀同三司、尚書左僕射、雍州刺史。（頁 1366）

尚書左僕射　大業六年鄭仲明墓誌（中原文物2015－6，貞石133）作"尚書右僕射"。另誌文記鄭仲明封安平縣開國侯在拜本郡太守後，非追贈。

雍州刺史　鄭仲明墓誌作"并雍□州刺史"。

（崔景儁）轉通直散騎常侍、廷尉少卿。（頁 1367）

廷尉少卿　神龜二年李叔胤妻崔賓媛墓誌誌蓋（收藏家2012－6，集成230）云："夫人長弟逸，字景儁，廷尉卿。"景儁亦以字行。

（永安）三年（崔巨倫）卒，時年四十四。（頁 1368）

本傳記崔巨倫卒於永安三年，年四十四，推知其生於太和十一年。羅新據崔巨倫撰其姊永熙三年崔徽華墓誌（考古2015－12）指出，誌文云崔徽華卒於孝昌三年，春秋三十六，則推知其生於太和十六年，墓誌記徽華"年五歲,遭廷尉府君憂,余時在孕",則其父崔逸卒於太和二十年,崔巨倫生於次歲。以此推算,崔巨倫卒年當爲三十四歲①。

初,(崔)巨倫有姊,明惠有才行,因患眇一目,内外親類莫有求者,其家議欲下嫁之。巨倫姑,趙國李叔胤之妻,高明慈篤,聞而悲感曰:"吾兄盛德,不幸早世,豈令此女屈事卑族!"乃爲子翼納之,時人歎其義。(頁1368)

　　吾兄　按"吾兄"指崔巨倫父崔逸,神龜二年李叔胤妻崔賓媛墓誌誌蓋(收藏家2012−6,集成230)云"夫人長弟逸,字景儁","夫人小子翼,⋯⋯翼妻,夫人長弟廷尉逸女",崔逸蓋崔賓媛之弟,"吾兄"疑誤。

(崔)士約弟士順,儀同開府行參軍。(頁1373)

　　士約弟士順　崔楷墓誌蓋(文物春秋2009−6,集成1320)記崔楷五子九女,妻李氏生三子:士元、士謙、士約,侍兒張氏生二子:士慎、士恂。士慎,京畿府鎧曹參軍,士恂早夭。據誌文知諸子無名士順者。《魏書》卷五七《崔挺傳》記崔孝直"長子士順,儀同開府行參軍",與士約弟士順姓名、歷官皆同,疑本句係竄入,"士順"爲"士慎"之誤。

(崔)士元息勵德,武定中,司徒城局參軍。(頁1373)

　　勵德　崔楷墓誌蓋(文物春秋2009−6,集成1320)記崔士

---

① 羅新:《崔巨倫其人》,《彼美淑令:北朝女性的個體生命史》,第87—88頁。

元子崔育王,字勵德,伏波將軍、幽州兼別駕,蓋以字行。《北史》卷三二《崔辯傳》云:"(崔楷)子育王,少以器幹稱,仕齊至起部郎。"分別以名、字立傳,實同一人。《新唐書》卷七二下《宰相世系表二下》記崔士元二子:育王、勵德,誤一人爲二人。

高祐傳　崔挺傳（卷五七）

(高)顥弟雅,字興賢,……卒,年三十四。（頁 1381）

　　三十四　天平四年高雅墓誌(文物 1979−3,彙編 354)作"卅四"。本傳下文記高雅弟諒被元法僧殺害,時年四十一,知高諒生於太和九年。若高雅卒年三十四,誌文載其卒於熙平四年,推算其生於太和十年,晚於高諒,恐誤,當以誌爲正。

(崔宣軌)與弟宣質、宣靜、宣略,並死於晉陽。（頁 1388）

　　宣靜　《北史》卷三二《崔仲方傳》同。大象元年崔宣靖墓誌(墨香閣 199,疏證 110)記其永熙三年九月十七日卒於晉陽。劉恒認爲"宣靖"即"宣靜"[1],可從。按時"靜""靖"兩字常混寫。

(崔孝直)尋爲員外散騎侍郎、宣威將。仍以本官入領直後。轉寧遠將軍、汝南王開府掾,領直寢。（頁 1389）

---

[1]　劉恒:《北朝墓誌題跋二則》,《書法叢刊》2002 年第 2 期,第 7 頁。

宣威將　天保十年崔孝直墓誌(北朝藏品 27)云："轉員外散騎侍郎。又加伏波將軍、司州汝南王開府掾。"點校本校勘記疑"宣威將"後脱"軍"字。按《魏書》卷一一三《官氏志》載《後職令》，宣威將軍位第六品上階，伏波將軍位從五品上階，寧遠將軍位第五品上階，誌、傳互有詳略。

詔（崔）孝直假征虜將軍、別將，總羽林二千騎，與孝芬俱行。……還轉直閤將軍、通直散騎常侍。（頁 1389）

二千　天保十年崔孝直墓誌(北朝藏品 27)作"三千"。又誌文記除通直散騎常侍在從崔孝芬平荆州前。

（崔孝直）有四子。長子士順，儀同開府行參軍。（頁 1389）

長子士順　天保十年崔孝直墓誌(北朝藏品 27)誌尾記諸子次第爲長子士寬、次子士儀、第三子士遊、第四子士順。天保七年崔孝直子崔寬墓誌(北朝藏品 29)記第二弟士義、第三弟士遊、幼弟士順，知士順乃幼子。另崔寬墓誌云"君諱寬，字士德"，寬即士寬之改名。

（崔敬邕）後中山王英南討，引爲都督府長史，加左中郎將，以功賜爵臨淄男。（頁 1392）

臨淄男　《北史》卷三二《崔挺傳》同。熙平二年崔敬邕墓誌(集釋 223，彙編 148)作"臨青男"。按"臨青"疑是"臨清"之誤刻，《魏書》卷一〇六上《地形志上》司州陽平郡下有臨清縣，卷一〇六中《地形志中》青州齊郡下有臨淄縣。

(崔敬邕)贈左將軍、濟州刺史,諡曰恭。子子盛,襲爵。除奉朝請。（頁 1393）

諡曰恭　《北史》卷三二《崔挺傳》同。熙平二年崔敬邕墓誌(集釋 223,彙編 148)云"加諡曰貞"。

子子盛　崔敬邕墓誌記"孤息伯茂",疑"伯茂"爲其字。

楊播傳（卷五八）

(楊播)祖真,河内、清河二郡太守。（頁 1399）

真　永平四年楊穎墓誌(新中國陝西壹 21,彙編 105)、太昌元年楊順墓誌(華山 15,疏證 61)、太昌元年楊椿墓誌(秦晉豫續 77,集成 558)、太昌元年楊津墓誌(秦晉豫續 76,集成 563)、太昌元年楊侃墓誌(華山 14,疏證 59)、太昌元年楊遁墓誌(華山 13,疏證 63)、太昌元年楊測墓誌(北魏墓誌精粹 7－44)同。永平四年楊範墓誌(集釋 210,彙編 104)、永平四年楊鈞墓誌(輯録 21)、永平四年楊安德墓誌(輯録 25)、永平四年楊老壽墓誌(墨香閣 9,新見集釋 3)、延昌二年楊播墓誌(考古與文物 1984－5,陝博 003)、熙平三年楊無醜墓誌(北大新藏 46,疏證 37)作"仲真"[1]。真係雙名省稱。

(楊播)乃授安西將軍、華州刺史。至州借民田,爲御史

---

[1]　按諸楊墓誌圖版均見雷建國主編《北魏弘農華陰楊氏墓誌輯録》,西嶽廟文物管理處,2015 年。

王基所劾，削除官爵。（頁1400）

延昌二年楊播墓誌（考古與文物1984－5，陝博003）云：“（景明二年）改牧本邦。爲都督華州諸軍事、安西將軍，華州刺史，……永平二年，册授使持節、都督定州諸軍事、安北將軍、定州刺史，伯如故。君以直方居性，權臣所忌。帝舅司徒公高肇譖而罪之，遂除名爲民。”則楊播在定州刺史任上遭彈劾。惟其自景明二年至永平二年皆在華州刺史任上，華州又是楊播鄉里，借民田之事發生於華州還是定州任上，仍俟考。

（楊播）諡曰壯。（頁1401）

壯　延昌二年楊播墓誌（考古與文物1984－5，陝博003）記其諡曰“莊”。按“壯”“莊”兩字通。

（楊）侃，字士業。（頁1401）

士業　《北史》卷四一《楊播傳》同。修訂本校勘記云“太昌元年楊侃墓誌作士榮”，今檢太昌元年楊侃墓誌（華山14，疏證59）作“榮業”，校勘記誤。

（楊侃）還朝，除侍中，加衛將軍、右光禄大夫。（頁1404）

右光禄大夫　《北史》卷四一《楊播傳》同。太昌元年楊侃墓誌（華山14，疏證59）作“金紫光禄大夫”。據《魏書》卷一一三《官氏志》載《後職令》，右光禄大夫位第二品，金紫光禄大夫位從二品。

（楊）侃往赴之，秋七月，爲（尒朱）天光所害。（頁 1404）

秋七月　太昌元年楊侃墓誌（華山 14，疏證 59）記其"普泰元年六月廿八日遇害於長安"。

太昌初，（楊侃）贈車騎將軍、儀同三司、幽州刺史。（頁 1404）

太昌元年楊侃墓誌（華山 14，疏證 59）云："追贈使持節都督秦夏二州諸軍事、車騎大將軍、開府儀同三司、秦州刺史。"與傳不同，或有累贈。

（楊侃）子純陁襲。（頁 1404）

純陁　開皇九年楊脩陁墓誌云："君諱脩陁，字○○。……考侃，尚書右僕射、開府儀同三司。……永熙三年五月十四日，册拜敷西縣開國公。"[1]按本傳上文記楊侃封敷西縣開國公，疑"純陁"爲"脩陁"之訛。

（楊椿）轉授宮輿曹少卿，加給事中。出爲安遠將軍、豫州刺史。（頁 1405）

宮輿曹少卿　太昌元年楊椿墓誌（秦晉豫續 77，集成 558）云："（太和）十五年，除宮輿卿。"

豫州　楊椿墓誌云："（太和）十六年，除安遠將軍、北豫州刺史。"

---

[1]　拓本刊薛養賢、楊曉萍主編：《遮蔽與再生：以西安交大博物館館藏墓誌爲中心》，西安交通大學出版社，2022 年，第 45—46 頁。

久之，（楊椿）除都督朔州撫冥武川懷朔三鎮三道諸軍事、平北將軍、朔州刺史。（頁 1407）

平北將軍　太昌元年楊椿墓誌（秦晉豫續 77，集成 558）云："（永平）三年，除朔州刺史、安北將軍。"

（楊椿）又進號車騎大將軍、儀同三司。（頁 1408）

儀同三司　太昌元年楊椿墓誌（秦晉豫續 77，集成 558）作"開府儀同三司"。北魏前期，開府儀同三司與儀同三司似無區分，《後職令》將"儀同三司""諸開府"列於從一品，似未置開府儀同三司。以北魏末年遷轉實例而論，有從儀同三司遷至開府儀同三司，《隋書》卷二七《百官志中》記北齊制度，開府儀同三司位從一品，儀同三司位第二品，或源自魏末①。

普泰元年七月，（楊椿）爲尒朱天光所害，年七十七，時人莫不冤痛之。太昌初，贈都督冀定殷相四州諸軍事、太師、丞相、冀州刺史。（頁 1411）

七月　太昌元年楊椿墓誌（秦晉豫續 77，集成 558）記其卒於普泰元年六月二十九日。

七十七　楊椿墓誌作"七十八"。

丞相　楊椿墓誌作"大丞相"。太昌元年楊昱墓誌（新中國陝西肆 2，疏證 60）記其爲"大丞相、太師椿之元子"。

---

① 張鶴泉：《論北魏時期的開府儀同三司》，《人文雜誌》2018 年第 7 期，第 74—86 頁。

（楊昱）尋除鎮東將軍、假車騎將軍、東南道都督，又加散騎常侍。……還朝未幾，屬元顥侵逼大梁，除昱征東將軍、右光禄大夫，加散騎常侍、使持節、假車騎將軍，爲南道大都督，鎮滎陽。（頁 1413—1414）

　　鎮東將軍　《北史》卷四一《楊播傳》同。太昌元年楊昱墓誌(新中國陝西肆 2，疏證 60)作"鎮軍將軍"，誌、傳記載有異。

　　南道大都督　《北史》卷四一《楊播傳》同。《魏書》卷一〇《孝莊紀》作"東南道大都督"。楊昱墓誌作"東南道大行臺"。羅新、葉煒認爲本傳"南"上疑脱"東"字①。

太和中，（楊順）起家奉朝請。……封三門縣開國公。……年六十五。（頁 1415）

　　起家奉朝請　太昌元年楊順墓誌(華山 15，疏證 61)記其"解褐員外散騎侍郎"。

　　三門縣開國公　楊順墓誌作"三門縣開國伯"，《北史》卷四一《楊播傳》亦作"三門縣伯"，疑本傳誤。

　　年六十五　楊順墓誌作"六十有六"。

（楊）仲宣弟測，朱衣直閤。（頁 1416）

　　太昌元年楊測墓誌(北魏墓誌精粹 7-44)記其字法深。

（楊津）又除車騎將軍、左光禄大夫。（頁 1419）

---

① 　羅新、葉煒：《新出魏晉南北朝墓誌疏證》(修訂本)，第 155 頁。

車騎將軍　楊津墓誌(秦晉豫續 76，集成 563)作"車騎大將軍"。按《魏書》卷一一三《官氏志》載《後職令》，車騎將軍位第二品，小注云"二將軍加大者，位在都督中外之下"。

(楊)逸弟謐，字遵智。（頁 1422）

遵智　修訂本校勘記引《北史》卷四一《楊播傳》作"遵和"。今檢太昌元年楊遵智墓誌(校注 0848)云："君諱遵智，字遵智。"考其事迹，即楊謐，蓋以字行。《北史》誤，修訂本校勘記當刪。

(楊)津弟暐，字延季。（頁 1422）

延季　《北史》卷四一《楊播傳》同。修訂本校勘記引太昌元年楊暐墓誌(碑林新藏 005，疏證 58)云其字"延年"。按"季""年"形近，諸家釋文不同，今檢圖版作"延![季]"，誌文後又云"![年]廿有六"，仍宜釋作"延季"。

(楊暐)起家奉朝請，稍遷散騎侍郎、直閤將軍、本州大中正、兼武衛將軍、尚食典御。孝昌初，正武衛將軍，加散騎常侍、安南將軍。（頁 1422）

尚食典御　太昌元年楊暐墓誌(碑林新藏 005，疏證 58)作"嘗食典御"。檢《魏書》及墓誌皆作"嘗食典御"，如《魏書》卷九三《侯剛傳》云："久之，拜中散，累遷冗從僕射、嘗食典御。"遷鄴後方改官名爲"尚食典御"，如天統二年王秀墓誌(墨香閣 147)云："魏武定之季，解褐長秋寺功曹。又除中黃門令，累遷隼擊將軍、中尚食典御。”武平七年李祖勳墓誌(北朝藏品 48，集成 1118)云：“大齊受禪，……除通直散騎侍郎，遷太子洗馬、秘書丞、尚食典御，加通直散騎常侍。”

楊暐墓誌云：“除直閤將軍、散騎侍郎，加中堅將軍。孝昌元年，轉嘗食典御，……二年，除冠軍將軍、通直散騎常侍，……後除安南將軍、武衞將軍、南北二華州大中正。”誌、傳所記遷轉時間與次序不同。

(尒朱)世隆遂遣步騎夜圍其宅，(尒朱)天光亦同日收(楊)椿於華陰。（頁 1423）

同日　太昌元年楊侃墓誌(華山 14，疏證 59)記其以普泰元年六月二十八日遇害於長安。華陰習仙里諸楊被害於六月二十九日，楊椿、楊昱、楊思善、楊廣、楊地伯、楊孝楨、楊孝瑜、楊嚴、楊子謐、楊子諧等人墓誌可證。洛陽依仁里諸楊被害於七月四日，楊順、楊津、楊仲宣、楊測(北魏墓誌精粹 7-44)、楊遁、楊仲禮、楊叔貞、楊幼才等人墓誌可證[1]。尒朱天光、尒朱世隆對華陰習仙里、洛陽依仁里諸楊的的屠戮並非“同日”。少數不在華陰、洛陽者，亦未能幸免，如太昌元年楊逸墓誌(秦晉豫續 79，集成 559)記其七月十三日被殺於光州。又《魏書》卷五八《楊播傳》記楊孝邕“走免，匿於蠻中”，後微服入洛，爲人所

---

[1]　並參羅新、葉煒：《新出魏晉南北朝墓誌疏證》（修訂本），第 153 頁。按本條及下條所舉諸楊墓誌圖版，凡未具列出處者，均見雷建國主編《北魏弘農楊氏墓誌輯録》。

告，太昌元年楊孝邕墓誌（秦晉豫 31，集成 561）記其普泰二年三月一日被殺於洛陽。從墓誌來看，僅有楊陁羅（墨香閣213）、楊元讓（墨香閣 175）等人幸免於難。

永熙中，（楊）椿合家歸葬華陰。（頁 1423）

永熙中　楊椿、楊侃、楊穆、楊津、楊順、楊昱、楊思善、楊廣、楊地伯、楊孝楨、楊孝瑜、楊孝邕、楊嚴、楊子謐、楊子諧、楊子誦、楊仲宣、楊測（北魏墓誌精粹 7－44）、楊遁、楊逸、楊謐、楊仲禮、楊叔貞、楊幼才等二十餘方楊氏墓誌均記太昌元年十一月十九日遷葬於華陰舊塋，死於河陰之變的太昌元年楊暐墓誌（碑林新藏 005，疏證 58）亦云"太昌元年遷葬於華陰之舊塋"。據《魏書》卷一一《廢出三帝紀》，太昌元年十二月改元永熙。傳云永熙中，不確。

（楊）播族弟鈞。……又除徐州、東荊州刺史，還爲廷尉卿。……後爲撫軍將軍、七兵尚書、北道行臺。（頁 1423）

鈞　建義元年楊鈞墓誌（秦晉豫續 70，補遺千唐 440）記其字季孫。

東荊州刺史　楊鈞墓誌作"荊州刺史"。

廷尉卿　楊鈞墓誌作"廷尉少卿"。按誌文後云"復以本號除廷尉正卿"，《魏書》卷一一一《刑罰志》有永平三年廷尉少卿楊鈞，當以"少卿"爲是。

北道行臺　楊鈞墓誌作"北道大行臺"。

（楊）穆弟儉，寧遠將軍、頓丘太守。（頁 1424）

寧遠將軍　《周書》卷二二《楊寬傳》云：“孝昌中，除鎮遠將軍、頓丘太守。”大統八年楊儉墓誌(秦晉豫三 77，補遺千唐 442)亦作“鎮遠將軍”。按《魏書》卷一一三《官氏志》載《後職令》，鎮遠將軍位第四品下階，寧遠將軍位第五品上階。

普泰初，（楊儉）除征南將軍、金紫光禄大夫。永熙中，以本將軍除北雍州刺史，仍陷關西。（頁 1424）

以本將軍除北雍州刺史　《周書》卷二二《楊儉傳》云：“建明中，加征南將軍、金紫光禄大夫。孝武初，除衛將軍、北雍州刺史。”大統八年楊儉墓誌(秦晉豫三 77，補遺千唐 442)亦云：“永熙中，除使持節、散騎常侍、都督北雕州諸軍事、衛將軍、北雕州刺史。”紀、誌皆云以衛將軍除北雍州。

蕭正表傳（卷五九）

（蕭正表）尋除侍中、車騎將軍、特進、太子太保、開府儀同三司，賞賚豐厚。（頁 1449—1450）

車騎將軍　武定八年蕭正表墓誌(集釋 304，彙編 400)作“車騎大將軍”。按《魏書》卷一一三《官氏志》載《後職令》，車騎將軍位第二品，小注云“二將軍加大者，位在都督中外之下”。

卷三　魏書三

薛安都傳　畢衆敬傳（卷六一）

（薛真度）可還其元勳之爵，復除荆州刺史。（頁 1480）

荆州刺史　興和四年薛懷儁墓誌（墨香閣 159，疏證 76）云：“父真度，東西二荆豫華陽五州刺史”，羅新、葉煒指出荆州當作西荆州①。錢大昕《廿二史考異》卷二八云：“荆州亦稱西荆。”《魏書》本卷下文云：“衍見懷儁，謂之曰：‘卿父先爲魏荆州，我于時猶在襄陽。’”知時常混稱。

正始初，（薛懷吉）爲驃騎將軍，後試守恒農郡。（頁 1481）

驃騎將軍　孝昌二年薛懷吉墓誌（文物 2023－1）云：“復授鎮遠將軍、驍騎將軍，領直寢。……乃以君爲恒農太守。……迺以爲征虜將軍、益州刺史。”按《魏書》卷一一三《官氏志》載《後職令》，驃騎將軍位第二品，驍騎將軍位第四品上階，上郡太守位第四品下階，薛懷吉後遷征虜將軍，位從三品，當以“驍騎”爲是。

---

① 羅新、葉煒：《新出魏晉南北朝墓誌疏證》（修訂本），第 199—200 頁。

(薛懷吉)進號右將軍。正光初，除後將軍、汾州刺史。（頁1482）

後將軍　孝昌二年薛懷吉墓誌（文物2023－1）云：“還除右將軍、汾州刺史。”按薛懷吉正光前已進號右將軍，墓誌上文亦云：“尋授右將軍，餘如故。”

(薛)懷景弟懷儁，撫軍將軍、光禄大夫、汾陰男。……興和中卒。（頁1483）

懷儁　興和四年薛懷儁墓誌（墨香閣159，疏證76）云：“君諱○，字懷儁”，未書其諱，蓋以字行。

汾陰男　薛懷儁墓誌亦載“賜爵汾陰男”，建義元年薛真度妻孫羅敷墓誌（集成486）記其第四子薛懷式，“直閤將軍、左將軍、陽平太守、汾陰男”①，兄弟似不當同爵，姑録之待考。

興和中卒　薛懷儁墓誌記其卒於興和四年，實爲興和末。

(薛)真度諸子既多，其母非一，同産相朋，因有憎愛。（頁1483）

《魏書》本卷上文云薛真度有子十二人。建義元年薛真度妻孫羅敷墓誌（集成486）記其所生六子：懷直、懷文、懷朴、懷式、懷及、懷遠。《魏書》本卷上文云嫡子懷

---

① 謝振中：《河東望族　萬榮薛氏》，三晉出版社，2013年，第208—209頁，圖版見書前彩插。

徹襲封，則懷徹非孫氏所生，又載“庶長子懷吉居喪過周”，懷吉亦另母所出。天統四年薛懷儁妻皇甫艷墓誌（墨香閣157，疏證77）云“汾州使君，作牧華陽，爲弟納娉”，知薛懷儁婚事由薛懷吉主持，疑兩人繫同母所出。本傳又載薛真度子懷景，則其諸子可考者有十人，至少由三母所出。

（畢）衆敬弟衆愛，……卒，贈冠軍將軍、徐州刺史，諡曰康。（頁 1488）

　　徐州刺史　興和三年畢衆愛孫畢脩密墓誌（考古通訊1956－6，彙編371）記其祖衆愛贈兗州刺史。

（畢衆愛）子聞慰，……遷持節、平東將軍、滄州刺史，……贈散騎常侍、安東將軍、兗州刺史。（頁 1488—1489）

　　興和三年畢脩密墓誌（考古通訊 1956－6，彙編371）云：“父文慰，散騎常侍、安東將軍、滄州刺史，贈撫軍將軍、兗州刺史。”

（畢聞慰）子祖彥，……歷中書侍郎，……贈都督兗濟二州諸軍事、征東將軍、尚書左僕射、兗州刺史。（頁 1489）

　　興和三年畢脩密墓誌（考古通訊 1956－6，彙編 371）云：“兄祖彥，黃門侍郎，追贈衛大將軍，濟兗二州刺史。”按畢脩密墓誌記其祖、父、兄贈官，多與本傳不同。

　　尚書左僕射　《北史》卷三九《畢衆敬傳》作“尚書右僕射”。

高道悦傳（卷六二）

世祖授（高育）以建忠將軍，齊郡、建德二郡太守，賜爵肥如子。（頁 1524）

> 建忠將軍　神龜二年高道悦墓誌（文物 1979－9，山東石刻 5－8，集成 222）誌陰作"建中將軍"。據《魏書》卷一一三《官氏志》載《前職令》有"建中將軍"，位從三品下階，《後職令》有"建忠將軍"，位第四品下階，建忠即建中所改，本傳作"建忠將軍"蓋史官追書。

久之，（高道悦）轉治書侍御史，加諫議大夫，正色當官，不憚彊禦。……又奏兼左僕射、吏部尚書、任城王（元）澄。（頁 1524）

> 神龜二年高道悦墓誌（文物 1979－9，山東石刻 5－8，集成222）記其進諫議大夫在彈劾任城王澄之後。

高祖甚加悲惜，（高道悦）贈散騎常侍，帶營州刺史，賜帛五百匹。（頁 1526）

> 營州　底本原作"管州"，點校本校勘記據《北史》卷四〇《高道悦傳》改。今檢神龜二年高道悦墓誌（文物 1979－9，山東石刻 5－8，集成 222）亦作"營州"，可補書證。
>
> 賜帛五百匹　高道悦墓誌作"賜帛一千匹"。

（高）顯族，亦以忠厚見稱，卒於右軍將軍。顯族弟敬猷，有風度。員外散騎侍郎、殿中侍御史。（頁 1526）

顯族　神龜二年高道悦妻李氏墓誌(山東石刻 5－9，集成 223)誌尾云："息輝，字顯族。伏波將軍、司空府中兵參軍。"

敬猷　高道悦妻李氏墓誌誌尾云："輝弟琳，字敬猷，年廿九，襄威將軍、員外散騎侍郎。"兄弟兩人皆以字行。

王肅傳　宋弁傳（卷六三）

(王)紹，字三歸。（頁 1536）

延昌四年王紹墓誌(集釋 218，彙編 129)記其字安宗，或一人兩字。

(王誦)加前軍、散騎常侍、光祿大夫。出爲左將軍、幽州刺史。（頁 1537）

前軍　建義元年王誦墓誌(集釋 265，彙編 288)作"前將軍"。按《魏書》卷一一三《官氏志》引《後職令》前將軍、左將軍皆爲第三品，前將軍班位在前，前軍將軍位從四品上階。

(王誦)子孝康，武定中，尚書郎中。卒。（頁 1537）

天統四年王孝康墓誌(安豐 116，集成 1013)記其字德本，歷尚書別兵郎中。誌文記王孝康卒於天統二年，據《北史》卷五六《魏收傳》，《魏書》天保五年書成奏上，時王孝康仍在世。《北史》卷四二《王肅傳》無卒字，此處"卒"字疑爲衍文。

（王）翊，字士遊，蕭次兄琛子也。……永安元年冬卒，年三十七。（頁 1538）

　　士游　永安二年王翊墓誌（集釋 270，彙編 300）記其"字仕翔"，或一人兩字。

　　年三十七　王翊墓誌記其卒於永安元年十二月二十日，"春秋卅有五"。

（宋弁）贈安東將軍、瀛洲刺史，謚曰貞順。（頁 1540）

　　安東將軍　永熙二年長孫士亮妻宋靈妃墓誌（集釋589，彙編337）云："祖弁，……使持節、鎮北將軍、瀛州刺史。"按誌文記先世歷官、贈官，未必可靠，如宋靈妃墓誌亦記弁歷吏部尚書，據本傳上文，孝文帝遺詔以弁爲吏部尚書，而弁已先卒，實未就任，姑錄之備考。

張彝傳（卷六四）

世祖嘉之，賜（張幸）爵平陸侯，拜平遠將軍、青州刺史。（頁 1554）

　　正光元年張弁墓誌（墨香閣 17）云："祖幸，使持節、鎮東將軍、青州刺史、平原成穆公。"或後有累贈。

（張彝）父靈真，早卒。（頁 1554）

　　靈真　正光元年張弁墓誌（墨香閣 17）記其字靈和。

按弁與靈真同爲張幸之孫，靈真或亦以字行。

邢巒傳　李平傳（卷六五）

邢巒，字洪賓。（頁 1563）

洪賓　修訂本校勘記指出延昌四年邢巒墓誌（考古 1959－4，河北金石 211，集成 165）、《太平御覽》卷七一〇引《談藪》作"山賓"。《金石錄》卷二一引《後魏車騎大將軍邢巒碑》亦作"山賓"，當以"山賓"爲正[1]。

（邢）蓋孫穎，字宗敬。……假通直常侍、寧朔將軍、平城子，銜命使於劉義隆。（頁 1563）

宗敬　《北史》卷四三《邢巒傳》同。興和三年邢晏墓誌（河北金石 225，集成 680）云："祖穎，敬宗。"

平城子　《北史》卷四三《邢巒傳》同。《北史》點校本校勘記云城平縣屬瀛洲章武郡，邢氏瀛洲人，疑"平城"當作"城平"。延昌四年邢偉墓誌（考古 1959－4，新中國河北壹 2）、延昌四年邢巒墓誌（考古 1959－4，河北金石 211，集成 165）、邢晏墓誌皆記其祖邢穎封"城平"，足以定讞[2]。

（邢）儒弟偉，尚書郎中。（頁 1575）

尚書郎中　延昌四年邢偉墓誌（考古 1959－4，新中國河

---

[1]　羅新：《漫長的餘生：一個北魏宮女和她的時代》，第 18 頁。
[2]　梁春勝：《六朝石刻叢考》，第 121—122 頁。

北壹 2)記其爲"尚書南主客郎中"。

(邢晏)孝昌中卒,時年五十一。（頁 1575）

孝昌中　興和三年邢晏墓誌（河北金石 225,集成 680）記
其"以武泰元年二月十三薨於濟陰郡離狐縣"。據《魏
書》卷九《肅宗紀》,孝昌四年正月丙寅改元武泰。傳云
孝昌中,不確。

(邢晏)子測,武定末,太子洗馬。（頁 1575）

興和三年邢晏墓誌（河北金石 225,集成 680）云:"息測,
字子深"。

**李平,字曇定,頓丘人也,彭城王嶷之長子。……後以例
降,襲爵彭城公。**（頁 1577）

襲爵彭城公　神龜二年高道悦妻李氏墓誌（山東石刻
5－9,集成 223）記祖李方叔頓丘獻王、父李携之彭城靜王。
按携之即李嶷之字。錢大昕《廿二史考異》卷二八云:
"魏收史《外戚傳》上卷已亡,後人以它書補綴,故嶷等封
號及事迹皆不詳。考《顯祖紀》:'和平六年,封繁陽侯李
嶷爲丹陽王。皇興元年,進馮翊公李白爵梁郡王。'而
《李平傳》云'彭城王嶷之長子',則嶷初封丹陽王,又改
封彭城也。"高道悦妻李氏墓誌下文後云:"朝格既斑,非
元氏不王。至夫人兄平,始降爲公。"則李平初襲王爵,
後例降爲公,傳文稍有歧義。

李崇傳（卷六六）

會（李）崇疾篤，乃以衛將軍、安豐王（元）延明代之。（頁 1602）

衛將軍　太昌元年元延明墓誌（集釋169，彙編326）云：
"除衛大將軍、東道僕射、大行臺，本官如故。"按《魏書》
卷一一三《官氏志》引《後職令》，衛將軍位第二品，小注
云"加大者，位在太子太師之上"。

崔光傳（卷六七）

（崔）光弟敬友，本州治中。（頁 1631）

敬友　元象元年崔混墓誌（考古學報1984－2，山東石刻
5－23，彙編358）云："亡祖敬友，字仲禮。"

**（延昌）四年，復有甘露降其京兆宅之庭樹。……其年
（崔鴻）爲司徒長史。正光元年，加前將軍。修高祖世宗起居
注。**（頁 1632）

其年爲司徒長史　《北史》卷四四《崔鴻傳》無此句。
孝昌二年崔鴻墓誌（考古學報1984－2，山東石刻5－16，彙編241）
云："任城文憲王得一居宗，……迺請君爲右長史。"任城
王當指元澄。按《魏書》卷九《蕭宗紀》記云："（神龜二
年）五月戊戌，以司空、任城王澄爲司徒。"《八瓊室金石
補正》卷一五《崔懃造像記》（北圖藏拓4－71）云："魏員外散
騎常待、中堅將軍、三公郎中、中散大夫、高陽王右、司徒

府右長史崔鴻。"①造像時間爲神龜二年九月。本傳此云
"其年"疑爲神龜二年之誤。

(崔鴻)子子元,祕書郎。(頁1635)

　　子元　元象元年崔混墓誌(考古學報1984－2,山東石刻
5－23,彙編358)云"君諱混,字子元",蓋以字行。

甄琛傳(卷六八)

　　**太常議諡"文穆"。吏部郎袁翻奏曰:"……然今之博士
與古不同,唯知依其行狀,又先問其家人之意,臣子所求,便
爲議上,都不復斟酌與奪,商量是非。致號諡之加,與汎階莫
異,專以極美爲稱,無復貶降之名,禮官之失,一至於此!案
甄司徒行狀,至德與聖人齊蹤,鴻名共大賢比跡,'文穆'之
諡,何足加焉。但比來贈諡,於例普重,如甄琛之流,無不複
諡。謂宜依諡法'慈惠愛民曰孝',宜諡曰孝穆公。……"從
之。**(頁1648—1649)

　　按甄琛諡號,曾遭袁翻駁議,袁翻所駁者有二端,一
是行狀虛美,二是贈諡普重。正光六年甄凱墓誌(文物
1959－1,新中國河北壹5)記其爲"司徒文穆公之第四子也",
則甄琛仍諡曰"文穆"。朝廷所從者或不過是袁翻奏中
"自今已後,明勒太常、司徒有行狀如此,言辭流宕,無復
節限者,悉請裁量,不聽爲受。必準人立諡,不得甚加優

---

①　《魏書》卷六七《崔鴻傳》記其爲"高陽王友","右"疑爲"友"之誤刻。

越。復仍踵前來之失者，付法司科罪”。

裴延儁傳（卷六九）

（裴良）起家奉朝請，轉北中府功曹參軍。（頁1665）

　　奉朝請　底本原作“今朝請”，點校本校勘記據局本改，並云“奉朝請是起家官，屢見諸傳”，修訂本補充南監本書證。今檢武平二年裴良墓誌（文物1990－12，疏證79）云“太和十五年，解褐奉朝請”，可補書證。

（裴良）贈使持節、都督雍華二州諸軍事、吏部尚書、本將軍、雍州刺史，謚曰貞。（頁1666）

　　都督雍華二州諸軍事　武平二年裴良墓誌（文物1990－12，疏證79）作“都督雍華陝三州諸軍事”。開皇五年裴子休墓誌（考古1994－4，疏證131）記其父裴良“贈雍華陝三州”。

　　謚曰貞　《北史》卷三八《裴延儁傳》同。裴良墓誌作“謚曰憲”，裴子休墓誌記其父裴良“謚曰貞侯”，疑有改謚。

（裴良）子叔祉，武定末，太子洗馬。（頁1666）

　　裴良墓誌（文物1990－12，疏證79）誌蓋左側剎面記“第五子子祥，字叔祉”，蓋以字行。

傅豎眼傳（卷七〇）

（傅豎眼）尋加散騎常侍、平西將軍、假安西將軍、西征都督。（頁 1693）

　　　西征都督　永熙三年傅豎眼墓誌（考古 1987－2，山東石刻 5－19，集成 602）作"西征大都督"。

（傅豎眼）復轉安西將軍、岐州刺史，常侍如故。仍轉梁州刺史，常侍、將軍如故。（頁 1694）

　　　將軍如故　永熙三年傅豎眼墓誌（考古 1987－2，山東石刻 5－19，集成 602）云："轉安西將軍、岐州刺史，尋授撫軍將軍、梁州刺史"。

（傅豎眼）尋假鎮軍將軍、都督梁西益巴三州諸軍事。（頁 1694）

　　　鎮軍將軍　《北史》卷四五《傅豎眼傳》作"鎮南將軍"。永熙三年傅豎眼墓誌（考古 1987－2，山東石刻 5－19，集成 602）作"鎮西將軍"。按《魏書》卷一一三《官氏志》載《後職令》，四鎮將軍與鎮軍將軍皆位從二品，四鎮將軍班位在前。

　　　都督梁西益巴三州諸軍事　《北史》卷四五《傅豎眼傳》同。傅豎眼墓誌作"都督梁巴二益四州諸軍事"。按《魏書》卷一〇六下《地形志下》有"益州""東益州"，無"西益州"，《北史》卷五六《魏收傳》記魏收父魏子建爲東益州刺史，並云"梁、巴、二益、兩秦之事，皆所節度"。

"西益"疑爲"二益"之訛。

出帝初，（傅豎眼）重贈散騎常侍、車騎將軍、司空公、相州刺史，開國如故。（頁1694）

　　永熙三年傅豎眼墓誌（考古1987－2，山東石刻5－19，集成602）云"復贈今職，謚曰武貞"，誌題作"使持節、散騎常侍、司空公、都督相州諸軍事、車騎大將軍、武强縣開國子"，即重贈官爵。按本傳失記傅豎眼封爵，據誌可知，"開國如故"蓋指武强縣開國子。

王世弼傳（卷七一）

（王世弼）後以本將軍除東徐州刺史，治任於刑，爲民所怨，有受納之響。（頁1723）

　　東徐州刺史　《北史》卷四五《王世弼傳》作"東秦州刺史"。天和三年柳鷟妻王令嬌墓誌（秦晉豫續130，新見集釋46）記其祖王世弼"徐州東秦二州刺史"，疑"東秦州"是。

賈思伯傳　房亮傳　朱元旭傳（卷七二）

舍人徐紇言之，（賈思伯）得改授太尉長史。（頁1749）

　　太尉長史　孝昌元年賈思伯墓誌（文物1992－8，山東石刻5－12，集成384）云："除太尉公、清河府長史。"據《魏書》卷九《肅宗紀》，延昌四年七月己丑，司徒、清河王懌進位太傅，領太尉，至正光元年被殺，元懌皆帶太尉。按北朝王府、太尉府皆置長史,未知賈思伯係何府長史。

(房悦)轉青州平東府中兵參軍,……遷平東將軍、太中大夫。興和二年卒,年七十。(頁1758)

青州平東府中兵參軍　興和三年房悦墓誌(文物資料叢刊2,山東石刻5—27,集成681)作"青州鎮東府中兵參軍"。

平東將軍　房悦墓誌作"平南將軍"。

興和二年　房悦墓誌作"興和三年"。

除(朱)元旭使持節、驃騎將軍、義州刺史。……贈本將軍、幽州刺史。(頁1761)

仁壽元年房吉墓誌(隋考208,疏證178)誌尾記妻朱商"即後魏散騎常侍、兗義二州刺史元旭弟岱林州主護、樂陵、樂安、乳□、河間四郡守女"。羅新、葉煒認爲"元旭僅任義州刺史,贈幽州刺史,而墓誌稱他任兗、義二州刺史。疑兗州爲贈官,《魏書》誤爲幽州"①。按其説恐誤,武平二年朱岱林墓誌(集釋338,集成1044)云:"兄元旭,散騎常侍,出除南兗州刺史。"蓋本傳失記。

楊大眼傳　崔延伯傳(卷七三)

(楊大眼)以功封安成縣開國子,食邑三百户。(頁1770)

安成縣開國子　《北史》卷三七《楊大眼傳》同。楊

---

① 羅新、葉煒:《新出魏晉南北朝墓誌疏證》(修訂本),第525頁。

大眼造像記(北圖藏拓3-71,校注0398)記云:"邑主仇池楊大眼,……安戎縣開國子。"按《魏書》卷一〇六中《地形志中》霍州岳安郡下有安成縣,卷一〇六下《地形志下》秦州略陽郡下有安戎縣。錢大昕《潛研堂金石文跋尾》卷二云:"安戎縣隸略陽郡,於仇池爲近,當據此以正史文之誤。"

永平中,(崔延伯)轉後將軍、幽州刺史。(頁1773)

幽州刺史　《北史》卷三七《崔延伯傳》同。神龍二年崔沈墓誌(文物參考資料1958-8,輯繩435,唐代彙編神龍035)云:"高祖延伯,後魏幽涇荆并四州刺史。"

尒朱彥伯傳(卷七五)

詔令華山王(元)鷙兼尚書僕射、北道大使尉喻(尒朱)兆。(頁1801)

北道大使　興和三年元鷙墓誌(集釋42,彙編369)作"慰勞大使"。按《魏書》多見某地慰勞大使,元鷙當爲北道慰勞大使,誌、傳皆有省文。

(尒朱彥伯)後進爵爲王。又遷司徒。(頁1801)

《魏書》卷一一《廢出三帝紀》云:"(普泰元年四月)丙寅,以侍中、驃騎大將軍尒朱彥伯爲司徒公。"開皇九年尒朱彥伯墓誌(新中國河南叁5,隋考087)云:"永安三年二月,除司徒公,轉太傅,封博陵王。"與本傳所記遷轉次序不同。

（尒朱）世隆弟世承。（頁 1807）

世承　永安二年尒朱紹墓誌（集釋 273，彙編 308）云“公諱紹，字承世”，即其人。

羊深傳　楊機傳（卷七七）

羊深，字文淵，太山平陽人，梁州刺史祉第二子也。（頁 1839）

太山平陽　點校本校勘記云：“殿本考證云：‘按《北史·羊祉傳》祉太山鉅平人。本書《地形志》泰山郡有鉅平，若平陽則屬高平郡，又有陽平，則屬魯郡，當以鉅平爲是。’按本書卷八八《良吏羊敦傳》、卷八九《酷吏羊祉傳》並云‘太山鉅平人’。羊氏本泰山南城人，羊祜封鉅平侯，後人或稱鉅平，或稱梁父，這裏‘平陽’當誤。”按熙平元年羊祉墓誌（山東石刻 5－6，疏證 35）、開皇九年羊烈墓誌（山東石刻 5－54，疏證 140）皆記爲“泰山梁父人”。《後漢書》卷三一《羊續傳》云：“羊續字興祖，太山平陽人也。”《後漢書集解校補》引錢大昭云《漢書》卷二八上《地理志上》有東平陽，《晉書》卷三四《羊祜傳》云“詔以泰山之南武陽、牟、南城、梁父、平陽五縣爲南城郡，封祜爲南城侯”，“平陽”即“東平陽”之省稱。今檢《世説新語》卷上《言語第二》引《羊秉敍》“秉字長達，太山平陽人。漢南陽太守續曾孫”，同篇又引《晉諸公贊》“羊祜字叔子，太山平陽人也”。知泰山平陽正是漢晉羊氏郡望所在,《魏書》本傳無誤,原校勘記當删。又《册府元龜》卷一三〇云“羊敦,字元禮,太山平陽人”,《寶刻叢編》卷二〇《兗州刺史羊使君（靈引）碑》引《集古録目》亦作“太山平陽人”。疑《魏書》卷八八、卷八九“太山鉅平人”或是魏收整比全書時據當時行政區劃改寫。

（羊深）子肅,武定末,儀同開府東閣祭酒。（頁1842）

肅　武定二年羊深妻崔元容墓誌(山東石刻5-29,疏證65)誌尾記云:“長子肅,字子慎。”

平東將軍、荆州刺史楊大眼啓（楊機）爲其府長史。（頁1843）

天平二年楊機墓誌(文物2007-11,集成609)云:“出爲平南長史,行荆州事。”按《魏書》卷七三《楊大眼傳》云:“時高肇征蜀,世宗慮蕭衍侵軼徐揚,乃徵大眼爲太尉長史、持節、假平南將軍、東征別將,隸都督元遥,遏禦淮肥。……遂於堰上流鑿渠決水而還,加平東將軍。……又以本將軍出爲荆州刺史。”則楊大眼出爲荆州時,已轉平東,疑誌誤。

（楊機）遷鎮軍將軍、司州治中。（頁1843）

鎮軍將軍　天平二年楊機墓誌(文物2007-11,集成609)作“鎮遠將軍”。按《魏書》卷一一三《官氏志》載《後職令》,鎮軍將軍位從二品,鎮遠將軍位第四品。司州治中位從四品，當帶鎮遠將軍，"鎮軍"疑誤。

（楊機）出除清河内史，轉左將軍、河北太守，並有能名。（頁 1843）

　　天平二年楊機墓誌（文物 2007－11，集成 609）云："除左將軍、清河内史。未及之任，改授河北太守。"則其實未之任清河。

馮元興傳（卷七九）

及太保崔光臨薨，薦（馮）元興爲侍讀。尚書賈思伯爲侍講，授蕭宗《杜氏春秋》於式乾殿。（頁 1899）

　　孝昌元年賈思伯墓誌（文物 1992－8，山東石刻 5－12，集成 384）云："俄侍讀，講《杜氏春秋》於顯陽前殿。"

叱列延慶傳（卷八〇）

（叱列延慶）父億彌，襲祖爵，高祖時越騎校尉。……延慶兄子平，武定末，儀同三司、右衛將軍、麋陶縣開國侯。（頁 1911—1912）

　　延慶兄子平　　武平五年叱列寔墓誌（秦晉豫三 111）云："祖彌，魏孝文越騎校尉、内都尚書、第一領民酋長、臨江公。其父平，齊華廓兗瀛滄幽恒七州刺史、中書監、司空公。"按"彌"即"億彌"之省稱。按《北齊書》卷二〇有《叱列平傳》，所記歷官與誌合，即叱列寔之父，則叱列延慶與叱列平當爲兄弟。

　　葛榮既擒,除使持節、撫軍將軍、光禄大夫、假鎮東將軍、都督、西部第一領民酋長,封永寧縣開國伯,食邑五百户。……普泰初,世隆得志,特見委重,……尋除都督恒雲燕朔四州諸軍事、大都督、兼尚書左僕射、山東行臺,北海郡開國公,邑五百户。(頁 1911)

　　　　永寧縣開國伯　河清三年叱列延慶妻尒朱元靜墓誌(集釋 330,彙編 439)誌題作“第一領民酋長、永寧縣開國侯、北海郡開國公、合食邑三千户叱列延慶妻陽平長郡君尒朱氏”。本傳未載進封爲侯及增邑事。

宇文忠之傳（卷八一）

　　宇文忠之,河南洛陽人也。……祖阿生,安南將軍,巴西公。(頁 1937)

　　　　宇文忠之　武定三年宇文紹義墓誌(墨香閣 61)云:“君諱紹義,字忠之。”蓋以字行。

　　　　巴西公　宇文紹義墓誌云:“祖鎮南穆公。”或後有追贈。

常景傳（卷八二）

　　杜洛周反於燕州,仍以(常)景兼尚書爲行臺,與幽州都督、平北將軍元譚以禦之。(頁 1949)

平北將軍　《北史》卷四二《常景傳》同。建義元年元譚墓誌(集釋175,彙編277)云:"遷平南將軍、武衞將軍、銀青光禄大夫、使持節、假安北將軍、幽州大都督。"按誌文後云"還京,授司徒左長史,銀青如故,仍平南之號",疑"平北"爲"平南"或"安北"之誤。

外戚傳上（卷八三上）

(常)訴子伯夫,散騎常侍、選部尚書;⋯⋯天安中,⋯⋯伯夫進爵范陽公。(頁1963—1964)

范陽公　和平二年文成帝南巡碑(文物1997-12)碑陰題名有"平東將軍選部尚書□□陽樂侯常伯夫",即其人。知其先封陽樂侯,後進爵范陽公。

高祖前後納(馮)熙三女,二爲后,一爲左昭儀。(頁1966)

一爲左昭儀　正光五年元悦妃馮季華墓誌(集釋83,彙編214)云:"第二、第三姊並爲孝文皇帝后。第四、第五姊並爲孝文皇帝昭儀。"羅新以爲誌是[1]。

(馮)誕字思政,脩字寶業,皆姿質妍麗。(頁1967)

思政　修訂本校勘記引《北史》卷八〇《外戚傳》、《册府元龜》卷三〇五作"思正"。今檢太和十九年馮誕墓誌(秦晉豫12,集成36)作"思正",元悦妃馮季華墓誌(集釋

---

[1]　羅新:《漫長的餘生:一個北魏宮女和她的時代》,第121頁。

83，彙編214)云"兄思政"，按"正""政"時常混用。

(馮)穆與叔輔興不和。輔興亡，贈相州刺史。（頁1969）

輔興　《北史》卷八〇《外戚傳》同。《北史》卷五五《馮子琮傳》云："祖嗣興，相州刺史。"天保七年馮昕墓誌（墨香閣115)云"父興，平北將軍、相州刺史"，即其人。按馮熙諸子皆單名，如正始三年馮聿墓誌（秦晉豫三47，集成86)記其字保興，輔興、嗣興雖未知孰是，蓋以字行。

外戚傳下 （卷八三下）

(高)颺宜贈左光禄大夫，賜爵勃海公，謚曰敬。其妻蓋氏宜追封清河郡君。（頁1977）

蓋氏　《魏書》卷一三《皇后傳》、《北史》卷八〇《外戚傳》同。延昌三年高琨墓誌（文物1989-8，疏證33)云："父颺，左光禄大夫、勃海郡開國公。母汝南袁氏。"羅新、葉煒疑蓋氏爲袁氏之訛①。按蓋氏贈清河郡君，未取汝南郡望，未必是袁氏之誤，姑誌之存疑。

(高)肇子植。自中書侍郎爲濟州刺史，……歷青、相、朔、恒四州刺史，卒。植頻莅五州，……贈安北將軍、冀州刺史。（頁1979）

《北史》卷八〇《外戚傳》同。神龜年間高植墓誌（集釋

---

① 羅新、葉煒：《新出魏晉南北朝墓誌》（修訂本），第78頁。

227，彙編 164）誌題作"濟青相涼朔恒六州刺史"，本傳失載
涼州一任。

(高)琨弟偃，字仲游。太和十年卒。（頁 1980）

　　太和十年卒　《北史》卷八〇《外戚傳》同。正始五
年高偃子高慶碑（北圖藏拓 3－114，魯迅輯校石刻手稿碑銘中 188）
記其卒於正始五年，春秋十八，推知其生於太和十五年。
《八瓊室金石補正》卷一五《贈營州刺史懿侯高貞碑》（北圖
藏拓 4－143）記其卒於延昌三年，春秋二十六，推知其生於
太和十三年，按高貞爲高偃子。本傳所記高偃卒年恐誤。

**(于勁)妻劉氏，爲章武郡君。後拜征北將軍、定州刺史。
卒，贈司空，謚曰恭莊公。**（頁 1980）

　　妻劉氏　建義元年元讞墓誌（洛陽選編 155，集成 474）誌
尾記："夫人河南于氏，祖勁，……祖親陳留程氏，燕司徒
公孫女。"于勁或前後有二妻。

　　征北將軍　元讞墓誌、天保元年元讞妻于氏墓誌（北
朝藏品 18）作"征北大將軍"。按《魏書》卷一一三《官氏志》
載《後職令》，四征將軍第二品，小注云"加大者，位次衞
大將軍"。

　　恭莊　元讞墓誌同。元象元年于勁孫于彧墓誌（西南
集釋 006）記其謚曰"恭烈"。

(于)暉善事人，爲尒朱榮所親，以女妻其子長孺。（頁 1981）

　　長孺　元象元年于彧墓誌（西南集釋 006）云："君諱彧，

字長儒。"蓋以字行。

又詔贈（胡）國珍祖父兄、父兄，下逮從子，皆有封職。持
節就安定監護喪事。靈太后迎太上君神柩還第，與國珍俱
葬，贈襚一與國珍同。（頁1983）

　　持節就安定監護喪事　《北史》卷八〇《外戚傳》同。
點校本校勘記云："按胡國珍死和葬都在洛陽，何故'就
安定監護喪事'？下文云：'迎太上君神柩還第'，疑'安
定'下脱'公第'二字。"張宇寧據傳出自陝西三原神龜元
年胡國寶墓誌（書法賞評2015-1，集成219）云"魏神龜元年歲
在戊戌十一月壬午朔四日乙酉銘記"，指出本傳記胡國
珍卒於神龜元年四月十二日，國寶即因胡國珍獲封贈的
父兄之一，故遣使臣就其故塋監護喪事①。傳恐無脱字，
原校勘記可删。

（胡）僧洸，字湛輝。封爰德縣公，位中書監、侍中，改封
濮陽郡公。（頁1984）

　　僧洸　《北史》卷八〇《外戚傳》同。建義元年元卭
墓誌（考古1973-4，彙編272）誌尾記："妃胡氏，父僧洸，侍
中、車騎大將軍、儀同三司、濮陽郡開國公"，即其人。
"洸"與"湛輝"相合，疑"僧洸"是。

----

① 王珊撰、張宇寧增補：《北魏最著名的比丘尼僧芝——僧芝墓誌考釋》，《彼美淑令：
　北朝女性的個體生命史》，第159—163頁。

儒林傳（卷八四）

（孫惠蔚）賜帛五百匹，贈大將軍、瀛洲刺史。（頁 2003）

　　大將軍　　點校本校勘記以《北史》卷八一《孫惠蔚傳》無"大將軍"三字，指出"以崔亮、崔光之顯貴，死後追贈亦只車騎、驃騎大將軍，孫惠蔚軍號爲平東將軍，豈能驟贈此官。疑是衍文，或'大'乃'本'之訛"。按本傳上文記其"肅宗初，出爲平東將軍、濟州刺史"，《金石録》卷二一引《後魏安東將軍孫公墓誌》載贈官制書云："故安東將軍、銀青光禄大夫、棗强縣開國男孫蔚"，疑贈"安東"。

孝感傳（卷八六）

乞伏保，高車部人也。（頁 2035）

　　乞伏保　　永熙二年乞伏寶墓誌（集釋 284，彙編 339）云："君諱寶，字菩薩。"正光五年劉根四十一人等造像記（北圖藏拓 4-164）題名有"前將軍、武衞將軍、領細作令寧國伯乞伏寶"，即其人。寶、保蓋同音異譯。

酷吏傳（卷八九）

暮年數延（李）攜之宴飲，醉酣之後，攜之時或言及本末。（頁 2078）

　　攜之　　修訂本校勘記據《北史》卷八七《酷吏傳》無後一"攜之"，《魏書》卷八三上《外戚傳上》記文成皇后李氏兄弟名峻、誕、巏、雅、白、永，云"不見有名或字'攜之'者，……疑此句上下文當句讀作'暮年數延攜之，宴飲醉酣之後，時或言及本末'"。此說誤，李慈銘云："攜之不知爲何人之字？"[1]神龜二年高道悅妻李氏墓誌(山東石刻5—9，集成223)云："元恭皇后之季姪，……祖方叔，征東大將軍、儀同三司、頓丘獻王。父攜之，使持節、都督冀青定相濟五州諸軍事、征南將軍、啓府儀同三司、冀青二州刺史、彭城靜王。"誌文並記"至夫人兄平始降爲公"。按《魏書》卷六五《李平傳》云"彭城王嶷之長子"。知攜之即李嶷之字。本傳無誤，修訂本校勘記當刪。另《北史》卷八七《酷吏傳》"攜之"未加專名綫，當補。

術藝傳（卷九一）

（徐）成伯孫之才，孝昌初，爲蕭衍豫章王蕭綜北府主簿，……武定中，大將軍、金紫光祿大夫、昌安縣開國侯。(頁2132—2133)

成伯孫之才　修訂本校勘記據《北史》卷九〇《藝術傳下》，疑"成伯"當作"文伯"，或"孫"當作"從孫"。按武平三年徐之才墓誌(集釋343，彙編471)云："大父文伯，梁散騎常侍。"本傳上文已記徐謇(字成伯)子踐，踐弟知遠，此處"成伯"當是"文伯"之誤。

爲蕭衍豫章王蕭綜北府主簿　徐之才墓誌云："釋

---

① 李慈銘：《越縵堂讀書記》，中華書局，2006年，第270頁。

褐豫章王國左常侍。豫章出牧淮夷，即轉鎮北府主簿。"
《北齊書》卷三三《徐之才傳》亦作"鎮北主簿"。按《梁書》
卷三《武帝紀下》云："（普通五年正月）辛卯，平北將軍、南
兗州刺史豫章王綜進號鎮北將軍。"此處疑脫"鎮"字。

　　大將軍　　徐之才墓誌云："普太初，進散騎常侍、中
軍大將軍、金紫光禄大夫。……永熙即位，封昌安縣開
國侯。……（天統元年）即年別封安定縣開國子，加驃騎
大將軍。"武定中蓋任中軍大將軍。

**殿中將軍關文備、郭安興並機巧。洛中製永寧寺九層佛
圖，安興爲匠也。**（頁 2136）

　　郭安興　　修訂本校勘記指出《歷代名畫記》卷八作
"郭道興"。按正光三年郭定興墓誌（文物 2002－9，疏證 41）
云："弟强弩將軍、永寧景明都將，名安興。"即其人，修訂
本校勘記當删。

列女傳（卷九二）

**貞孝女宗者，趙郡栢仁人，趙郡太守李叔胤之女，范陽盧
元禮之妻。**（頁 2151）

　　趙郡太守　　《魏書》卷四九《李靈傳》記李叔胤爲南
趙郡太守。景明三年李叔胤墓誌云："大魏故試守南趙
郡惠君。"①神龜二年李叔胤妻崔賓媛墓誌誌蓋（收藏家

①　　羅新：《崔巨倫其人》，《彼美淑令：北朝女性的個體生命史》，第 96 頁。

2012－6，集成230）亦作"魏故南趙郡太守李府君夫人崔氏墓
誌銘蓋"。按《魏書》卷一〇六上《地形志上》殷州南趙郡
下有柏人縣。

恩倖傳（卷九三）

王叡，字洛誠，自云太原晉陽人也。（頁2156）

　　字洛誠　正始二年李蕤墓誌（集釋205，彙編82）誌尾
云："君夫人太原王氏，諱恩榮，封晉陽縣君。合葬君墓。
父洛成，太宰、中山宣王。"陳爽指出王洛成即王叡①。

寇猛，上谷人也。祖父平城。（頁2166）

　　平城　正始三年寇猛墓誌（文物參考資料1957－2，輯繩
18，彙編84）云"祖諱婁"。北魏前期代人常以出生地爲名，
多有取名"平城"者②，"婁"或是後來雅化的漢名。

閹官傳（卷九四）

段霸，雁門原平人。父乾，慕容垂廣武令。（頁2185）

　　乾　天保二年段霸曾孫段通墓誌（墨香閣91）云："高
祖淵，燕散騎常侍。"

---

①　陳爽：《世家大族與北朝政治》，中國社會科學出版社，1998年，第126—132頁。
②　黃楨：《北魏〈于烈碑〉考》，《中華文史論叢》2024年第1期，第57—60頁。

（段）霸少以謹敏見知，稍遷至中常侍、中護軍將軍、殿中尚書，領壽安少府，賜爵武陵公。出爲安東將軍、定州刺史。（頁 2185）

安東將軍　天保二年段通墓誌（墨香閣 91）記其曾祖段霸爲"安東大將軍"。按《魏書》卷一一三《官氏志》載《前職令》，四安將軍位第二品下階，小注云"加大者，秩次三少下"。誌文又記段霸曾封許昌侯。

（王琚）贈征南將軍、冀州刺史，謚曰靖。（頁 2186）

征南將軍　延昌元年王琚孫王皓墓誌（河洛 17，新見集釋 6）、永平四年王琚妻郭氏墓誌（七朝 10，集成 123）作"征南大將軍。"按《魏書》卷一一三《官氏志》載《後職令》，四征將軍位第二品，小注云"加大者，位次衞大將軍"。

（王寄生）子蓋海，襲祖琚爵。（頁 2186）

蓋海　延昌元年王琚孫王皓墓誌（河洛 17，新見集釋 6）記王皓字天海，疑蓋海以字行。

（王遇）父守貴，爲郡功曹，卒。遇既貴，追贈安西將軍、秦州刺史、澄城公。（頁 2194）

守貴　太和十二年暉福寺碑（碑林全集 1—72）碑陰題名云："父佛弟子、安西將軍、泰州刺史、澄城公王貴隆。"

秦州刺史　正始元年王遇墓誌（秦晉豫續 38，集成 71）誌題作"魏故安西將軍泰州刺史澄城公之少子"。暉福寺碑碑陰題名亦作"泰州"。

太和末，(白整)爲長秋卿，賜爵雲陽男。(頁 2198)

　　景明四年張整墓誌(集釋 203，彙編 74)，趙萬里考訂即白整。誌文記張整高祖時賜爵雲陽男，世宗時加大長秋卿。

海夷馮跋傳（卷九七）

(馮)文通，跋之少弟也，本名犯顯祖廟諱。(頁 2303)

　　文通　正光五年元悅妃馮季華墓誌(集釋 83，彙編 214)云：“曾祖道鑒，燕照文皇帝。”即其人。道鑒或是馮弘另一字。

鮮卑禿髮烏孤傳（卷九九）

鮮卑禿髮烏孤，八世祖匹孤自塞北遷于河西。(頁 2382)

　　匹孤　永安元年源延伯墓誌(秦晉豫 27，集成 500)云：“其先神元皇帝有昆曰託后跋匹𤤺，略地河西，遂王涼州。”匹𤤺即匹孤之異寫。

氐傳（卷一〇一）

(楊)文度弟弘，小名鼠，犯顯祖廟諱，以小名稱。(頁 2418)

　　弘　修訂本校勘記引《宋書》卷九八《氐胡傳》、《南齊書》卷五九《氐傳》作“文弘”。弘蓋雙名省稱。今檢建元四年楊文弘墓誌(考古與文物 2014－2,集成 1378)云:"柔,字文弘。""柔"即"㲉"之異體,與鼠同音①。

蠕蠕傳　高車傳(卷一〇三)

時安北將軍、懷朔鎮將楊鈞表。(頁 2499)

建義元年楊鈞墓誌(秦晉豫續 70,補遺千唐 440)云:"除使持節、都督恒州柔玄懷荒御夷三鎮二道諸軍事、安北將軍、恒州刺史。……遂除散騎常侍、假鎮北將軍、撫軍將軍、都督懷朔沃野武川三鎮諸軍事、懷朔鎮大都督。"按楊鈞遷懷朔鎮將時,將軍號已改爲撫軍。

詔東城子于亮報之。(頁 2510)

于亮　底本原作"干亮",獨殿本作"于亮"。按《魏書》此卷原闕,據《北史》卷九八《高車傳》補,《北史》作"于亮",點校本校勘記據改。今檢孝昌三年于神恩墓誌(邙洛 24,新見集釋 14)誌尾記"父諱亮,散騎常侍、大甯太守、高車國使主、東城子",即其人,可補書證。

自序(卷一〇四)

(魏)歆子悦,字處德。(頁 2523)

---

① 按照文化史常識,取名爲鼠通常與出生年生肖有關,但學者亦指出粟特人名經常含有"鼠"字。參見王丁:《中古碑誌、寫本中的漢胡語文札記(四)》,《元史及民族與邊疆研究集刊》第 38 輯,上海古籍出版社,2019 年,第 179 頁。

歆子悦　點校本校勘記云《北史》卷五六《魏收傳》無“歆”字，並云“魏悦爲北魏李孝伯婿，魏歆則漢成帝時人，相去四百餘年，豈得爲父子。中間世次脱簡，自宋以來即有人指出”。今檢興和二年魏收撰其姑魏仲姿墓誌(書法叢刊 2019−3)誌尾云：“祖緝，趙郡太守。……父悦，濟陰太守。”可補書證。

滎陽鄭伯調之曰：“魏郎弄戟多少？”(頁 2526)

鄭伯　《北史》卷五六《魏收傳》同。永熙二年鄭平城妻李暉儀墓誌(河洛 36，集成 588)有“大息伯猷”、“哀嗣伯猷等”，誌文云“友人中書侍郎鉅鏕魏收，雖年在雁行，而義均同志，後來之美，領袖辭人”，羅新疑“鄭伯”即“鄭伯猷”[①]，或雙名省稱。

地形志上（卷一〇六上）

梁城郡……桓鴻。（頁 2735）

點校本校勘記云：“諸本下注‘一本作祇鴻’。温校：《通鑑》注引此作‘旋鴻’。考《水經注》：如渾水出涼城旋鴻縣。今《志》作‘桓’及‘祇’，未詳。楊校亦引《灅水篇》，云：作‘桓’作‘祇’皆非。”今檢建德四年徒何綸墓誌(文博 2002−2，疏證 100)云“梁城郡泉洪縣人”。按“泉洪”即“旋鴻”，或譯音不同。

---

① 羅新：《跋北魏鄭平城妻李暉儀墓誌》，《王化與山險：中古邊裔論集》，北京大學出版社，2019 年，第 344 頁。

卷四　北齊書

文宣紀（卷四）

高孝緒爲脩城王。（頁 56）

脩城　底本原作"循城"。點校本校勘記據南監本、《北史》卷七《齊本紀中》、《北齊書》卷一四《高永樂傳》改，並指出："《隋書》卷二九《地理志上》梁州順政郡有'脩城縣'，云'舊置脩城郡'。'循城'無此地名。"按高孝緒墓已經發掘，誌蓋作"大齊故脩城王墓誌銘"[1]，天統三年高允墓誌（字孝緒，秦晉豫 55，集成 1000）亦記其封脩城郡王。《水經注》卷二〇《漾水》："漢水東南逕脩城道南。"均可證"脩城"爲是。

（天保九年）是年，殺永安王（高）浚、上黨王（高）渙。（頁 70）

是年　《北史》卷七《齊本紀中》同。乾明元年高渙墓誌（秦晉豫續 120，新見集釋 38）記其卒於天保十年六月二十七日。

---

[1]　國家文物局主編：《2009 中國重要考古發現》，文物出版社，2010 年，第 100 頁。

（天保十年）五月癸未，誅始平公元世、東平公元景式等二十五家。（頁70）

　　　元世　《北史》卷七《齊本紀中》同。點校本校勘記云："本書卷二八及《北史》卷一九《元韶傳》作'元世哲'，這裏脫'哲'字。"《北史》卷七《齊本紀中》校勘記據李慈銘《北史札記》所云"考《魏書·任城王雲傳》有世哲，武定中吏部郎，爲僕射世儁之弟，即雲之孫，而未嘗有始平之封"，並指出："《魏書》卷二一下《彭城王勰傳》，勰子子正封始平王，子欽，字世道襲，入齊，隨例降爵。則此始平公應是元世道，即元欽，而非元世哲。"不過仍認稱"但元世哲亦是同時被殺者，見本書卷一九《元韶傳》"。今檢天保三年元叡墓誌（字世哲，墨香閣95）記其卒於天保三年，"元世"下所脫絕非"哲"字，疑本作"元世道"。

廢帝紀（卷五）

（乾明元年正月）癸亥，高陽王（高）湜薨。（頁81）

　　　癸亥　《北史》卷七《齊本紀中》同。乾明元年高湜墓誌（北圖藏拓7－91，彙編431）記其卒於乾明元年二月六日。按正月癸丑朔，癸亥爲十一日。二月癸未朔，六日爲戊子。

武成紀（卷七）

乃爲帝聘蠕蠕太子菴羅辰女，號鄰和公主。帝時年八歲。（頁95）

菴羅辰　武定八年高湛妻閭叱地連墓誌(文物 1984－4,新中國河北壹 14)云:"公主諱叱地連,茹茹主之孫,諧羅臣可汗之女也。"誌文作"諧羅臣",蓋譯音不同。

帝時年八歲　《北史》卷九八《蠕蠕傳》云:"(興和)四年,阿那瓌請以其孫女號隣和公主妻齊神武第九子長廣公湛,靜帝詔爲婚焉。阿那瓌遣其吐豆登郁久閭譬掘、俟利莫何游大力送女於晉陽。"據《武成紀》,高湛卒於天統四年,時年三十二,興和四年僅六歲。高湛妻閭叱地連墓誌記其武定八年四月七日薨於晉陽,時年十三,推知興和四年時鄰和公主僅五歲。兩人或在興和四年締結婚約,兩年後方成婚。

(河清三年三月)己巳,盜殺太師、彭城王(高)浟。(頁 98)

己巳　《北史》卷八《齊本紀下》同。河清三年高浟墓誌(墨香閣 253)記其"河清三年歲次甲申三月己未朔,薨於鄴都邸舍"。按三月己未朔,己巳爲十一日。

後主紀 (卷八)

(天統二年十月)徙馮翊王(高)潤爲太尉。(頁 105)

徙　點校本校勘記引張森楷説"《北史》改官,例不稱‘徙’。此‘徙’字蓋當爲‘徒’,上脱‘司’字。後人見‘徒’字於義不屬,妄改爲‘徙’"。並云:"高潤在天統元年四月爲司徒。這次改官,他人都書原官,不應高潤獨缺,張説是。"今檢武平七年高潤墓誌(考古 1979－3,新中國河北壹 33)云："俄遷司徒、録尚書事，仍拜太尉公。"《北齊書》卷一〇《高祖十一王傳》記潤"歷司徒、太尉、大司馬、司州牧、太保、河南道行臺、領録尚書"，可補書証。

武平元年春正月乙酉朔，改元。太師、并州刺史、東安王婁叡薨。（頁 109）

《北史》卷八《齊本紀下》同。武平元年婁叡墓誌（北齊東安王婁叡墓 174）記其武平元年二月五日薨於位。

（武平二年）十一月庚戌，詔侍中赫連子悦使於周。（頁 111）

十一月庚戌　《周書》卷五《武帝紀上》云："（天和六年十一月）丙辰，齊遣使來聘。"按十一月乙巳朔，庚戌爲六日，丙辰爲十二日。武平四年赫連子悦墓誌（集釋 344，彙編 474）云："武平二年，除太常卿。其年十月，周人請和，仍以本官除使持節、侍中、聘周使主。"按《周書》卷五《武帝紀上》又記"（天和六年十月）乙未，遣右武伯谷會琨、御正蔡斌使於齊"，誌文所謂"其年十月，周人請和"，蓋指此。

（武平三年八月庚寅）太師、馮翊王（高）潤爲太尉，蘭陵王（高）長恭爲大司馬。（頁 112）

《北史》卷八《齊本紀下》同。修訂本校勘記引《北齊書》卷一〇《高祖十一王傳》云潤歷官太師、太宰，本卷上文二年二月以高長恭爲太尉，疑"爲"下脱"太宰"兩字，"太尉"屬下讀。今檢武平七年高潤墓誌（考古 1979－3，新中國河北壹33)云："尋遷太師，俄拜太宰。"《金石萃編》卷三四《馮翊王平等寺碑》(北圖藏拓8－35)有"太宰、河陽道大行臺、錄尚書事、馮翊王高潤"。按此碑刊於武平三年八月十五日，八月庚午朔，庚寅爲二十一日，或刻碑時據高潤新授官職改題爲太宰。

高祖十一王傳（卷一〇）

韓氏生上黨剛肅王（高）渙。（頁139）

韓氏　天保三年韓智輝墓誌(墨香閣93，新見集釋33)云："天保元年，有詔爲上黨王國太妃。"知韓氏名智輝。

彭城景思王（高）浟，字子深。（頁142）

河清三年高浟墓誌(墨香閣253)記其字景安，或一人兩字。

元象中，（高渙）封平原郡公。（頁144）

元象中　《北史》卷五一《齊宗室諸王傳上》同。乾明元年高渙墓誌(秦晉豫續120，新見集釋38)云："興和四年，除通直散騎常侍，加平西將軍。未幾，封平原郡開國公，食邑二千户。"按元象在興和前，疑傳誤。

襄城景王（高）淯，神武第八子也。（頁145）

景王　乾明元年高淯墓誌(集釋311，彙編430)記其謚曰"景烈王"，傳蓋省稱。另據誌文知高淯字修延。

高陽康穆王（高）湜，神武第十一子也。（頁 146）

湜　乾明元年高溰墓誌（北圖藏拓 7－91，彙編 431）云：
"王諱溰，字湏達。"按溰即湜之異體。

馮翊王（高）潤，……歷位東北道大行臺右僕射、都督、定州刺史。（頁 148）

右僕射　《北史》卷五一《齊宗室諸王傳上》同。武
平七年高潤墓誌（考古 1979－3，新中國河北壹 33）作"左僕射"。

（高潤）尋爲尚書令，領太子少師，歷司徒、太尉、大司馬、司州牧、太保、河南道行臺、領錄尚書，別封文成郡公。（頁 148）

太子少師　《北史》卷五一《齊宗室諸王傳上》同。
武平七年高潤墓誌（考古 1979－3，新中國河北壹 33）作"太子太師"。

河南道行臺　《北史》卷五一《齊宗室諸王傳上》同。
高潤墓誌作"河陽道行臺"。《金石萃編》卷三四《馮翊王平等寺碑》（北圖藏拓 8－35）有"太宰、河陽道大行臺、錄尚書事、馮翊王高潤"。當以"河陽"爲是。

文成郡公　《北史》卷五一《齊宗室諸王傳上》同。
高潤墓誌作"文城郡開國公"。《隋書》卷三〇《地理志中》汝南郡西平縣條云"後魏置襄城郡，後齊改郡曰文城"。《北齊書》《周書》《北史》頗有封文城郡者①。當以"文城"爲是。另據誌文知高潤諡曰"文昭"。

---

① 　王仲犖：《北周地理志》卷七《河南上》，中華書局，1980 年，第 661 頁。

文襄六王傳（卷一一）

河南康舒王（高）孝瑜，字正德，文襄長子也。（頁153）

　　康舒　《北史》卷五二《齊宗室諸王傳下》作“康獻”，《册府元龜》卷二七〇、卷二八四亦作“康獻”。按《北齊書》此卷原闕，據《北史》補，僅謚號不同。河清二年高孝瑜墓誌（北朝藏品33）作“康懿”。

蘭陵武王（高）長恭，一名孝瓘，文襄第四子也。（頁157）

　　蘭陵武王　《北史》卷五二《齊宗室諸王傳下》同。武平六年高肅碑（北圖藏拓8－75，魯迅輯校石刻手稿碑銘下169）碑額作“齊故假節黃鉞太師太尉公蘭陵忠武王碑”。按諸葛亮謚忠武，而世稱武侯，蓋其省稱。又高肅碑云：“王諱肅，字長恭。”蓋以字行。

　　文襄第四子也　高肅碑云：“文襄皇帝之第三子。”按《北齊書》本卷記文襄諸子次序爲孝瑜、孝珩、孝琬、長恭，《北齊書》卷五《廢帝紀》記“封文襄第二子孝珩爲廣寧王，第三子長恭爲蘭陵王”，未知孰是。

（高長恭）前後以戰功別封鉅鹿、長樂、樂平、高陽等郡公。（頁157）

　　武平六年高肅碑（北圖藏拓8－75，魯迅輯校石刻手稿碑銘下169）記高長恭天保九年封樂城縣開國公，乾明元年三月封蘭陵郡王，太寧或河清二年別封鉅鹿郡開國公。按樂城縣開國公係高肅初封，且爵爲縣公，故不在別封之列，因高肅碑碑陰漫漶，僅能辨識少數幾行文字①，長樂、樂平、高陽諸別封或記在碑陰，時在太寧或河清二年後。

孝昭六王傳（卷一二）

河清三年五月，白虹圍日再重，又橫貫而不達。赤星見，帝以盆水承星影而蓋之，一夜盆自破。欲以（高）百年厭之。……遂斬之，……妃把玦哀號，不肯食，月餘亦死，玦猶在手，拳不可開，時年十四。（頁 168—169）

《北齊書》卷七《武成紀》記高百年河清三年六月被殺。疑五月武成帝因天象異變起意，六月始誅之，紀、傳之異尚可彌縫。斛律氏卒於其後月餘。河清三年高百年妻斛律氏墓誌（集釋 313，彙編 440）記其卒於河清二年八月十九日，河清三年高百年墓誌（集釋 312，彙編 441）記其卒於河清三年，諡曰"良懷"，兩人同葬於河清三年三月二日。高百年卒年，《北齊書》紀傳與墓誌大異，學者聚訟不已。羅振玉在《雪堂金石文字跋尾》卷三《樂陵王妃斛律氏墓誌跋》中疑高百年被殺於河清二年。辛德勇檢討各家之說，認爲高百年蓋因河清三年五月天象異動被殺，天象實有其事，則不當卒於前，誌文所云蓋有所諱②。

時年十四　高百年妻斛律氏墓誌記其春秋十五。

清河王岳傳（卷一三）

（高岳）封清河郡公，食邑二千户。（頁186）

二千户　天保七年高岳墓誌（洛陽二〇一五35）作“三千户”，墓誌下文云：“天保初，進爵爲王，增邑一千，通前四千户。”疑以“三千”爲是。

天平二年，（高岳）除侍中、六州軍事都督，尋加開府。（頁186—187）

六州軍事都督　《北史》卷五一《齊宗室諸王傳上》同。天保七年高岳墓誌（洛陽二〇一五35）作“六州軍士都督”。王仲犖指出高歡以六州鮮卑起家，北魏東魏先後於并肆汾僑置六州，以居此六州鮮卑軍士，而東魏北齊又於六州軍士并其家屬駐防之處，別置六州大都督①。疑以“軍士”爲正。

元象二年，（高岳）遭母憂去職。……二年，除兼領軍將軍。（頁187）

元象二年　天保七年高岳墓誌（洛陽二〇一五35）作“元象初”。點校本校勘記云：“按上已見元象二年，這裏重出，當是衍文，否則前‘二年’爲‘元年’之誤。”今據墓誌可知“元象二年”當是“元象初”之誤。

---

① 王仲犖：《東西魏北齊北周僑置六州考略序》，《北周地理志》，第1146—1147頁。

（天保）六年正月，師次義陽，遇荊州陷，因略地南至郢州，獲梁州刺史司徒陸法和，仍剋郢州。（頁188）

　　梁州刺史司徒陸法和　《北史》卷五一《齊宗室諸王傳上》作"梁郢州刺史陸法和"。按《北齊書》卷四《文宣紀》云"送梁郢州刺史陸法和"，《北齊書》卷三二《陸法和傳》又記云："梁元帝以法和爲都督、郢州刺史，封江乘縣公。"疑此處"梁"下脱"郢"字。

贈物二千段，（高岳）謚曰昭武。（頁188）

　　二千段　天保七年高岳墓誌(洛陽二〇一五 35)作"三千段"。

　　昭武　《北史》卷五一《齊宗室諸王傳上》同。永徽六年高士廉塋兆記(昭陵 25)記其祖高岳爲清河昭武王，高岳墓誌作"武昭"。

廣平公盛傳（卷一四）

廣平公盛，……神武起兵於信都，以盛爲中軍大都督，封廣平郡公。（頁193）

　　天平三年高盛碑(北圖藏拓 6－38，魯迅輯校石刻手稿碑銘中 321)云："及太昌□■平郡開國公。"高歡於普泰元年六月起兵信都，"大都督"宜改爲句號。另據碑文知高盛字盆生，謚曰"文懿"。

（高永樂）無子，從兄思宗以第二子孝緒爲後。（頁194）

孝緒　天統三年高允墓誌_(秦晉豫55,集成1000)云:"王諱允,字孝緒。"蓋以字行。

竇泰傳　尉景傳　婁昭傳
厙狄干傳(卷一五)

竇泰,字世寧。(頁207)

世寧　《北史》卷五四《竇泰傳》同。天保六年竇泰墓誌_(集釋321,彙編415)作"寧世"。

(竇)泰妻,武明婁后妹也。(頁208)

婁后妹　《北史》卷五四《竇泰傳》同。天保六年竇泰妻婁黑女墓誌_(集釋322,彙編416)記其卒於天保五年三月,春秋五十九,推知其生於太和二十年。按《北齊書》卷九《神武婁后傳》記婁后崩於太寧二年四月,時年六十二,推知其生於景明二年,本傳誤"姊"爲"妹"。

(竇泰)子孝敬嗣。位儀同三司。(頁208)

羅振玉《雪堂金石文字跋尾》卷三錄竇泰墓誌_(集釋321,彙編415)誌側所刻子女名位,云:"長子早亡,名已泐。次子名□□,字孝敬,儀同三司□兗州刺史,襲爵廣阿縣開國□。"知孝敬以字行。

尉景,字士真。(頁208)

士真　《金石錄》卷二二引《北齊長樂王尉景碑》記

其字副羽。疑"副羽"本是其鮮卑名，後以之爲字①。

（尉）景妻常山君，神武之姊也。（頁208）

　　興和二年尉景妻高婁斤墓誌（墨香閣39）誌題作"魏太
保尉公妻故常山郡君墓誌銘"，並記"郡君姓高，字婁斤"。

（尉景）子粲，少歷顯職。（頁209）

　　粲　《北史》卷五四《尉景傳》同。大象二年尉茂墓
誌（北朝藏品51）云："父璨，司空、司徒、太尉、大將軍、大司
馬、太保、長樂王，詔贈右丞相、假黃鉞，謚曰文成王。"開
皇十八年尉吞墓誌（字世辯，書法2024-12）亦記父名"璨"。
大業八年尉仁弘墓誌（文物1984-2，新中國河北壹48，疏證215）
記其爲"齊長樂王尉璨之孫"。另尉茂墓誌、尉吞墓誌皆
記祖尉景謚曰"武恭"。

（尉粲）子世辯嗣。……隋開皇中，卒於淅州刺史。（頁
210）

　　卒於淅州刺史　《北史》卷五四《尉景傳》同。開皇
十八年尉吞墓誌（字世辯，書法2024-12）云"大象二年九月，
以公爲豐州諸軍事、豐州刺史"，至開皇四年征還，十七
年卒於第，未嘗歷淅州。按世辯以字行。

（婁定遠）別封臨淮郡王。（頁211）

---

① 羅新指出北魏孝文帝以前諸帝鮮卑語本名，史書中常記作"字"或"小字"，《北魏道
武帝的鮮卑語本名》，《王化與山險：中古邊裔論集》，第208—209頁。

別封　《金石萃編》卷三五《臨淮王像碑》(北圖藏拓 8—49)有"使持節、都督青州諸軍事、驃騎大將軍、青州刺史、司空公、寧都縣開國公、高城縣開國公、昌國侯、臨淮王婁公"。按此碑刊於武平四年六月二十七日，臨淮王蓋婁定遠本封，傳云別封，疑誤。

(婁)叡字佛仁。……封掖縣子，累遷光州刺史。(頁 211)

佛仁　武平元年婁叡墓誌(北齊東安王婁叡墓 174)作"字伏□"。或一人兩字。

掖縣子　《北史》卷五四《婁昭傳》同。婁叡墓誌作"挺縣開國子"。按《魏書》卷一〇六中《地形志中》光州東萊郡下有掖縣，長廣郡下有挺縣。

齊受禪，(婁叡)得除領軍將軍，別封安定侯。(頁 211)

安定侯　武平元年婁叡墓誌(北齊東安王婁叡墓 174)云："封受得縣開國侯、領軍將軍。"按誌文敍婁叡封爵甚詳，未記別封安定侯。

河清三年，(婁叡)濫殺人，爲尚書左丞宋仲羡彈奏，經赦乃免。尋爲太尉，以軍功進大司馬。(頁 211)

以軍功進大司馬　《北史》卷五四《婁昭傳》同。武平元年婁叡墓誌(北齊東安王婁叡墓 174)云："換太尉公。除豫州道大行臺尚書令。遷大將軍，封始平縣開國公。"按《北齊書》卷七《武成紀》云："(河清三年十一月)甲辰，太尉婁叡大破周軍於軹關，擒楊標。……(四年)夏四月戊

午,大將軍、東安王婁叡坐事免。"婁叡蓋因擒楊摽進大
將軍,傳云"大司馬",疑誤。

詔免(婁叡)官,以王還第。尋除太尉,薨。贈大司馬。
(頁 211)

　　　尋除太尉　《北史》卷五四《婁昭傳》同。武平元年
婁叡墓誌(北齊東安王婁叡墓 174)云:"復除太尉公,判領軍大
將軍府事,尋以本官兼并省尚書令,出爲使持節、肆州刺
史,遷大司馬,轉太傅,增邑一千,通前二千户,使持節、
并州刺史,別封許昌郡開國公,兼録尚書事,遷太師,仍
并州刺史。"《北齊書》卷八《後主紀》亦敍復除太尉後,歷
大司馬、太傅、太師。按《北齊書》本傳據《北史》補,删削
過甚,致有歧義,"太尉"下宜改爲句號。

　　　贈大司馬　《北史》卷五四《婁昭傳》同。婁叡墓誌
云:"追贈假黄鉞、右丞相、太宰、太師、太傅、使持節、都
督冀定瀛滄趙幽青齊濟朔十州諸軍事、朔州刺史,開國、
王如故,謚恭武王。"按《北齊書》卷八《後主紀》、婁叡墓
誌皆記其卒於太師,《隋書》卷二七《百官志中》敍後齊官
制云"置太師、太傅、太保,是爲三師,擬古上公,非勳德
崇者不居"。太師位在大司馬上,婁叡當贈太師本官。

子(厙狄)敬伏,位儀同三司。(頁 213)

　　　敬伏　《北史》卷五四《厙狄干傳》作"伏敬"。開皇
十四年庫狄士文墓誌(西市 15,貞石 063)云:"父伏敬,十州
刺史,章武王。"疑"伏敬"是。

段榮傳（卷一六）

段榮，字子茂，姑臧武威人也。（頁223）

　　姑臧武威人　《北史》卷五四《段榮傳》同。太寧元年段榮墓誌(邯鄲17,集成932)作“武威姑臧人”。按北朝史傳、石刻多云“武威姑臧人”，並無“姑臧武威人”。《魏書》卷一〇六下《地形志下》涼州武威郡領林中、襄城兩縣。王仲犖據《讀史方輿紀要》認爲北魏改姑臧爲林中，西魏仍曰姑臧①。本傳下文云“高祖入洛，論功封姑臧縣侯”，亦可證。

天平三年，（段榮）轉行泰州事。（頁224）

　　泰州　點校本校勘記云：“三朝本、汲本‘泰’作‘恭’，他本作‘秦’。按當時無‘恭州’，秦州屬西魏。‘恭’和‘秦’都是‘泰’之訛。”今檢太寧元年段榮墓誌(邯鄲17,集成932)云：“然砥柱之北，龍津以南，乃上國之西門，誠僞境之東面，仍除泰州刺史。”足以定讞。

（元象）二年五月（段榮）卒，年六十二。（頁224）

　　二年五月　太寧元年段榮墓誌(邯鄲17,集成932)記其卒於元象元年六月。

　　年六十二　段榮墓誌作“年六十一”。

---

① 王仲犖：《北周地理志》，第211頁。

乃留儀同敬顯儁、堯難宗等圍守宿預。（頁 226）

難宗　點校本校勘記云"三朝本及《冊府》卷三五四'難宗'作'難示'，南本單作'雄'，北、汲、殿、局四本作'雄示'"，並指出堯雄卒於興和四年，故不可能是雄，又以《陳書》《北史》有"堯難宗"，指出三朝本"難"字不誤，"宗"已訛作"示"，故作"難宗"。今檢天統三年堯峻墓誌（文物 1984－4，新中國河北壹 22）記其字難宗，峻爲堯雄之弟，足以定讞。

（段）韶第七子德堪，……隋大業初，汴州刺史，卒於汝南郡守。（頁 231）

德堪　大業十二年段濟墓誌（集釋 506，隋考 465）記其字德堪，蓋以字行。本傳記段韶諸子：懿，字德猷；深，字德深；第三子德舉；第四子德衡。德舉、德衡蓋亦以字行。

卒於汝南郡守　《北史》卷五四《段榮傳》同。段濟墓誌云："二年正月，汴州省廢，又授使持節、蔡州諸軍事、蔡州刺史。"蔡州即汝南。誌文又云："于時，新都草創，卜食伊瀍。以公屢典戎韜，頻司禁旅，轉授左翊衞府虎賁郎將、宿衞長上。"誌文又云段濟大業十一年九月在東都卒於任，本傳所記有誤。

斛律金傳（卷一七）

（斛律金）贈錢百萬，謚曰武。（頁 240）

謚曰武　《北史》卷五四《斛律金傳》同。建德六年斛律金子斛律豐洛墓誌（北朝藏品 49）、建德六年斛律金孫斛律武都墓誌(張海館藏上 217)、開皇十七年斛律金曾孫斛律徹墓誌(文物 1992－10,疏證 164)皆作"忠武"。

皇建元年,(斛律光)進爵鉅鹿郡公。(頁 241)

鉅鹿郡公　底本原脱"公"字,點校本校勘記據《北史》卷五四《斛律金傳》、《通志》卷一五二補。河清三年高百年妻斛律氏墓誌(集釋 313,彙編 440)云"司空、鉅鹿公之女",即其女。

(斛律光)追贈上柱國、崇國公。(頁 244)

崇國公　點校本校勘記云底本原無"崇國"二字,並引張森楷説,據《北史》卷五四《斛律金傳》補。今檢建德六年斛律光子斛律武都墓誌(張海館藏上 217)、開皇十七年斛律光孫斛律徹墓誌(文物 1992－10,疏證 164)均記其爲"崇國公",足以定讞。

(斛律光)長子武都,歷位特進、太子太保、開府儀同三司、梁兖二州刺史。(頁 244)

梁兖二州刺史　《北史》卷五四《斛律金傳》同。建德六年斛律武都墓誌(張海館藏上 217)記其先後歷西兖、梁、兖三州刺史。開皇十七年斛律徹墓誌(文物 1992－10,疏證 164)云:"父武都,……西兖梁東兖三州刺史。"毋有江指出:"皇興二年北魏佔領瑕丘,置東兖州。太和十八年改稱兖州。"[1]時兖州、東兖州常混稱。

---

[1]　牟發松、毋有江、魏俊傑:《中國行政區劃通史·十六國北朝卷》,第 468 頁。

次（斛律）須達，中護軍、開府儀同三司。（頁244）

中護軍　　開皇三年封子繪妻王楚英墓誌（考古通訊1957−3，國博33，疏證121）誌尾記"第三女寶華，小字男弟，適斛律須達，開府儀同三司、護軍將軍、鉅鹿郡開國公"。按《魏書》卷一一三《官氏志》載《後職令》中護軍位第三品，小注云"二軍加將軍，則去中，位次撫軍"。

（斛律）光小子鍾，年數歲，獲免。周朝襲封崇國公。隋開皇中卒於驃騎將軍。（頁245）

《北史》卷五四《斛律金傳》記其卒於車騎將軍，餘同。開皇十七年斛律徹墓誌（文物1992−10，疏證164）云："建德六年九月，蒙除使持節、儀同大將軍，襲祖崇國公。……開皇十年，還依前授，加右車騎將軍。至開皇十一年，蒙依前授崇國公如本。"斛律徹與斛律鍾履歷相近，徹爲斛律武都子，羅新、葉煒疑兩人爲同一人，本傳記鍾爲斛律光小子誤[1]。

（斛律）羨，字豐樂，少有機警，尤善射藝，高祖見而稱之。世宗擢爲開府參軍事。（頁245）

豐樂　　建德六年斛律豐洛墓誌（北朝藏品49）云"公諱豐洛"，《北齊書》卷四一《獨孤永業傳》作"斛律豐洛"。豐洛、豐樂蓋譯音不同。

世宗擢爲開府參軍事　　斛律豐洛墓誌云"起家除神

---

① 羅新、葉煒：《新出魏晉南北朝墓誌疏證》（修訂本），第492頁。

武皇帝中外府參軍事"。

（斛律羨）遷征虜將軍、中散大夫，加安西將軍，進封大夏縣子，除通州刺史。（頁245）

　　大夏縣子　建德六年斛律豐洛墓誌（北朝藏品49）作"大夏縣開國伯"。

（斛律羨）轉使持節，都督幽、安、平、南、北營、東燕六州諸軍事，幽州刺史。……詔加行臺僕射。（頁245）

　　東燕　建德六年斛律豐洛墓誌（北朝藏品49）云："授幽安平南北營燕六州牧、幽州諸軍事、幽州刺史。"按《魏書》卷一〇六上《地形志上》東燕州，注云"太和中分恒州東部置燕州，孝昌中陷，天平中領流民置。寄治幽州宣都城。"據錢大昕《廿二史考異》卷二九，"宣都"爲"軍都"之訛。按燕州即東燕州之省稱。另本卷下文云"與兄光並被起復任，還鎮燕薊"，燕薊專名綫當連標，代指幽州地區，非燕、薊兩州。

　　行臺僕射　《北史》卷五四《斛律金傳》同。斛律豐洛墓誌作"行臺右僕射"。

（河清）四年，（斛律羨）遷行臺尚書令，別封高城縣侯。武平元年，加驃騎大將軍。……其年秋，進爵荆山郡王。（頁245—246）

　　建德六年斛律豐洛墓誌（北朝藏品49）云："征拜特進，加驃騎大將軍，復授幽州道行臺尚書令。……加荆山郡

開國公,食邑二千户。後轉封爲王,行臺録尚書。"誌記
加驃騎大將軍在遷幽州道行臺尚書令前,與傳異。

司馬子如傳（卷一八）

司馬子如,字遵業。（頁 258）

　　《北史》卷五四《司馬子如傳》同。天保四年司馬遵
業墓誌(集釋318,彙編411)云:"公諱遵業,字子如。"名、字與
傳所記相反。

**高祖起義信都,（尒朱）世隆等知（司馬）子如與高祖有
舊,疑慮,出爲南岐州刺史。**（頁 259）

　　南岐州刺史　　天保四年司馬遵業墓誌(集釋318,彙編
411)作"岐州刺史"。按《魏書》卷一〇六下《地形志下》有
岐州、南岐州。《魏書》卷八〇《賀拔勝傳》云:"（普泰）二
年,加（賀拔）岳都督三雍三秦二岐二華諸軍事、雍州刺
史、關西行臺。"二岐即指南岐州、岐州。時欲出司馬子
如赴關中。

蔡儁傳　尉長命傳　劉貴傳　任延敬傳
厙狄迴洛傳　張保洛傳（卷一九）

蔡儁,字景彦。（頁 268）

　　《匋齋藏石記》卷八《蔡儁斷碑》記其字彦安。或一
人兩字。

（蔡儁）又從平元顥，封烏洛縣男。（頁 269）

烏洛縣男　《北史》卷五三《蔡儁傳》同。《北史》復云：“隨神武舉義，及平鄴，破韓陵，並有戰功，進爵爲侯。”《匋齋藏石記》卷八《蔡儁斷碑》云：“建義之初，參贊誠績，……乃封烏洛縣開□子，食邑□百户。……進爵爲侯，食邑八百户。”則蔡儁始封爲子爵，時在高歡建義後，與傳不同。

（蔡儁）又轉揚州刺史。（頁 269）

揚州刺史　《北史》卷五三《蔡儁傳》同。《匋齋藏石記》卷八《蔡儁斷碑》云：“都督陽州諸軍事、驃騎大將軍、陽州刺史。”楊守敬《壬癸金石跋》引《隋書》卷三〇《地理志中》河南縣宜陽縣條“後魏置宜陽郡，東魏置陽州，後周改曰熊州”，認爲當作陽州，而非壽春之揚州。此説可從。

（蔡儁）贈持節、侍中、都督、冀州刺史、尚書令、司空公。（頁 269）

持節　《匋齋藏石記》卷八《蔡儁斷碑》作“使持節”。疑脱“使”字。

尉長命，……諡曰武壯。（頁 271）

長命　《金石録》卷二二引《北齊大安樂寺碑》作“萇命”。

武壯　《金石録》卷二二引《北齊大安樂寺碑》作“武

莊”。按“長”與“萇”、“莊”與“壯”，時常混寫。

劉貴，秀容陽曲人也。（頁 272）

　　興和二年劉懿墓誌（集釋 294，彙編 362）云：“君諱懿，字貴珍。”趙萬里等考證其即劉貴，可從。又誌文云其“弘農華陰人”，疑是攀附漢人高門，又誤書楊氏郡望。

以（劉）貴爲征南將軍、金紫光禄、兼左僕射、西道行臺。（頁 272—273）

　　兼左僕射西道行臺　《北史》卷五三《劉貴傳》作“西道行臺僕射”。興和二年劉懿墓誌（集釋 294，彙編 362）云：“兼尚書右僕射、西南□行臺。”

任延敬，廣寧人也。（頁 273）

　　延敬　《北史》卷五三《任祥傳》云“任祥字延敬”，蓋以字行。元象元年任祥墓誌（墨香閣 35，新見集釋 22）記其字延慶，未知孰是。

中興初，（任延敬）累遷光禄大夫。（頁 273）

　　光禄大夫　元象元年任祥墓誌（墨香閣 35，新見集釋 22）作“左光禄大夫”。

以（任）延敬爲大都督、東道軍司，率都督元整、叱列陁等討之。（頁 274）

　　東道軍司　元象元年任祥墓誌（墨香閣 35，新見集釋 22）

作“東南道大軍司”。

元象元年秋，（任延敬）卒於鄴，時年四十五。（頁 274）

四十五　元象元年任祥墓誌（墨香閣 35，新見集釋 22）作“卅有七”。

厙狄迴洛，代人也。（頁 277）

厙狄迴洛　河清元年厙狄洛墓誌（考古學報 1979－3，彙編 436）云：“王諱洛，字迴洛。”蓋以字行。

（厙狄迴洛）從破四胡於韓陵，以軍功補都督，加後將軍、太中大夫，封順陽縣子，邑四百户。遷右廂都督。……破周文於河陽，轉授夏州刺史。邙山之役，力戰有功，增邑通前七百户。（頁 277）

順陽縣子　《北史》卷五三《厙狄迴洛傳》同。河清元年厙狄洛墓誌（考古學報 1979－3，彙編 436）作“毋極縣開國子”。誌文又云：“遷右箱都督，轉子爲伯，增邑一伯户。……尋除征東將軍、金紫光禄大夫、毋極縣開國公。……復增邑兩伯户，通前爲七伯户。”知其累進爵伯、公。按本傳云厙狄迴洛初從尒朱榮，毋極伯蓋莊帝所封，歸高歡後，封順陽縣子，與誌不同。

夏州刺史　《北史》卷五三《厙狄迴洛傳》同。厙狄洛墓誌作“西夏州刺史”。按《魏書》卷一〇六上《地形志上》西夏州小注云“寄治并州界”。毋有江據《北史》卷六《齊本紀上》“（天平）三年正月甲子，神武帥厙狄干等萬

騎襲西魏夏州。……遷其部落五千户以歸”，推測西夏
州蓋因高歡虜獲的西魏夏州部衆，僑置於并州①。

**（厙狄迴洛）贈使持節、都督定瀛恒朔雲五州軍事、大將
軍、太尉公、定州刺史。**（頁278）

　　定瀛恒朔雲五州軍事　河清元年厙狄洛墓誌（考古學
報1979—3，彙編436）作“都督定瀛濟恒朔雲六州諸軍事”。

（張保洛）後出晉州，加征西將軍。（頁280）

　　征西將軍　《山右石刻叢編》卷一《張保洛等造像
記》作“征西大將軍”。按《魏書》卷一一三《官氏志》載
《後職令》，四征將軍位第二品，小注云“加大者，位次衞
大將軍”。

尉摽，代人也。大寧初，封海昌王。子相貴嗣。（頁281）

　　尉摽　勞格《讀書雜識》卷一“北齊書”條云：“尉標
即尉長命，標蓋長命之名，史訛爲二人。”本卷有尉長命
傳，記載其子興敬。姚薇元采信勞説，稱“破侯、相貴、興
敬，皆長命之子”②。岑仲勉批評勞格“徒因《姓纂》長命
生破侯、相貴之語，遂謂‘標與長命當即一人無疑’，未免
斷得太易”，認爲《姓纂》此處，訛舛頗多，尉標與尉長命
非同一人③。今檢天保十年尉檦墓誌（墨香閣119，集成911）

①　牟發松、毋有江、魏俊傑：《中國行政區劃通史·十六國北朝卷》，第666頁。
②　姚薇元：《北朝胡姓考》，中華書局，2007年，第207—208頁。
③　（唐）林寶撰，岑仲勉校記：《元和姓纂（附四校記）》，第1515—1516頁。

云其字長生，誌尾記"長息使持節、瓜州刺史、新除儀同三司、晉寧縣開國子相貴。次息伏波將軍、始平縣開國子相願"，與傳合。尉摽與尉長命爲兩人。誌文云尉檦卒葬於天保十年，本傳稱尉摽大寧初，封海昌王，蓋係追封。又《北齊書》《北史》皆作"尉摽"，時"扌"旁與"木"旁常混書，當據墓誌從"木"旁録作"檦"。

（乞伏）令和，領軍將軍。……隋大業初，卒於秦州總管。（頁281—282）

令和　貞觀元年乞扶令和墓誌(考古 2015－2)云："公名惠，字令和。"即其人，蓋以字行。

卒於秦州總管　《隋書》卷五五《乞伏慧傳》云："轉秦州總管。煬帝即位，爲天水太守。大業五年，……除名爲民。卒於家。"乞扶令和墓誌云："仁壽二年，詔授秦州總管。……以大業六年歲次庚午秋九月己未朔廿四日在雍州大興縣宣陽坊薨於露寢。"則乞伏令和未卒於秦州任上。

張瓊傳　斛律羌舉傳　堯雄傳薛脩義傳　叱列平傳（卷二〇）

張瓊，字連德。（頁289）

連德　《北史》卷五三《張瓊傳》同。武定六年張瓊墓誌(墨香閣 73)作"德連"。

(張瓊)討元顥有功,除汲郡太守。建明初,爲東道慰勞大使,封行唐縣子,邑三百户。轉太尉長史,出爲河内太守。（頁289）

　　　　武定六年張瓊墓誌（墨香閣73）云：“爲大都督、東南道大行臺、行唐縣開國子、河内太守。……除汲郡太守。……轉爲太尉長史。”誌、傳所叙歷官次序不同。

(張瓊)贈使持節、燕恒雲朔四州諸軍事、大將軍、司徒公、恒州刺史。（頁289）

　　　　武定六年張瓊墓誌（墨香閣73）云：“册贈并肆雲恒四州刺史、司徒公。”

(張)遵業,討元顥有功,封固安縣開國子,除寧遠將軍、雲州大中正。（頁290）

　　　　遵業　武定六年張遵墓誌（墨香閣75,集成754）云：“君諱遵,字遵業。”蓋以字行。

　　　　固安縣開國子　張遵墓誌作“固縣開國伯。”《魏書》卷一〇六上《地形志上》幽州范陽郡下有固安縣,卷一〇六下《地形志下》析州固郡下有固縣。廖基添指出張遵業父張瓊時封行唐縣子,父子同討元顥,遵業爵位不當在其父之上,當以子爵爲是。又疑“固安”爲“安固”之訛①。按廖基添以張遵業後爲雲州大中正,又因定州曾

---

① 廖基添：《論魏齊之際“河南—河北”政治格局的演變——從東魏張瓊父子墓誌説起》,《文史》2016年第3輯,第100—101頁。

安置燕恒雲三州避難之户,推測雲州曾一度僑置於定州,故張遵業所封爲定州下轄安固縣,所論較迂曲。

(張遵業)尋加安西將軍、建州刺史。……贈并肆幽安四州軍事、開府儀同三司、并州刺史。（頁 290）

安西將軍　武定六年張遵墓誌（墨香閣 75,集成 754）作"平西將軍。"

并肆幽安　張遵墓誌作"定殷幽安。"

代人劉世清,祖拔,魏燕州刺史;父巍,金紫光禄大夫。（頁 291）

劉世清　開皇十一年劉玄墓誌（高陽原 7,貞石 053）云:"君諱玄,字世清。"蓋以字行。永徽五年劉禎墓誌（碑林集刊 26）記其父名清,係雙名省稱。

巍　劉禎墓誌記其祖名喬。

金紫光禄大夫　劉玄墓誌作"銀青光禄大夫"。

(劉)世清,隋開皇中,卒於開府、親衛驃騎將軍。（頁 291）

親衛驃騎將軍　開皇十一年劉玄墓誌（高陽原 7,貞石 053）云:"領右親衛儀同,又陟驃騎將軍,領左翊衛開府。"①

---

① 劉玄墓誌云:"周建德六年,授使持節、上儀同大將軍。俄拜司武驍騎、右旅下大夫,封平恩縣開國男。加開府,敕授道會苑監,進爵爲子。領右親衛儀同,又陟驃騎將軍,領左翊衛開府。"由於本段以建德六年起首,周曉薇、王其禕誤以爲劉玄入隋未任官。（《貞石可憑:新見隋代墓誌銘疏證》,科學出版社,2019 年,第 182 頁。）按《隋書》卷二八《百官志下》云"左右衛又各統親衛",故知誌文"領右親衛儀同"以下係隋官,惟煬帝大業三年方改左右衛爲左右翊衛。

（堯雄）封城平縣伯，邑五百户。（頁292）

城平　底本原作“平城”，點校本校勘記據三朝本、《魏書》卷四二《堯暅傳》改。武定五年堯榮妻趙胡仁墓誌（考古1977－6，新中國河北壹13）記云“長子雄，……城平縣開國公”，足以定讞。

（堯雄）贈使持節、都督青徐膠三州軍事、大將軍、司徒公。（頁294）

大將軍　堯榮妻趙胡仁墓誌（考古1977－6，新中國河北壹13）云：“長子雄，使持節、散騎常侍、驃騎大將軍、儀同三司、城平縣開國公、燕瀛青膠徐豫六州刺史、都督楊潁楚霍十州諸軍事、司徒公，謚曰武恭公。”按燕瀛青膠徐豫六州中，燕瀛豫三州爲實任，青膠徐三州爲贈官，知誌文所記包括贈官。《隋書》卷二七《百官志中》記後齊以大司馬、大將軍爲二大，位在三師下，地位崇高，非堯雄所能獲贈。本傳上文云堯雄“加驃騎大將軍”，疑追贈本官，大將軍上或脱“驃騎”兩字。

轉（堯）奮驃騎將軍、左光禄大夫、潁州刺史。（頁294）

驃騎將軍　武定元年堯奮墓誌（西南集釋011）作“驃騎大將軍”。按《魏書》卷一一三《官氏志》載《後職令》，驃騎將軍位第二品，小注云“二將軍加大者，位在都督中外之下”。

薛脩義，字公讓，河東汾陰人也。（頁299）

脩義　底本原作"循義"，點校本校勘記引錢大昕《廿二史考異》卷三一《北齊書》云"魏齊碑刻'人'旁多從'彳'旁，故'脩''循'二字多相混"，並據《魏書》卷一〇《孝莊紀》、《北史》卷五三《薛脩義傳》一律改作"脩義"。今檢天保五年薛脩義墓誌（秦晉豫續 113，集成 860）即作"脩義"，足以定讞。

（薛脩義）即假安北將軍、西道別將。（頁 300）

安北將軍　《北史》卷五三《薛脩義傳》同。天保五年薛脩義墓誌（秦晉豫續 113，集成 860）作"平北將軍"。

（天保）五年七月（薛脩義）卒，時年七十七。（頁 302）

七十七　天保五年薛脩義墓誌（秦晉豫續 113，集成 860）作"七十八"。

（叱列平）襲第一領民酋長，臨江伯。（頁 302）

武平五年叱列寔墓誌（秦晉豫三 111）云："祖彌，魏孝文越騎校尉、内都尚書，第一領民酋長，臨江公。其父平，齊華廓兗瀛滄幽恒七州刺史、中書監、司空公。"開皇十四年尉粲妻叱列毗沙墓誌（北朝藏品 54）云："祖歸，魏武衛將軍、臨江公。……考平，齊司空、莊惠公。"《魏書》卷八〇《叱列延慶傳》："曾祖鍮石，世祖末從駕至瓜步，賜爵臨江伯。父億彌，襲祖爵，高祖時越騎校尉。"知彌爲億彌之省稱，歸或是雅化的漢名，據此可整理叱列氏的世系。

（叱列平）子孝中嗣。（頁303）

　　孝中　《北史》卷五三《叱列平傳》作"孝冲"。武平五年叱列寔墓誌（秦晉豫三 111）記其字孝芬，知孝中蓋以字行。

封隆之傳（卷二一）

（天保）六年，（封子繪）行南兗州事，尋除持節、海州刺史，不行。（頁331）

　　持節　河清四年封子繪墓誌（考古通訊 1957－3，國博 29）作"使持節"。

河清三年（封子繪）暴疾卒，年五十。……諡曰簡。子寶蓋嗣。武平末，通直常侍。（頁332）

　　五十　河清四年封子繪墓誌（考古通訊 1957－3，國博 29）作"五十二"。

　　簡　《北史》卷二四《封懿傳》同。開皇三年封子繪妻王楚英墓誌（考古通訊 1957－3，國博 33，疏證 121）作"忠簡"。

　　寶蓋　封子繪妻王楚英墓誌誌陰記"長子玄，字寶蓋"。蓋以字行。

中興初，（封延之）除中堅將軍。高祖以爲大行臺左光禄大夫，封郹城縣子，行勃海郡事。（頁333）

　　行勃海郡事　興和三年封延之墓誌（考古通訊 1957－3，國博 22）云："永安二年，……乃勑假節、假征虜將軍、防境都督、行勃海郡事。……三年，除中堅將軍、散騎侍郎。……永熙二年，除衛大將軍、左光禄大夫、郏城縣開國子。"誌文記行勃海郡事在永安三年除中堅將軍、永熙二年封郏城縣子前，本傳敍事恐有誤。

(封孝琰)子開府行參軍君確、君靜等二人徙北邊，少子君嚴、君贊下蠶室。（頁335）

君贊　《北史》卷二四《封懿傳》同。開皇十九年封孝琰妻崔妻訶墓誌(河北金石257，疏證166)誌尾記"第四息公贊"。

李義深傳（卷二二）

(李義深)父紹宗，殷州別駕。（頁352）

紹宗　點校本校勘記據《北史》卷三三《李義深傳》、《新唐書》卷七二上《宰相世系表二上》"紹字嗣宗"，疑"紹"下脱"字嗣"二字。今檢武平五年李義深弟李稚廉墓誌(新中國河北壹28)云："父紹宗，殷州憲公。"知本傳不誤，原校勘記當删。

趙起傳（卷二五）

(天統)二年，(趙起)除滄州刺史，加六州都督。武平中，卒於官。（頁397）

武平中卒於官　《金石錄》卷二二引《北齊司空趙起

碑》云："起自滄州還闕,除吏部尚書,判外兵省事,遷光祿大夫,以本官兼尚書左僕射出行懷州事,轉膠州刺史,封南泉郡王,乃卒。"本傳因刪節過甚,致有歧義。

敬顯儁傳（卷二六）

敬顯儁,字孝英。（頁 407）

《金石萃編》卷三〇《敬史君之碑》(北圖藏拓 6—71)云："公名□,字顯儁。"《金石錄》卷二一引《東魏敬君像頌》云："敬君名曦,顯儁從弟也。"則兄弟兩人皆爲單名。

可朱渾元傳　劉豐傳（卷二七）

可朱渾元,字道元。（頁 414）

道元　底本原作"通元",點校本校勘記據《北史》卷五三《可朱渾元傳》改。武平七年可朱渾孝裕墓誌(墨香閣187,疏證87)云："父道元,假黃鉞、太宰、太師、司空公、司徒公、并州刺史、扶風王。"羅新、葉煒指出當以"道元"爲是[1]。

劉豐,字豐生,普樂人也。（頁 415）

普樂人　《北史》卷五三《劉豐傳》同。點校本校勘記云："《御覽》卷二七五無此四字,却有'本出河間樂城'六字,不知所出。可能是《北齊書》此傳原文。"今檢開皇

---

[1]　羅新、葉煒:《新出魏晉南北朝墓誌疏證》(修訂本),第 239 頁。

十八年劉豐子劉安墓誌（隋考 166）云：“□諱安，字仁遠，瀛州河間樂城人也。”

元韶傳（卷二八）

遂以（天保十年）五月誅元世哲、（元）景式等二十五家，餘十九家並禁止之。（頁 427）

元世哲　《北史》卷一九《元韶傳》同。《北齊書》卷四《文宣紀》、《北史》卷七《齊本紀中》作“元世”。《北史》卷七《齊本紀中》點校本校勘記據李慈銘《北史札記》所云“考《魏書·任城王雲傳》有世哲，武定中吏部郎，爲僕射世儁之弟，即雲之孫，而未嘗有始平之封”，並指出：“《魏書》卷二一下《彭城王勰傳》，勰子子正封始平王，子欽，字世道襲，入齊，隨例降爵。則此始平公應是元世道，即元欽，而非元世哲。”不過仍認稱“但元世哲亦是同時被殺者，見本書卷一九《元韶傳》”。今檢天保三年元叡墓誌（字世哲，墨香閣 95）記其卒於天保三年，疑“世哲”爲“世道”之誤。

李璵傳（卷二九）

（李）瑾六子，産之、倩之、壽之、禮之、行之、凝之，並有器望。（頁 437）

産之　底本原作“彦之”，點校本校勘記據《魏書》卷三九《李寶傳》、《北史》卷一〇〇《序傳》及武德八年盧文構妻李月相墓誌(北圖藏拓11−4)改。今檢開皇六年李伯憲墓誌(安豐102,貞石018)誌尾記"父產之",足以定讞。

崔暹傳（卷三〇）

趙郡公(高)琛鎮定州。（頁445）

　　趙郡公　　點校本據本書卷一三《趙郡王琛傳》、《八瓊室金石補正》卷二〇高琛子高叡《造無量壽像記》指出琛封南趙郡公,認爲"趙"上當有"南"字。今檢永熙二年高樹生墓誌(文物2014−2,集成586)云:"次息永寶,驃騎大將軍、開府儀同三司、左光祿大夫、南趙郡開國公。"永寶爲高琛之字,亦可證。按《北齊書》《北史》多見趙郡公琛,蓋南趙郡公之省稱,並非脫字。

徐之才傳（卷三三）

徐之才,丹陽人也。父雄,事南齊,位蘭陵太守。（頁492）

　　武平三年徐之才墓誌(集釋343,彙編471)云:"考雄,不幸早卒,終於員外散騎侍郎。"開皇四年徐之範墓誌(文物1987−11,山東石刻5−48,疏證128)云:"父雄,梁員外散騎侍郎、通直散騎侍郎。"《南史》卷三二《張邵傳》記徐雄"位奉朝請"。按徐之才墓誌記其"十五丁員外君憂",徐之才卒於武平三年,春秋六十八,則推知徐雄卒於梁天監十八年,誌文既稱其早卒,仕齊位蘭陵太守云云恐誤。

武定四年，（徐之才）自散騎常侍轉祕書監。文宣作相，普加黜陟。楊愔以其南土之人，不堪典祕書，轉授金紫光祿大夫。（頁493）

　　武平三年徐之才墓誌（集釋343，彙編471）云：“普太初，進散騎常侍、中軍大將軍、金紫光祿大夫。……武定四年，除秘書監。”則普泰初即授金紫光祿大夫。

（徐之才）長子林，字少卿，太尉司馬。次子同卿，太子庶子。（頁496）

　　林　《北史》卷九〇《藝術傳》同。貞觀十一年徐蕢墓誌（山東石刻5-69，唐代續集貞觀018）云：“祖之才，尚書令、西陽郡王。……父林卿，太尉府司馬、西兗州刺史。”疑林卿即徐之才長子林。

王松年傳（卷三五）

（王松年）第三子劭，最知名。（頁521）

　　第三子劭　《北史》卷三五《王慧龍傳》作“第二子劼”。“劭”即“劼”之異體。天統元年王松年妻崔曜華墓誌（磁縣58，集成970）誌尾記“長息邵”。《新唐書》卷七二中《宰相世系表二中》記王松年子“邵字君懋，隋祕書少監”。按《北齊書》卷四五《文苑傳》有“太子舍人王劼”，點校本校勘記云：“諸本‘劼’作‘邵’，據《隋書》卷六九、《北史》卷三五本傳改。”今據墓誌，疑作“邵”，《北齊書》卷四五《文苑傳》底本不誤。

魏收傳（卷三七）

（魏收）曾祖緝，祖韶。父子建，字敬忠，贈儀同、定州刺史。（頁533）

祖韶　點校本校勘記據《魏書》卷一〇四《自序》記收祖名"悦"、卷九二《魏溥妻房氏傳》"緝子悦爲濟陰太守"、卷九一《王椿傳》"椿妻鉅鹿魏悦女"，又有"兄子建""兄子收"等語，云"韶"當作"悦"。今檢興和二年魏收撰其姑魏仲姿墓誌（書法叢刊2019－3）誌尾云："祖緝，趙郡太守。……父悦，濟陰太守。"可補書證。

趙彦深傳（卷三八）

（趙彦深）本名隱，避齊廟諱，改以字行。父奉伯，仕魏位中書舍人、行洛陽令。（頁557）

《金石録》卷二二引《北齊贈司空趙奉碑》云："惟史以謂彦深本名隱，避齊廟諱，故以字行，而碑直書爲'隱'，何哉？"

奉伯　《金石録》卷二二引《北齊贈司空趙奉碑》云"諱奉，字奉伯"，蓋以字行。

（趙彦深）母傅氏，雅有操識。（頁559）

武平七年趙奉伯妻傅華墓誌（文物1985－10，山東石刻5－44，彙編484）記其名華。

（趙）彥深有七子，仲將知名。……然諷朝廷以子叔堅爲中書侍郎，頗招物議。（頁559—560）

　　叔堅　《北史》卷五五《趙彥深傳》同。開皇六年李産之妻盧勝髣墓誌（安豐101，貞石017）誌尾記"女淑儀，適齊内書侍郎趙叔將，即司空公、宜陽王第三子"，即其人。周曉薇、王其禕以趙彥深有子名"仲將"，疑"叔堅"爲"叔將"之誤①。

祖珽傳（卷三九）

（祖）珽弟孝隱。……魏末爲散騎常侍，迎梁使。（頁574）

　　孝隱　武平七年祖賁之墓誌（秦晉豫三81）云："君諱賁之，字孝隱。"蓋以字行。

　　散騎常侍　祖賁之墓誌作"散騎侍郎"。

赫連子悦傳（卷四〇）

赫連子悦，字士欣，勃勃之後也。魏永安初，以軍功爲濟州別駕。（頁586）

　　士欣　武平四年赫連子悦墓誌（集釋344，彙編474）作"士忻"。岑仲勉云"古忻、欣字通"②。

　　濟州別駕　赫連子悦墓誌作"濟州城局參軍"。

────────

① 周曉薇、王其禕：《貞石可憑：新見隋代墓誌銘疏證》，第46頁。
② 岑仲勉：《貞石證史》，《金石論叢》，中華書局，2004年，第91頁。

暴顯傳（卷四一）

（暴顯）祖咺，魏琅邪太守、朔州刺史，因家邊朔。（頁 593）

　　武平元年暴顯父暴誕墓誌（集釋 336，彙編 458）云：“父昶，厲威將軍、雁門太守”，與傳迥異。按暴氏出自邊朔，初恐無漢名，漢名疑發迹後所取，故所記不同。

（暴顯）父誕，魏恒州刺史、左衞將軍，樂安公。（頁 593）

　　暴誕墓誌（集釋 336，彙編 458）記其釋褐强弩將軍，累遷征南將軍、護羌中郎將。武平元年追贈開府儀同三司、尚書左僕射、使持節、都督齊雲二州諸軍事、雲州刺史，謚曰“恭懿公”。誌文所記與傳皆不合，或後有累贈。

盧潛傳（卷四二）

（盧）潛從祖兄懷仁，……歷太尉記室、弘農郡守，不之任，卜居陳留界。所著詩賦銘頌二萬餘言，又撰《中表實録》二十卷。（頁 614—615）

　　弘農郡守　《北史》卷三〇《盧伯源傳》同。太極元年盧敷墓誌（流散三 075）云高祖懷仁“以后舅遷神農郡守”。開元九年盧思順墓誌（流散續 090）、天寶九年盧元福墓誌（彙編洛陽 11—85，唐代續集天寶 032）皆記曾祖懷仁爲神農郡守。按《隋書》卷三一《地理志下》江都郡高郵縣下小注云：“梁析置竹塘、三歸二縣，及置廣業郡，尋以有嘉禾，爲神農郡。開皇初郡廢。”則北齊亦有神農郡。弘農郡爲西魏所據，興和中東魏於汲郡陳城僑置恒農郡以撫流民，郡廢於北齊①。

《中表實録》二十卷　《北史》卷三〇《盧玄傳》同。盧敷墓誌作"《中表實録》卅卷"。

李稚廉傳　羊烈傳（卷四三）

(李稚廉)轉爲世宗驃騎府長史。（頁 631）

驃騎府長史　武平五年李稚廉墓誌（新中國河北壹 28）作"文襄皇帝驃大府長史"。《魏書》卷一二《孝靜紀》："(天平二年十一月)丙寅，詔齊文襄王起家爲散騎常侍、驃騎大將軍、左光禄大夫、儀同三司、太原郡開國公。"按《魏書》卷一一三《官氏志》載《後職令》，驃騎將軍位第二品，小注云"二將軍加大者，位在都督中外之下"。

(李稚廉)以應對失宜，除濟陰郡守，帶西兗州刺史。徵拜太府少卿，尋轉廷尉少卿，遷太尉長史。肅宗即位，兼散騎常侍、省方大使。（頁 632）

帶西兗州刺史　武平五年李稚廉墓誌（新中國河北壹 28）作"濟陰太守、西兗州長史"。《太平寰宇記》卷一三曹州條云："後魏于定陶城置西兗州，後又徙理左城，即今州理是也，仍移濟陰郡理此，郡與州同理。"西兗州時治

濟陰。北朝長史常以首佐之地位帶州治所之郡太守[1]，當以"長史"爲是。

遷太尉長史肅宗即位　李稚廉墓誌云："會孝昭馭宇，留意官人，録舊敘勤，知公久屈，遷太尉長史。"與傳相異。另"廷尉少卿"下宜改爲句號。

羊烈，字信卿，太山鉅平人也。晉太僕卿琇之八世孫，魏梁州刺史祉之弟子。（頁635）

信卿　《北史》卷三九《羊祉傳》同。開皇九年羊烈墓誌（山東石刻5－54，疏證140）作"儒卿"。

八世孫　《魏書》卷八九《酷吏傳》記羊祉爲"晉太僕卿琇之六世孫也"。羊烈墓誌云："晉□露亭侯□，即公之九世祖。"按《晉書》卷九三《外戚傳》記琇封甘露亭侯。

顯祖初爲儀同三司，開府。倉曹參軍事。天保初，授太子步兵校尉、輕車將軍。（頁636）

點校本校勘記云："按'開府'下有脱文，當云：'顯祖初爲儀同三司，開府，〔以烈爲〕倉曹參軍事。'若非脱，則上云'顯祖初'，下又云'天保初'，殊嫌重複。"今檢開皇九年羊烈墓誌（山東石刻5－54，疏證140）云："屬齊文襄皇帝時□□□□□爲秘書郎，更補公府倉曹參軍。俄而魏運數窮，有齊受禪，更遷步兵校尉。"可證羊烈任倉曹參

軍在嬗代前。

武平初，（羊烈）除驃騎將軍、義州刺史，尋以老疾還鄉。周大象中卒。（頁636）

驃騎將軍　開皇九年羊烈墓誌（山東石刻5－54，疏證140）作"驃騎大將軍"。按《魏書》卷一一三《官氏志》載《後職令》，驃騎將軍位第二品，小注云"二將軍加大者，位在都督中外之下"。

大象中卒　羊烈墓誌記其卒於開皇六年二月十六日。

循吏傳（卷四六）

張華原，字國滿，代郡人也。（頁704）

天平四年張滿墓誌（集釋291，彙編355）云："君諱滿，字華原，南陽西鄂人也。"趙萬里考證爲同一人，可從。

酷吏傳（卷四七）

邸珍，字寶安，本中山上曲陽人也。（頁717）

寶安　天平四年邸珍碑（北圖藏拓6－24）作"安寶"。修訂本校勘記指出《北史》卷八七《邸珍傳》、邸珍墓誌作"安寶"。按梁春勝指出邸珍墓誌係僞誌[1]。

---

[1]　梁春勝：《六朝石刻叢考》，第57頁。

（邸珍）後兼尚書右僕射、大行臺，節度諸軍事。（頁718）

  《北史》卷八七《邸珍傳》同。天平四年邸珍碑（北圖藏拓6-24）云："而遷徐州道行臺、行臺右僕射、徐州刺史。"所任蓋徐州道行臺右僕射。

外戚傳（卷四八）

李祖昇，趙國平棘人。（頁736）

  元象元年李憲墓誌（集釋292，彙編359）誌尾記"孫祖昇，字孝舉"，知李祖昇字孝舉。

（李祖昇）弟祖勳。……濟南廢，爲光州刺史。（頁736）

  《北史》卷三三《李順傳》云："濟南廢，還除金紫光禄大夫。大寧中，昭信后有寵於武成，除齊州刺史。贓賄狼籍，坐免官。復起爲光州刺史。"武平七年李祖勳墓誌（北朝藏品48）云："又除侍中，轉金紫光禄大夫。稍遷齊光西兗三州刺史、開府儀同三司、左光禄大夫。"按《北齊書》本卷疑據《高氏小史》補，蓋刪削過甚致有歧義。另據誌文知李祖勳字孝謀。

恩倖傳（卷五〇）

（和安）後爲儀州刺史。（頁756）

  儀州刺史 《北史》卷九二《恩幸傳》同。《文館詞林》卷四五二《征南將軍和安碑銘》云："都督義州諸軍事、本將軍、義州刺史。”按《魏書》卷一〇六上《地形志上》有義州，無儀州。

天保初，世祖封長廣王，辟（和）士開府行參軍。（頁756—757）

《北史》卷九二《恩幸傳》同。武平二年和士開墓誌（安豐129，集成1056）云：“起家司空府行參軍。”按《北齊書》卷七《武成紀》云：“天保初，進爵爲王，拜尚書令，尋兼司徒，遷太尉。”世祖未嘗歷司空，疑和士開非高湛所辟。

復除（和）士開侍中、右僕射。（頁758）

右僕射　《北史》卷九二《恩幸傳》、武平二年和士開墓誌（安豐129，集成1056）作“左僕射。”按《北史》卷九二《和士開傳》上文云：“（天統）四年，再遷尚書右僕射。……又除尚書左僕射，仍兼侍中。”和士開墓誌云“遷尚書右僕射，徙左僕射”。《北齊書》本卷疑出自《高氏小史》之類史鈔，蓋刪削過甚致誤。

（韓鳳）父永興，青州刺史。（頁762）

永興　天統三年韓裔墓誌（文物1975－4，彙編453）云：“君諱裔，字永興。”蓋以字行。

後（韓）寶業、（盧）勒叉、齊紹、（秦）子徵並封王，不過侵暴。（頁764）

武平七年元君妻韓華墓誌（北朝藏品47）記其爲“新寧王寶業之女”。知韓寶業封新寧王。

卷五　周書

文帝紀（卷一/卷二）

（永熙三年八月）太祖乃進軍討（薛）瑾，虜其卒七千，還長安，進位丞相。……魏大統元年春正月己酉，進太祖督中外諸軍事。（頁14、21）

督中外諸軍事　點校本校勘記云："張森楷云'督'上當有'都'字。按《册府元龜》卷六、卷七二、《資治通鑑》卷一五七"督"上並有"都"字，張所疑有據。"今檢《八瓊室金石補正》卷二三《强獨樂文帝廟造像碑》（北圖藏拓8—99）："故武帝拜爲都督中外諸軍事、大丞相。"可補書證。

武帝紀上（卷五）

（保定五年）三月戊子，柱國、楚國公豆盧寧薨。（頁75）

三月戊子　《北史》卷一〇《周本紀下》同。《文苑英華》卷九一九《周柱國楚國公岐州刺史慕容公神道碑》記其卒於三月四日。按三月癸未朔，戊子爲六日，碑、紀相差兩日。

（天和三年八月乙丑）詔軍司馬陸逞、兵部尹公正報聘焉。（頁79—80）

　　陸逞　底本原作"陸程"，點校本校勘記云："諸本都作'逞'。張元濟以爲'程'字誤。云：'見傳二十四。'按卷三二《陸通傳》附弟逞記有使齊事。今逞改。"今檢《文苑英華》卷九〇〇《周太子太保步陸碑》云："公諱逞，字季明，本姓陸，吳郡人也。"建德三年步六孤逞墓誌（考古與文物2024—11）略同，可補書證。

（天和六年）冬十月壬午，冀國公（宇文）通薨。（頁83）

　　十月壬午　《北史》卷一〇《周本紀下》同。《周書》卷一三《宇文通傳》亦記其卒於十月。天和七年宇文通墓誌（新中國陝西肆10）記其卒於天和六年九月十六日。按十月乙亥朔，壬午爲八日。

　　冀國公　底本原作"翼國公"，點校本校勘記據《北史》卷一〇《周本紀下》、《周書》卷一三《宇文通傳》、《資治通鑑》卷一七〇改。今檢宇文通墓誌云"武成元年，封冀國公，食邑万室"，足以定讞。

（建德元年四月己卯）遣工部代公（宇文）達、小禮部辛彥之使於齊。（頁84）

　　代公達　《北史》卷一〇《周本紀下》同。《册府元龜》卷一四二、《資治通鑑》卷一七一作"成公建"。按《册府元龜》《資治通鑑》所見蓋《周書》宋本，當以"成公建"爲是，疑《周書》《北史》涉上文"以代國公達、滕國公逌並爲柱國”而誤。

武帝紀下（卷六）

（建德五年十月癸亥）烏氏公尹昇步騎五千守鼓鍾鎮。
（頁102）

烏氏　底本原作“焉氏”，《資治通鑑》卷一七二作“焉氏”，點校本校勘記據《北史》卷一〇《周本紀下》、《册府元龜》卷一一七改，並云：“《魏書》卷一〇六《地形志》安定郡有烏氏縣，云‘二漢、晉屬（安定）’。則即《漢書·地理志》之‘烏氏’。《漢志》顏師古注‘氏音支’，知‘氏’字誤。《魏書》卷四五《韋閬附梁穎傳》稱梁嵩遵封烏氏縣開國伯，正作‘烏氏’。尹昇所封亦即此縣。”今檢開皇二年尹昇墓誌(新見隋誌2，貞石007)云“勳賞烏氏縣開國公，增邑通前一千三百户”，足以定讞。

（宣政元年）二月甲辰，柱國、大冢宰譙王（宇文）儉薨。
（頁112）

二月甲辰　《北史》卷一〇《周本紀下》同。建德七年宇文儉墓誌(考古與文物2001−3，新中國陝西肆22，疏證106)記其卒於建德七年二月五日。按《周書》卷六《武帝紀下》云建德七年三月壬辰，改元宣政。是年二月己亥朔，甲辰爲六日，誌、紀相差一日。

靜帝紀（卷八）

（大象二年六月）上柱國、畢王（宇文）賢以謀執政，被誅。（頁 140）

　　《北史》卷一〇《周本紀下》同。大象二年宇文賢墓誌（碑林論叢 23）記其卒於大象二年六月十七日。按紀未載宇文賢卒日，此條繫於甲子、己巳之間，甲子爲十日，己巳爲十五日，與誌異。

（大象二年七月壬子）趙王（宇文）招、越王（宇文）盛以謀執政被誅。（頁 141）

　　《北史》卷一〇《周本紀下》同。大象二年宇文盛墓誌（碑林論叢 23）記其卒於大象二年七月二十九日。按七月乙酉朔，壬子爲二十八日，誌、紀相差一日。

（大象二年十一月）丁未，上柱國、郿國公韋孝寬薨。（頁 142）

　　丁未　《北史》卷一〇《周本紀下》同。大象二年韋孝寬墓誌（新中國陝西肆 28，疏證 115）記其卒於大象二年十一月二十七日。按十一月癸未朔，丁未爲二十五日，誌、紀相差兩日。

（大象二年十二月）辛未，代王（宇文）達、滕王（宇文）逌並以謀執政被誅。（頁 143）

　　辛未　《北史》卷一〇《周本紀下》同。大象二年宇文逌墓誌（秦晉豫續 147，新見集釋 53）記其卒於大象二年十二月二十一日。按十二月壬子朔，辛未爲二十日，誌、紀相差一日。

邵惠公顥傳（卷一〇）

魏恭帝元年十二月，(宇文導)薨於上邽，年四十四。（頁165）

　　魏恭帝元年　《文苑英華》卷九四八《周故大將軍趙公墓銘》記導子廣"年十一，孝公薨"。按誌文云宇文廣"大漸之辰，春秋二十有九"，又《周書》卷五《武帝紀上》："(天和五年十一月)丁卯，柱國、酆國公廣薨。"則廣生於大統八年，推知宇文導卒於西魏廢帝元年，與傳異。

(宇文廣)除秦州總管、十三州諸軍事、秦州刺史。（頁166）

　　十三州諸軍事　《北史》卷五七《宇文導傳》同。《文苑英華》卷九四八《周故大將軍趙公墓銘》云："遷都督秦渭等十二州諸軍事、秦州刺史。"

(宇文)翼字乾宜。武成初，封西陽郡公。（頁168）

　　翼　《北史》卷五七《周宗室傳》同。天和三年宇文廙墓誌(珍稀百品8)云："公諱廙，字乾宜。"

　　西陽郡公　《北史》卷五七《周宗室傳》同。宇文廙墓誌作"西陽縣開國公"。按《北周地理志》卷六巴州西陽郡下有西陽縣①。

---

① 王仲犖:《北周地理志》，第524頁。

晉蕩公護傳（卷一一）

叱羅協本名與高祖諱同。（頁 189）

　　建德四年叱羅協墓誌（北周珍貴 31，新中國陝西肆 15，疏證
101）記其字慶和。

（爾朱）兆等軍敗，還并州，令（叱羅）協治肆州刺史。（頁
190）

　　肆州刺史　建德四年叱羅協墓誌（北周珍貴 31，新中國
陝西肆 15，疏證 101）作“北肆州刺史”。

**及河橋戰不利，（叱羅）協隨軍而還。太祖知協不貳，封
冠軍縣男。**（頁 190）

　　冠軍縣男　《北史》卷五七《周宗室傳》同。建德四
年叱羅協墓誌（北周珍貴 31，新中國陝西肆 15，疏證 101）云：“四
年，有河橋之勳，改封冠軍縣開國公。”按墓誌上文記其
“蒙封莎泉縣開國伯”，故云改封。誌、傳所記封爵迥異，
羅新、葉煒推測是史源不同①。

保定二年，追論平蜀功，別封一子縣侯。（頁 192）

　　建德四年叱羅協墓誌（北周珍貴 31，新中國陝西肆 15，疏證
101）云：“後以平蜀之勳，曲蒙賜姓，預班天族。分封別子
金剛爲顯武縣開國侯，邑壹千二百户。”繫別封其子事於

---

①　羅新、葉煒：《新出魏晉南北朝墓誌疏證》（修訂本），第 286 頁。

平蜀後，與傳異。

齊煬王憲傳（卷一二）

建德三年，（宇文憲）進爵爲王。（頁 204）

三年　底本原作“二年”，點校本校勘記據三朝本改，並引《周書》卷五《武帝紀上》：“（建德）三年春正月壬戌，……册柱國齊國公憲、衞國公直、趙國公招、譙國公儉、陳國公純、越國公盛、代國公達、滕國公逌並進爵爲王。”修訂本校勘記補充《北史》卷五八《周室諸王傳》、《册府元龜》卷二六五、《永樂大典》卷八九七八引《周書》書證。《文苑英華》卷八九〇《周上柱國齊王憲神道碑》云：“建德元年，進爵爲王，仍拜大冢宰。”按齊王憲神道碑所記歷官時間，多與《周書》紀、傳不同，蓋史源不同。

（建德）四年，高祖將欲東討，……是歲，初置上柱國官，以（宇文）憲爲之。（頁 205）

四年　《周書》卷六《武帝紀下》：“（建德四年閏月）以柱國齊王憲、蜀國公尉遲迥爲上柱國。”《文苑英華》卷八九〇《周上柱國齊王憲神道碑》云：“五年，拜上柱國。”

（宇文）憲乃遣柱國越王（宇文）盛、大將軍尉遲迥、開府宇文神舉等輕騎一萬夜至晉州。（頁 206）

尉遲迥　點校本校勘記云：“按尉遲迥於建德四年位居上柱國，又沒有參加這次戰爭。‘迥’字定誤。卷四○《尉遲運傳》稱'高祖將伐齊，召運參議，東夏底定，頗有力焉'。卷六《武帝紀》建德五年十二月賞功，尉遲運進封盧國公。又其弟尉遲勤也以大將軍從征，見《武帝紀》建德六年正月。不知是'運'，還是'勤'。"今檢大成元年尉遲運墓誌（北周珍貴 101，新中國陝西肆 26，疏證 112）云："及神麾東舉，席卷平陽。公總虎賁之衆，奮鷹揚之武，及鑾輿捷軫，留爲殿師。旬日之間，僞主遂至。公馳傳還京，面陳兵略。於是戎車再駕，徑赴晉州。"按本卷上文云"時高祖已去晉州，留憲爲後拒"，則尉遲運蓋隸齊王憲麾下，"運""迥"字形相近，疑作"運"。

文閔明武宣諸子傳（卷一三）

文帝十三子。姚夫人生世宗，後宮生宋獻公震，文元皇后生孝閔皇帝，文宣皇后叱奴氏生高祖、衛剌王直，達步干妃生齊王憲，王姬生趙僭王招，後宮生譙孝王儉、陳惑王純、越野王盛、代奰王達、冀康公通、滕聞王逌。（頁 217）

建德七年宇文儉墓誌（考古與文物 2001－3，新中國陝西肆 22，疏證 106）記其爲太祖文皇帝第八子，與傳合。宣政元年獨孤藏墓誌（北周珍貴 89，新中國陝西肆 25，疏證 109）記"高祖孝武皇帝第七弟齊王"、"帝第十弟譙王"，與傳排行皆差二，羅新、葉煒認爲宇文憲前宇文泰有二子因早夭而未列入排行[1]，修訂本《周書》卷一二《齊王憲傳》校勘記

---

[1]　羅新、葉煒：《新出魏晉南北朝墓誌疏證》（修訂本），第 300 頁。

〔一〕從之。今檢天和七年譙國太夫人權白女墓誌(新中國陝西肆12)記宇文儉係“太祖第十子”，似與皇子早夭無關。又大象二年宇文盛墓誌(碑林論叢23)云“太祖文皇帝第十二子也”，天和七年宇文通墓誌(新中國陝西肆10)云“今皇帝第十四弟也”，大象二年宇文逌墓誌(秦晉豫續147，新見集釋53)云“太祖文皇帝之第十五子”，亦皆與傳排行差二。

　　另據天和七年冀國太夫人烏六渾顯玉墓誌(新中國陝西肆11)、譙國太夫人權白女墓誌知宇文通、宇文儉分別由烏六渾顯玉、權白女所生。

　　滕聞王逌　修訂本校勘記引《册府元龜》卷二七○作“滕簡王逌”，《隋書》卷三五《經籍志四》有“後周《滕簡王集》八卷”，並云“簡”係美諡，“聞”爲惡諡，疑曾有改諡。今檢宇文逌墓誌記其諡曰“間”①。按“間”“簡”兩字通，恐未有改諡。

譙孝王(宇文)儉，字侯幼突。(頁220)

　　孝王　《北史》卷五八《周室諸王傳》同。建德七年宇文儉墓誌(考古與文物2001−3，新中國陝西肆22，疏證106)記其諡曰“忠孝”。傳或省稱作孝。

冀康公(宇文)通，字屈率突。(頁221)

　　康公　《北史》卷五八《周室諸王傳》同。天和七年宇文通墓誌(新中國陝西肆10)記其諡曰“恭康”。傳或省稱作康。

----

① 　檢墓誌拓本，誌題作“間”，誌文“諡曰間”，“日”下多刻一横，似亦可釋作“聞”。

屈率突　《北史》卷五八《周室諸王傳》同。宇文通墓誌作"烏比突"，蓋譯音不同。

畢剌王(宇文)賢，字乾陽。（頁 223）

剌　大象二年宇文賢墓誌(碑林論叢 23)記其謚曰"賴"。

賀拔勝傳（卷一四）

魏孝武即位，(賀拔岳)加關中大行臺。（頁 243）

關中大行臺　《北史》卷四九《賀拔允傳》同。《周書》卷一《文帝紀上》云："太昌元年，岳爲關西大行臺。"《八瓊室金石補正》卷二三《强獨樂文帝廟造像碑》云"賀拔仆射爲關西行臺"。

李弼傳　于謹傳（卷一五）

李弼字景和，遼東襄平人也。（頁 259）

遼東襄平人　《北史》卷六〇《李弼傳》作"隴西成紀人"。點校本校勘記據陳寅恪《唐代政治史述論稿》認爲遼東是本貫，隴西是西魏所改。保定五年李弼弟徒何樆墓誌(西市 6，集成 1142)云："河南洛陽人也。本姓李氏，遼東襄平縣人。"建德四年李弼子徒何綸墓誌(文博 2002－2，疏證 100)云："梁城郡泉洪縣人。"開皇五年李弼孫女李麗儀墓誌(考古 2001－2，疏證 130)云："其先趙國人也。寓居於平城之桑乾。"開皇十三年李弼子李椿墓誌(考古與文物

1986－3,新中國陝西肆 36,疏證 152)云"隴西燉煌人"。武德二年李弼曾孫李密墓誌(新中國河南壹 109)記其"隴西成紀人"。從墓誌來看,李弼家族入隋後方附籍關隴。

(李弼)子曜。次子暉,尚太祖女義安長公主,遂以爲嗣。(頁 261)

　　曜　底本原作"耀",《隋書》卷七〇《李密傳》同作"耀",點校本校勘記引《北史》卷六〇《李弼傳》、《文苑英華》卷九四八《唐故邢國公李密墓誌銘》作"曜",疑"曜"是。修訂本校勘記補充開皇五年崔仲方妻李麗儀墓誌(考古 2001－2,疏證 130)亦作"曜",故改作"曜"。今檢大業元年李裕墓誌(文物 2009－7,高陽原 11,貞石 107)云:"父曜,使持節、驃騎大將軍、開府儀同三司、大都督、延州諸軍事、延州刺史。"然貞觀十一年崔仲方墓誌(考古 2001－2,補遺 8－257)誌蓋陰面云"固安公夫人隴西李氏,上柱國太保公耀之女也",知早期既有異文,宜出校不改。

(李綸)歷吏部、内史下大夫。(頁 262)

　　吏部　建德四年徒何綸墓誌(文博 2002－2,疏證 100)作"小吏部"。按墓誌上文云李綸除司門大夫,羅新、葉煒考證當爲正四命司門下大夫[1]。據《通典》卷三九,春官有小内史下大夫,夏官有小吏部下大夫,皆正四命,即李綸所歷,傳或省"小"字。

_____

[1]　羅新、葉煒:《新出魏晉南北朝墓誌疏證》(修訂本),第 281 頁。

(李檦)又從(李)弼討稽胡,檦功居多,除幽州刺史。（頁263）

　　幽州　點校本校勘記云:"按幽州是東魏地,西魏不聞僑置。這是實授刺史,不像封爵或贈官可以空名遥授,疑爲'豳州'之訛。"今檢保定五年徒何檦墓誌（西市6）作"豳州刺史",足以定讞。

四年,(李檦)卒於鎮。贈恒朔等五州刺史。（頁263）

　　四年　點校本校勘記引張森楷云:"此不知是何四年,若蒙上'武成初',則止二年,無四年也。《北史》無文,今亦闕疑。"按保定五年徒何檦墓誌（西市6）云:"以保定四年閏十二月十九日遘疾薨於延州,春秋年六十一。乃詔贈□□恒朔并肆燕五州諸軍事,恒州刺史,謚曰壯公。"知"四年"上脱"保定"二字。

大象末,(李椿)開府儀同大將軍、右宮伯,改封河東郡公。（頁263）

　　大象末　開皇十三年李椿墓誌（考古與文物1986-3,新中國陝西肆36,疏證152）云:"宣政元年,序勳,特封河東郡開國公,邑貳遷戶。"傳云"大象末"不確。

六官建,(于謹)拜大司徒。（頁268）

　　大司徒　點校本校勘記引張森楷云"帝紀作'大司寇'。李弼爲大司徒,紀傳文同,則謹不得爲司徒也。《北史》正是'寇'字",並補充《册府元龜》卷三〇九書證。

今檢《藝文類聚》卷四六引《太傅燕文公于謹碑銘》亦作"大司寇"。

（于）義弟禮，上大將軍、趙州刺史、安平郡公。（頁272）

　　禮　《北史》卷二三《于栗磾傳》同。開皇九年于儀墓誌（珍稀百品11，貞石048）云："公諱儀，字子禮"，即其人。"禮"或字"子禮"之雙名省稱。另誌文記于禮諡曰"平"。

　　上大將軍　于儀墓誌作"大將軍"。

（于）禮弟智，……尋拜柱國、涼州總管、大司空。（頁272）

　　涼州總管　開皇二年于智墓誌（關中民俗3）云："宣政元年，超授公柱國、齊國公，邑五千戶。……其年策授梁渠興巴通集洋七州、白馬萬榮木門玉鎮儻城落叢聚頭臨江四戍等諸軍事、梁州總管。"疑"梁州"是。另墓誌記于智諡曰"景"。

（于）智弟紹，上開府、綏州刺史、華陽郡公。（頁272）

　　上開府　于君墓誌（新中國陝西壹33，隋考515）誌蓋題"大隋使持節上儀同華陽公于史君墓誌"，疑即于紹墓誌蓋。"上開府"與"上儀同"未知孰是。

趙貴傳　獨孤信傳（卷一六）

趙貴字元貴。（頁285）

　　元貴　點校本校勘記指出："殿本考證云'《北史》作

元寶。’”按《册府元龜》卷三〇九亦作“元貴”，今檢開皇十九年乙弗明墓誌(新見隋誌 19，貞石 086)云其本姓趙，“祖元貴，柱國，楚國公”，即趙貴。《北史》誤，原校勘記當删。

（獨孤信）祖俟尼，和平中，以良家子自雲中鎮武川，因家焉。父庫者，爲領民酋長。（頁 287）

　　俟尼　周閔帝元年獨孤信墓誌(北圖藏拓 8－98，彙編 488)云“祖初豆伐”，獨孤信子獨孤藏墓誌(北周珍貴 89，新中國陝西肆 25，疏證 109)云“祖俟尼伐”。羅新、葉煒指出獨孤藏墓誌誤曾祖爲祖父①，蓋譯音不同。

於是追贈（獨孤）信父庫者司空公，追封信母費連氏常山郡君。（頁 290）

　　常山郡君　周閔帝元年獨孤信墓誌(北圖藏拓 8－98，彙編 488)作“長樂郡君”。

逼（獨孤信）令自盡於家。時年五十五。（頁 291）

　　五十五　《北史》卷六一《獨孤信傳》同。周閔帝元年獨孤信墓誌(北圖藏拓 8－98，彙編 488)作“五十四”。

大象元年，（獨孤羅）除楚安郡守，授儀同大將軍。（頁 291）

　　開皇二十年獨孤羅墓誌(考古學報 1959－3，隋考 176，疏證

_____

① 　羅新、葉煒：《新出魏晉南北朝墓誌疏證》(修訂本)，第 313 頁。

168)云："大象元年，授楚安郡守，……大象二年秋八月，除儀同大將軍。"

劉亮傳（卷一七）

（劉亮）父持真，鎮遠將軍、領民酋長。魏大統中，以亮著勳，追贈車騎大將軍、儀同三司、恒州刺史。（頁308）

持真　點校本校勘記指出《北史》卷六五《劉亮傳》作"特真"。今檢開皇十年夏侯君妻劉令華墓誌（隋代墓誌精粹7-16）云："使持節、車騎大將軍、儀同三司、恒夏康諸軍事、恒州使君持芝之孫。"即其人。

豆盧寧傳（卷一九）

武成初，以（豆盧）寧著勳，（豆盧長）追贈柱國大將軍、少保、涪陵郡公。（頁335）

少保　《北史》卷六八《豆盧寧傳》同。點校本校勘記指出《文苑英華》卷九一九《周柱國楚國公岐州刺史慕容公神道碑》作"少師"。修訂本校勘記引永徽元年豆盧寬碑（昭陵19）作"少保"。今檢大業九年豆盧賢墓誌（考古與文物2022-1）記曾祖豆盧長贈少保。按豆盧寧神道碑與本傳差異頗多，當非同源。

魏恭帝二年，（豆盧寧）改封武陽郡公，遷尚書右僕射。（頁336）

　　恭帝二年　《北史》卷六八《豆盧寧傳》同。按《文苑英華》卷九一九《周柱國楚國公岐州刺史慕容公神道碑》云："(恭帝)三年，改封武陽郡開國公"。

　　尚書右僕射　《北史》卷六八《豆盧寧傳》同。大業九年豆盧賢墓誌(考古與文物 2022–1)云："祖寧，周柱國、大司寇、尚書左僕射"。

武成初，(豆盧寧)出爲同州刺史。（頁 336）

　　武成初　《北史》卷六八《豆盧寧傳》同。按《文苑英華》卷九一九《周柱國楚國公岐州刺史慕容公神道碑》繫其事於明帝二年。

(豆盧)永恩少有識度，爲時輩所稱。（頁 336）

　　永恩　天和元年豆盧恩碑(咸陽碑石 9)云："君諱恩，字永恩。"①蓋以字行。

大統八年，(豆盧永恩)除直寢、右親信都督，尋轉都督，加通直散騎常侍。（頁 336）

　　都督　天和元年豆盧恩碑(咸陽碑石 9)作"大都督"。

武成元年，(豆盧永恩)遷都督利沙文三州諸軍事、利州刺史。（頁 337）

---

① 《文苑英華》卷九二五《周隴右總管長史贈太子少保豆盧公神道碑》云："君諱永恩，字某。"

利沙文　《文苑英華》卷九二五《周隴右總管長史贈太子少保豆盧公神道碑》作“利涉汶”，天和元年豆盧寬神道碑（昭陵19）記其祖永恩“周鄯利沙文四州刺史”。按時無涉州，王仲犖引《周書》卷三三《趙剛傳》“出爲利州總管、利沙方渠四州諸軍事”，疑“文州”爲“方州”之訛①。

王盟傳　賀蘭祥傳（卷二〇）

王盟字子仵，明德皇后之兄也。（頁365）

字子仵　點校本校勘記指出《北史》卷六一《王盟傳》作“字仵”。今檢開皇十七年平梁公妻王氏墓誌（秦晉豫續159，貞石075）云：“祖仵明，柱國、太尉公，即周太祖文皇帝之舅氏。”梁春勝據《周書》卷一〇《邵惠公顥傳》云“德皇帝娶樂浪王氏，是爲德皇后”，考王盟字“仵明”，“明”字當屬上，“子”爲衍文，《北史》卷六一《王盟傳》標點亦當改作“王盟字仵明，德皇后之兄也”②。

六世祖（王）波，前燕太宰。（頁365）

前燕太宰　永平元年王琕奴墓誌（洛陽續編3）云：“高祖波，燕侍中、尚書左僕射、儀同三司、武邑公。”正光四年王基墓誌（集釋235，彙編197）云：“六世祖波，燕儀同三司、武邑公。”永平二年元願平妻王氏墓誌（集釋157，彙編96）

---

①　王仲犖：《北周地理志》，第308—309頁。
②　梁春勝：《六朝石刻叢考》，第124頁。

云：“燕儀同三司、武邑公波之六世孫。”

（賀蘭祥）遷右衛將軍，加持節、征虜將軍。（頁 368）

保定二年賀蘭祥墓誌（新中國陝西壹 28，疏證 94）云：“魏
文帝登位，進爵爲侯，除征虜將軍，主衣都統，尋遷領左
右，進爵爲公。大統三年，拜武衛將軍，仍遷右衛將軍。”
按《魏書》卷一一三《官氏志》載《後職令》，右衛將軍位第
三品，征虜將軍從三品，疑傳有倒誤。

周惠達傳　楊寬傳　柳慶傳（卷二二）

**（周惠達）子題嗣。隋開皇初，以惠達著績前代，追封蕭
國公。**（頁 399）

題　《北史》卷六三《周惠達傳》同。宇文題墓已經
發現，記其名“騩”①，“題”係“騩”之形訛。

**太祖平侯莫陳悅，除（馮）景洛陽郡守，尋兼行臺左丞，留
守原州。**（頁 400）

洛陽郡守　點校本校勘記引張森楷云：“‘洛’疑當
作‘略’，以略陽是隴右地，而洛陽非宇文泰此時所有。”
今檢大統十年馮景之墓誌（陝博 005）記其“又以本將軍爲
略陽太守”，足以定讞。②按誌文云：“先單名，爲侍中，奏

---

① 李明等：《咸陽洪瀆原　半部隋唐史——陝西咸陽發現中古時期系列家族墓園》，
《中國文物報》2021 年 12 月 17 日第 8 版。

② 梁春勝：《六朝石刻叢考》，第 123 頁。

事主上，欲後子孫易諱，敕加之字。”

　　行臺左丞　馮景之墓誌作“行臺右丞”。

（馮景）遷散騎常侍、行臺尚書，加瀛州刺史。大統初，行涇州事。後以疾卒。（頁 400）

　　大統十年馮景之墓誌（陝博 005）云：“今上啓聖，除使持節、都督、衛將軍、瀛州刺史。東途尚梗，又以本官行涇州刺史事。”景之實未之任瀛洲。又墓誌記馮景之涇州任後，歷遷驃騎大將軍，兼給事黃門侍郎，除侍中，兼度支尚書，大統十年三月六日薨于長安城內永貴里，傳因删節過甚，致有歧義。

（楊寬）祖恩，魏鎮遠將軍、河間內史。（頁 400）

　　鎮遠將軍　永平二年楊恩墓誌（秦晉豫 14，新見集釋 5）作“寧遠將軍”。按《魏書》卷一一三《官氏志》載《後職令》，鎮遠將軍位第四品下階，寧遠將軍位第五品上階。

　　河間內史　點校本校勘記云：“《北史》本傳‘內史’作‘太守’。按郡稱太守，王國稱內史。今不知恩任職在何時，河間爲郡爲國無可考。”修訂本校勘記補充《魏書》卷五八《楊播傳》、《新唐書》卷七一下《宰相世系表一下》書證，今檢楊恩墓誌作“河澗太守”。

（楊鈞）歷洛陽令、左中郎將、華州大中正、河南尹、廷尉卿、安北將軍、七兵尚書、北道大行臺、恒州刺史、懷朔鎮將，卒於鎮。（頁 400）

廷尉卿　　建義元年楊鈞墓誌(秦晉豫續 70，補遺千唐 440)
作“廷尉少卿”。按誌文後云“復以本號除廷尉正卿”，
《魏書》卷一一一《刑罰志》有永平三年廷尉少卿楊鈞議，
當以“少卿”爲是。

孝武西遷，(楊儉)除侍中、驃騎將軍。（頁 404）

驃騎將軍　　大統八年楊儉墓誌(秦晉豫三 77，補遺千唐
442)作“驃騎大將軍”。按《魏書》卷一一三《官氏志》載
《後職令》，驃騎將軍位第二品，小注云“二將軍加大者，
位在都督中外之下”。

(楊儉)贈本官，諡曰靜。（頁 404）

諡曰靜　　《北史》卷四一《楊敷傳》同。大統八年楊
儉墓誌(秦晉豫三 77，補遺千唐 442)云“册諡曰安侯”，楊儉諸
子開皇十一年楊朏(秦晉豫 74，疏證 144)、仁壽元年楊昪(隋考
203)、開皇十一年楊緦(隋考 110)、大業三年楊文端墓誌(秦
晉豫續 169)皆記楊儉諡曰“莊公”，或有改諡。

(柳慶)祖緝。（頁 405）

緝　　《北史》卷六四《柳虯傳》作“緝”。點校本校勘
記云“‘緝’‘緝’不知孰是”。修訂本校勘記引魏恭帝二
年乙弗虯墓誌(即柳虯，考古與文物 2020−1)記其祖名“緝”，指
出“緝”爲“緝”之誤。按天和二年柳慶墓誌(文獻 2023−1)
已出土，亦記祖名“緝”。又大統二年趙超宗妻王氏墓誌
(碑林新藏 007)誌尾記次子仲懿娶河東柳氏，“祖緝，宋龍驤

將軍、義陽内史”；長女適河東柳師義，“父緝，宋龍驤將軍、義陽内史”。可補書證。

（大統）十三年，（柳慶）封清河縣男，邑二百户，兼尚書右丞，攝計部。十四年，正右丞。……十六年，太祖東討，以慶爲大行臺右丞，加撫軍將軍。還轉尚書右丞。（頁 407—408）

十三年　天和二年柳慶墓誌(文獻 2023-1)作“十二年”。

還轉尚書右丞　點校本校勘記云：“《北史》本傳作‘除尚書左丞攝計部’。按下文又云：‘十六年，太祖東討，以慶爲大行臺右丞，加撫軍將軍。還轉尚書右丞。’而卷四六《孝義柳檜傳》云‘弟慶爲尚書左丞’，正是大統十六、七年事，‘左’‘右’也不同。”今檢柳慶墓誌云：“十三年，除尚書右丞。……十六年，太祖董帥東行，以公爲大□臺右丞，轉尚書左丞。”知最後一“右丞”當作“左丞”。

魏恭帝初，（柳慶）進位驃騎大將軍、開府儀同三司、尚書右僕射，轉左僕射，領著作。六官建，拜司會中大夫。（頁 408）

天和二年柳慶墓誌(文獻 2023-1)云：“魏恭帝元年，除驃騎□將軍、開府儀同三司。尋除尚書右僕射。二年，將行六官，除司會。俄轉尚書左僕射、領大著作，□爵爲伯。”誌云“轉左僕射，領著作”在“拜司會中大夫”之後。

（柳）鷟好學，善屬文。魏臨淮王記室參軍事。早卒。（頁 410）

　　《北史》卷六四《柳虬傳》云其"卒於魏臨淮王記室參軍事"。建德六年柳鸑墓誌(秦晉豫續143，集成1215)記其字元翔，云自魏臨淮王記室參軍事轉豫州長史、帳內都督，太昌元年六月薨於豫州之官舍，春秋三十六，"早卒"云云不確。

天和二年，(柳帶韋)封康城縣男。（頁411）

　　天和二年　底本原作"六年"，點校本校勘記據《北史》卷六四《柳虬傳》改。今檢天和三年柳鸑妻王令嬡墓誌(秦晉豫續130，新見集釋46)誌尾記云："長子帶韋，使持節、車騎大將軍、儀同三司、兵部、康城男。"王令嬡葬於天和三年十月，知封康城縣男必在此前。

陳王(宇文)純出并州，以(柳)帶韋爲并州司會、并州總管府長史。（頁411）

　　《北史》卷六四《柳虬傳》略同。建德六年柳帶韋墓誌(文博2020-5)云："車駕凱旋，留公爲并州長史。晉陽別建一府，便爲司會。"按《周書》卷六《武帝紀下》："(建德五年十二月癸酉)以上柱國、陳王純爲并州總管。……(六年二月)相、并二總管各置宮及六府官。"知柳帶韋先爲長史，再轉司會。

盧辯傳（卷二四）

鎮遠、建忠等將軍，諫議、誠議等大夫。（頁443）

誠議　《北史》卷三〇《盧同傳》同。點校本校勘記指出《通典》《通志》作"諮議"，修訂本校勘記引《册府元龜》卷五二三"後周地官府有保氏大夫，掌規諫，又有諫議、誠議等大夫"，並據王仲犖《北周六典》，以爲"誠議"是。今檢開皇三年寇遵考墓誌（集釋363，隋考018）云"俄而加建節將軍、誠議"，梁春勝指出誠議即誠議大夫之省稱①。保定元年一百三十人等造像記（考古與文物1985-4，甘肅佛教石刻造像156）有"南面邑主建中將軍、誠義、別將郭永"，或亦指誠議大夫。原校勘記可删。

李賢傳（卷二五）

天和四年三月，（李賢）卒於京師，時年六十八。（頁456）

時年六十八　天和四年李賢墓誌（文物1985-11，彙編492）作"時年六十有六"。

長孫儉傳　長孫紹遠傳（卷二六）

（長孫儉）追封鄃公。荆民儀同趙超等七百人。（頁469）

鄃公　點校本校勘記指出《北史》卷二二《長孫嵩傳》作"鄃國公"，並云《文苑英華》卷九〇五《周柱國大將軍拓拔儉神道碑》作"鄃國公"。修訂本校勘記補充顯慶三年李立言妻長孫弄珪墓誌（彙編陝西3-46，唐代續集顯慶

---

① 梁春勝：《六朝石刻叢考》，第123頁。

028)作"酇國公"，《新唐書》卷七二上《宰相世系表二上》作"鄖國公"，云"未知孰是"。今檢開皇三年長孫儉子長孫璿墓誌（新見隋誌 3，貞石 009）、開皇十二年長孫儉孫長孫懿墓誌（新見隋誌 13，貞石 056）皆作"酇國公"，其中長孫懿即襲封酇國公者，傳當以"酇公"爲正，原校勘記可删。另神道碑記其謚曰"文"。

　　七百人　《北史》卷二二《長孫嵩傳》、《文苑英華》卷九〇五《周柱國大將軍拓拔儉神道碑》作"六百九十七人"。傳蓋舉其成數。

（長孫）兕字若汗，性機辯，彊記博聞。（頁 472）

　　若汗　天和元年拔拔兕墓誌（即長孫兕，新見集釋 45）記其字義貞，疑"若汗"爲其鮮卑名。

辛威傳　田弘傳　宇文測傳（卷二七）

（大統）十三年，（辛威）遷車騎大將軍、儀同三司，驃騎大將軍、開府儀同三司，賜姓普屯氏，出爲郿州刺史。（頁 489）

　　《文苑英華》卷九一一《周上柱國宿國公河州都督普屯威神道碑銘》云："十六年，授郿州諸軍事、郿州刺史。""出爲郿州刺史"上宜改爲句號。

宣政元年，（辛威）進位上柱國。大象二年，進封宿國公，增邑并前五千户，復爲少傅。（頁 490）

　　五千户　《文苑英華》卷九一一《周上柱國宿國公河

州都督普屯威神道碑銘》云：“宣政元年，授上柱國，更加少傅。……改封宿國公，食邑并前五千五百户。”誌、傳記封户數及加少傅時間不同。

爾朱天光入關，（田）弘自原州歸順，授都督。（頁491）

　　都督　建德四年田弘墓誌(北周田弘墓116，疏證102)同。《文苑英華》卷九〇五《周柱國大將軍紇干弘神道碑》作“子都督”。

孝閔帝踐阼，（田弘）進爵鴈門郡公，邑通前二千七百户。（頁492）

　　邑通前二千七百户　《文苑英華》卷九〇五《周柱國大將軍紇干弘神道碑》同。建德四年田弘墓誌(北周田弘墓116，疏證102)作“食邑通前三千七百户”。按墓誌下文云：“拜大將軍，增邑千户。……論龍涸之功，增封千户，并前合六千户。”

保定元年，（田弘）出爲岷州刺史。（頁492）

　　保定元年　《北史》卷六五《田弘傳》、《文苑英華》卷九〇五《周柱國大將軍紇干弘神道碑》同。建德四年田弘墓誌(北周田弘墓116，疏證102)作“保定三年”，與傳異。

（建德）三年，（田弘）出爲總管襄郢昌豐唐蔡六州諸軍事、襄州刺史。薨于州。（頁492）

　　三年　《文苑英華》卷九〇五《周柱國大將軍紇干弘

神道碑》同。建德四年田弘墓誌(北周田弘墓116,疏證102)記其於建德四年正月三日薨於州鎮。另墓誌記田弘謚曰"襄"。

宇文測字澄鏡。（頁496）

澄鏡 魏恭帝三年宇文測墓誌(西市2)記其字烏甘頭，或即其鮮卑名。

(宇文測)尚宣武女陽平公主，拜駙馬都尉。（頁496）

《北史》卷五七《周宗室傳》同。魏恭帝三年宇文測墓誌(西市2)誌尾云："夫人河南拓拔氏，陽平縣主。父匡，侍中，司空公，東平王。"誌、傳迥異，蓋史源不同。

(宇文測)使還，封廣川縣伯，邑五百户。尋從孝武西遷，進爵爲公。（頁496）

進爵爲公 《北史》卷五七《周宗室傳》同。魏恭帝魏三年宇文測墓誌(西市2)誌題作"魏故使持節驃騎大將軍開府儀同三司綏州刺史廣川靖伯宇文測墓"。似未嘗晉爵爲公。

大統四年，(宇文測)拜侍中、長史。……八年，加金紫光禄大夫，轉行綏州事。……十年，徵拜太子少保。十二年十月，卒於位，時年五十八。（頁496—497）

魏恭帝三年宇文測墓誌(西市2)云："春秋五十有四，三年冬十月八日庚戌薨於位，贈以本官。"按誌文未記年號，當指西魏恭帝三年。又云宇文測卒於綏州刺史任上，未歷太子少保，誌、傳記載遷轉時間亦迥異，或史源不同，俟考。

（宇文測）子該嗣。（頁 497）

該 魏恭帝三年宇文測墓誌（西市 2）誌尾記"世子什伏伐"，或爲宇文該之鮮卑名。

史寧傳　陸騰傳（卷二八）

（史寧）出爲荆襄淅郢等五十二州及江陵鎮防諸軍事、荆州刺史。（頁 512）

五十二州 《北史》卷六一《史寧傳》同。開皇六年韋壽妻史世貴墓誌（新中國陝西肆 30，貞石 016）記其爲"使持節、柱國大將軍、東南道□十六州諸軍事、荆州總管、荆州刺史、安政烈公史寧之第□女也"。仁壽三年史崇基墓誌（秦晉豫續 165，貞石 103）云："祖寧，柱國、使持節、荆襄等五十四州總管、安政郡開國公。"

（陸）玄弟融，字士傾，最知名，少歷顯職。大象中，位至大將軍、定陵縣公。（頁 517）

士傾 《北史》卷二八《陸俟傳》同。開皇八年陸融墓誌（新見隋誌 5，貞石 028）作"士光"。

定陵縣公 《北史》卷二八《陸俟傳》同。陸融墓誌云："建德五年，……封平昌縣開國公。……大隋建極，

圖勞命賞，除大將軍、定陵郡開國公。”按《隋書》卷三〇
《地理志中》潁川郡北舞縣注云“舊置定陵郡，開皇初
廢”。當以誌爲是。

王傑傳　王勇傳　宇文盛傳　耿豪傳
李和傳　楊紹傳　侯植傳（卷二九）

（王傑）子孝僊。（頁 536）

孝僊　點校本校勘記指出《北史》卷六六《王傑傳》
作“孝遷”。《金石萃編》卷三八《龍藏寺碑》云：“太師、上
柱國、大威公之世子，使持節、□武衛將□、□開府儀同
三司、恒州諸軍事、恒州刺史、鄂國公、金城王孝僊。”錢
大昕《潛研堂金石文跋尾續》卷三考證孝僊即王傑子孝
僊。“僊”即“僊”之異體。蓋《北史》誤，原校勘記當刪。

（王勇）子昌嗣，官至大將軍。（頁 538）

昌　《北史》卷六六《王勇傳》同。廢帝元年宇文瑞
墓誌（秦晉豫三 82）誌尾記“第四女適開府儀同三司、雝州刺
史庫汗勇世子子昌。”知其名“子昌”。

（宇文盛）子述嗣。大象末，上柱國、濮陽公。（頁 539）

濮陽公　武德八年宇文述墓誌（秦晉豫續 186）云：“（建
德）三年改授宮伯。……功授大將軍、濮陽郡公。……
大象二年，……授上柱國、褒國公。”《隋書》卷六一《宇文
述傳》略同，則大象末宇文述封褒國公。

（耿豪）曾祖超，率衆歸魏，遂家於神武川。（頁540）

神武川　點校本校勘記指出《北史》卷六六《耿豪傳》作“武川”。今檢開皇十年耿豪子耿雄墓誌（西市14，貞石049）記其爲“神武尖山人”，蓋《北史》誤，原校勘記當删。

（耿豪）封平原縣子，邑三百户。……進爵爲公。（頁540）

平原　《北史》卷六六《耿豪傳》同。開皇十年耿豪子耿雄墓誌（西市14，貞石049）云：“父豪，……原平縣開國公。”

李和木名慶和，……父僧養。（頁543）

慶和　開皇二年李和墓誌（文物1966－1，新中國陝西貳7，疏證119）云：“公諱和，字慶穆”。

僧養　開皇二年李和墓誌（文物1966－1，新中國陝西貳7，疏證119）云“父辯”，武德八年李譽墓誌（秦晉豫續191）、貞觀十四年李寂墓誌（陝考新藏18）皆記曾祖名僧養。疑其名辯，字僧養，蓋以字行。

（李和）稍遷征北將軍、金紫光禄大夫，賜爵思陽公。尋除漢陽郡守。治存寬簡，百姓稱之。至大統初，加車騎將軍、左光禄大夫、都督。（頁544）

賜爵思陽公　開皇二年李和墓誌（文物1966－1，新中國陝西貳7，疏證119）云：“值天子西移，……封新陽縣開國伯，五百户。復爲持節、安北將軍、帳内大都督。……河橋沙苑，功最居多。進爵爲公，增邑五百，出爲漢陽太守。”

羅新、葉煒因時無思陽縣，疑"新陽"爲是[1]，修訂本校勘記承其說。今檢貞觀十四年李寂墓誌（陝考新藏 18）記祖和爲"思陽縣開國公"，知本傳不誤。

　　征北將軍　李和墓誌作"安北將軍"。又墓誌記李和除漢陽郡守在沙苑戰後，而非大統之前。按李和墓誌與本傳差異頗多，當非同源。

(李和)改封永豐縣公，邑一千户。保定二年，除司憲中大夫，進爵義城郡公。尋又改封德廣郡公，出爲洛州刺史。（頁 544）

　　開皇二年李和墓誌（文物 1966－1，新中國陝西貳 7，疏證119）云："周元年，增邑一千，從班例也。改封闡熙郡公，還爲司憲中大夫。……改封義城郡公，除洛州諸軍事、洛州刺史。……又改爲德廣郡公。"按誌文未記李和封永豐縣公，而云封闡熙郡公，又記改封德廣郡公在出爲洛州刺史後。又貞觀十四年李寂墓誌（陝考新藏 18）記其祖李和先後封思陽縣開國公、闡熙郡公、城陽郡公，並繫封城陽郡公於除司憲後、授洛州刺史前。按《隋書》卷五四《李徹傳》云："改封德廣郡公。尋徙封城陽郡公。"則城陽郡公係李徹封爵，故爲李寂承襲，李和未必曾封城陽郡公。

天和三年，(李和)進位大將軍，拜延綏丹三州武安伏夷

---

①　羅新、葉煒：《新出魏晉南北朝墓誌疏證》（修訂本），第 349 頁。

安民三防諸軍事、延州刺史。……建德元年，改授延綏銀三州文安伏夷安民周昌梁和五防諸軍事。（頁544）

　　開皇二年李和墓誌（文物1966-1，新中國陜西貳7，疏證119）云：“出爲延綏丹銀四州、大寧、安民、姚襄、招遠、平獨、朔方、武安、金明、洛陽、原啓淪十防諸軍事、延州刺史。”羅新、葉煒指出墓誌似將天和三年與建德元年的兩次任命合爲一説①。

(李和)謚曰肅。子徹嗣。（頁544）

　　肅　《北史》卷六八《李和傳》、開皇二年李和墓誌（文物1966-1，新中國陜西貳7，疏證119）同，武德八年李譽墓誌（秦晉豫續191）、貞觀十四年李寂墓誌（陜考新藏18）記李和謚曰“肅文”。

楊紹字子安。（頁546）

　　子安　建德元年楊紹墓誌（秦晉豫續138，集成1184）記其字僧保，或一人兩字。

(楊紹)祖興，魏新平郡守。父國，中散大夫。（頁546）

　　《北史》卷六八《楊紹傳》同。點校本校勘記指出《文館詞林》卷四五二《後周大將軍楊紹碑銘》云：“祖國，鎮西將軍。父定，新興太守。”修訂本校勘記補充《求古録》載《大周無上孝明高皇后碑銘》記其曾祖名定，“歷新興、

────────────

① 　羅新、葉煒：《新出魏晉南北朝墓誌疏證》（修訂本），第351頁。

太原二郡太守”。按《新唐書》卷七一下《宰相世系表一下》世系亦爲楊國、楊定、楊紹之序，今檢建德元年楊紹墓誌(秦晉豫續 138，集成 1184)云：“祖興，仕魏，官至安西將軍、金紫光禄，封進昌侯、新興郡守。父國，終於中散大夫、征虜將軍、司州刺史。”大業九年楊紹子楊雄墓誌(墨香閣 241)云：“祖國，魏金紫光禄大夫、新興太原二郡守、穆公。”兩方墓誌與《周書》合，知兩種記載各有所本。

普泰初，(楊紹)封平鄉男，邑一百户。(頁 546)

平鄉男　修訂本校勘記指出《北史》卷六八《楊紹傳》作“平鄉縣男”。建德元年楊紹墓誌(秦晉豫續 138，集成 1184)作“元平鄉男”。

(楊紹)進爵冠軍縣伯，邑百户。大統元年，進爵爲公，增邑六百户。⋯⋯四年，出爲郿城郡守。⋯⋯加帥都督、驃騎、常侍、朔州大中正。十三年，録前後功，增邑通前二千二百户，除燕州刺史。(頁 546—547)

邑百户　點校本校勘記引《文館詞林》卷四五二《後周大將軍楊紹碑銘》云：“《楊紹碑》先云‘封饒陽縣開國伯，邑三百户’，在授征西將軍之前。又云‘尋封荆州冠軍縣開國公，邑五百户’。按傳先已封平鄉男一百户，進封爲伯，應增食邑，‘百户’當作‘三百户’。據傳楊紹以‘冠軍縣伯’進爵爲公，據碑則以‘饒陽縣伯’進封‘冠軍縣公’，食邑也有不同。”今檢建德元年楊紹墓誌(秦晉豫續 138，集成 1184)云：“又以軍功，改封冠軍縣開國伯，食邑五百户。大统初，除通直散骑常侍，進爵爲公，增邑五百，通前一千一百户。"本傳"百户"疑爲"五百户"之誤。按《後周大將軍楊紹碑銘》蓋楊雄入隋貴盛後，由薛道衡所撰，所述與《周書》本傳頗有出入，楊紹墓誌與傳同源。

驃騎　點校本校勘記引張森楷云："'驃'當作'散'，否則'驃騎'下省將軍二字，尚可正名，若省'散騎'二字，則不知是何常侍矣。"今檢建德元年楊紹墓誌（秦晉豫續138，集成1184）云："頃之，轉驃騎大將軍、左光禄，增邑八百户。除敷城郡守、朔州大中正。"《北史》卷六八《楊紹傳》亦云"累遷驃騎大將軍、開府儀同三司、鄜州刺史"，"驃騎"不誤，原校勘記可删。

增邑六百户　楊紹墓誌云："大統初，除通直散騎常侍，進爵爲公，增邑五百，通前一千一百户。……轉驃騎大將軍、左光禄，增邑八百户。……遷使持節、燕州諸軍事、燕州刺史，加儀同三司，增邑二百户。"按增邑六百户，楊紹墓誌作"五百户"，故通前有百户之差。

孝閔帝踐阼，（楊紹）進位大將軍。保定二年，卒，贈成文等八州刺史。（頁547）

孝閔帝踐阼　點校本校勘記指出《文館詞林》卷四五二《後周大將軍楊紹碑銘》云："天和元年，進位大將軍"。今檢建德元年楊紹墓誌（秦晉豫續138，集成1184）云："天和五年，進位大將軍、大都督、豳州諸軍事、豳州刺史。"

八州刺史　《北史》卷六八《楊紹傳》未記去世時間，餘同。點校本校勘記引《文館詞林》卷四五二《後周大將軍楊紹碑銘》云：“《楊紹碑》稱‘以周建德元年卒於豳州，贈成、文、鄧、扶、洮五州諸軍事，成州刺史’，按卒年自當以碑爲正。贈官州數不同，《隋書》卷四三《觀德王雄傳》稱紹‘仕周歷八州刺史’，當是合燕、敷、豳三州及贈官之五州。疑《周書》誤。”今檢建德元年楊紹墓誌云：“以建德元年六月廿九日薨于州所，春秋七十有五。……贈成文扶鄧兆五州諸軍事、成州刺史。”可補書證。

侯植字仁幹，上谷人也。（頁 551）

　　保定四年賀屯植墓誌（即侯植，集釋 350，彙編 489）記其字永顯，或一人二字。

竇熾傳　于翼傳（卷三○）

武德元年，（竇毅）詔贈司空、穆總管荆郢硤夔復沔岳沅澧鄂十州諸軍事、荆州刺史，封杞國公。并追贈（竇）賢金遷房直均五州諸軍事、金州刺史，襲杞國公。（頁 568—569）

　　荊郢硤夔復沔岳沅澧鄂　乾封二年竇德藏墓誌（咸陽碑刻 25，補遺 8—273）記曾祖毅贈“荊郢硤都基復沔岳沅澧”十州，與傳稍異。

　　金遷房直均　竇德藏墓誌記祖竇拓賢贈“金遷房直洵”五州。

（李穆）尋進位大將軍，賜姓拓拔氏。（頁 574）

　　拓拔　底本原作“擒拔”，點校本校勘記指出《北齊書》卷一七《斛律金傳》有"申國公擒拔顯敬"，即李穆，並云："'拓''擒'都是譯音，此處原作'擒'，殿本依《北史》改。"校勘記雖注意到殿本據《北史》改，並無版本依據，然因兩字音同，仍從之。修訂本校勘記亦指出天和四年李賢墓誌（文物 1985－11，彙編 492）云："建國擒拔，因以爲氏。"今檢保定二年賀蘭祥墓誌（新中國陝西壹 28，疏證 94）誌尾記"長女嫡拓拔氏，……次女嫡擒拔氏。"又武成二年合方邑子百數十人造像記題名有擒拔慶、擒拔祭、擒拔僧等十一人①。知擒拔與拓拔爲兩姓，當據底本改回。

韋孝寬傳（卷三一）

韋叔裕字孝寬，京兆杜陵人也，少以字行。（頁 583）

　　叔裕字孝寬　《北史》卷六四《韋孝寬傳》同。大象二年韋孝寬墓誌（新中國陝西肆 28，疏證 115）云："公諱寬，字孝寬"。

恭帝元年，（韋孝寬）以大將軍與燕國公于謹伐江陵，平之，以功封穰縣公。（頁 586）

　　以功封穰縣公　大象二年韋孝寬墓誌（新中國陝西肆 28，疏證 115）云："江陵之役，公有勳焉，師還，別封一子穰縣開國公。"羅新、葉煒認爲"本人是郡公，以功別封一子爲

---

① 　錄文見馬長壽：《碑銘所見前秦至隋初的關中部族》，廣西師範大學出版社，2006 年，第 54—57 頁。

縣公,這纔是合理的情況。墓誌可正史傳之一誤"①。修
訂本校勘記承其説。按韋孝寬墓誌誌尾記子韋諶爲"穰
縣開國公",知"別封之子"爲韋諶。開皇十八年韋諶墓
誌(鳳栖原 97)云:"魏大統十六年,以公子,王命封懷德縣
開國伯。周二年,改封穰縣開國公。"則韋孝寬曾封穰縣
公,至周二年方轉封韋諶。又開皇十八年韋壽墓誌(新中
國陝西肆 40)云:"周二年,八歲,以公子,王命封安邑縣開國
伯。"知孝寬諸子普遍在周二年受封,傳"以功封穰縣公"
蓋指別封,本傳不誤,修訂本校勘記當删。

天和五年,(韋孝寬)進爵鄖國公,增邑通前一萬户。(頁
588)

　　一萬户　《北史》卷六四《韋孝寬傳》同。大象二年
韋孝寬墓誌(新中國陝西肆 28,疏證 115)作"五千户",與傳異。

王慶傳(卷三三)

**王慶字興慶,太原祁人也。父因,魏靈州刺史、懷德縣
公。**(頁 629)

　　父因　《北史》卷六九《王慶傳》同。武成二年王迴
叔墓誌(秦晉豫續 118,新見集釋 44)誌尾記"使侍節、車騎大將
軍、儀同三司、大都督、始安縣開國男弟三息興慶",即王

①　羅新、葉煒:《新出魏晉南北朝墓誌疏證》(修訂本),第 334 頁。

慶。王連龍疑"因"係"迴"之訛①。

裴寬傳　楊敷傳（卷三四）

（裴漢）子鏡民，少聰敏，涉獵經史。（頁654）

　　鏡民　據《金石萃編》卷四四《裴鏡民碑》知其字君倩。

楊敷字文衍，華山公寬之兄子也。（頁655）

　　楊敷　《北史》卷四一《楊敷傳》、《隋書》卷四八《楊素傳》、大業十年楊敷子楊岳墓誌（西市24）同。建德三年楊敷子楊操墓誌（千唐全集009，補遺千唐445）、大業三年楊敷子楊素墓誌（新中國陝西壹32，疏證189）作"勇"。按"勇""敷"兩字通。

（楊暄）贈殿中尚書、華夏二州諸軍事、鎮西將軍、華州刺史。（頁655）

　　殿中尚書　《北史》卷四一《楊敷傳》同。建德三年楊操墓誌（千唐全集009，補遺千唐445）、大業三年楊素墓誌（新中國陝西壹32，疏證189）、大業十年楊岳墓誌（西市24）皆記其祖楊暄爲"度支尚書"。

大象末，（楊素）上柱國、清河郡公。（頁657）

　　上柱國　大業三年楊素墓誌（新中國陝西壹32，疏證189）

_____

① 王連龍：《新見北朝墓誌集釋》，中國書籍出版社，2013年，第171頁。

云:"以虎牢之功,進位上柱國,封清河郡公",與《周書》合。《隋書》卷四八《楊素傳》云:"遷徐州總管,進位柱國,封清河郡公,邑二千户。……高祖受禪,加上柱國。"按《周書》卷六《武帝紀下》:"(建德四年)冬十月戊子,初置上柱國、上大將軍官。……(閏月)以柱國齊王憲、蜀國公尉遲迥爲上柱國。"揆之楊素當時的地位,疑"柱國"爲是。

崔謙傳　崔猷傳　薛端傳(卷三五)

崔謙字士遜。(頁 669)

士遜　《魏書》卷五六《崔辯傳》、《北史》卷三二《崔辯傳》作"士謙"。點校本校勘記云:"按《崔辯傳》和《世系表》稱其兄弟都以'士'字排行。下文也説其弟訦(當作'説')本名士約。疑謙本名士謙,後改名謙,字士遜。"修訂本校勘記補充崔楷墓誌(鴛鴦 137)記崔士謙等諸子排名,同有"士"字。按修訂本所引實爲崔楷墓誌蓋(文物春秋 2009–6,集成 1320),誤記作崔楷墓誌,誌蓋記楷五子九女,妻李氏生三子:士元、士謙、士約,侍兒張氏生二子:士慎、士恂,知其本名士謙。崔楷墓誌,梁春勝、羅新皆考其爲僞誌①。

(崔説)授衞將軍、都督。(頁 672)

---

① 梁春勝:《六朝石刻叢考》,第 1139—1140 頁;羅新:《崔巨倫其人》,《彼美淑令:北朝女性的個體生命史》,第 146 頁。

衞將軍　修訂本校勘記指出《北史》卷三二《崔辯傳》作"武衞將軍"，並據《魏書》卷一一三《官氏志》載《後職令》，武衞將軍位從三品，衞將軍位第二品，疑作"武衞將軍"是。今檢《文苑英華》卷九〇四《周大將軍崔説神道碑》作"衞將軍"，按時官爵猥濫，遷轉不常，疑"衞將軍"不誤，修訂本校勘記當删。

（崔説）贈鄜延丹綏長五州刺史，謚曰壯。子弘度，猛毅有父風。（頁672）

長　修訂本校勘記指出《文苑英華》卷九〇四《周大將軍崔説神道碑》作"恒"。按《文苑英華》周必大校記云"《周書》作'長'"，知《周書》宋本即作"長"。《周書》卷二《文帝紀下》記廢帝三年春正月改南夏爲長州，其地與鄜延丹綏相鄰，當以"長"爲是，修訂本校勘記當删。

謚曰壯　點校本校勘記云："《北史》本傳和《英華・崔説碑》'壯'作'莊'，《唐書》卷七二下《宰相世系表》作'壯'，未知孰是。"按"壯""莊"兩字時混用，碑誌中亦不乏其例，原校勘記當删。

弘度　《隋書》卷七四《崔弘度傳》記其字摩訶衍。《文苑英華》卷九〇四《周大將軍崔説神道碑》云"世子儀同衍"，當即"摩訶衍"之省稱。

開皇四年（崔猷）卒，謚曰明。（頁676）

謚曰明　貞觀十一年崔仲方墓誌（考古2001－2，補遺8－257）記其父崔宣猷謚曰"胡"。

東魏遣行臺薛循義、都督乙干貴率衆數千西度。（頁679）

薛循義　《北齊書》卷二〇《薛脩義傳》底本原作“循義”，點校本校勘記引《北史》卷五三《薛脩義傳》，並引錢大昕《廿二史考異》卷三一《北齊書》云：“魏齊碑刻‘人’旁多從‘彳’旁，故‘脩’‘循’二字多相混”，統一校改爲“脩義。”今檢天保五年薛脩義墓誌（秦晉豫續113，集成860）即作“脩義”，足以定讞。

（薛端）遷兵部郎中，改封文城縣伯，加使持節、平東將軍、吏部郎中。……六官建，拜軍司馬，加侍中、驃騎大將軍、開府儀同三司，進爵爲侯。（頁679—680）

武成元年宇文端墓誌（即薛端，新中國陝西叁6）云：“君應其選，拜兵部郎中。考績允諧，錫爵文城子。……又拜尚書、驃騎大將軍、開府儀同三司。進爵爲伯，邑五百戶。……六府肇建，爲夏官軍司馬。”誌、傳所記歷官、封爵時間有異。

使持節　宇文端墓誌作“持節”。

平東將軍　宇文端墓誌作“平南將軍”。

（薛端）轉尚書左丞，仍掌選事。（頁680）

左丞　點校本校勘記指出《北史》卷三六《薛辯傳》作“右丞”。今檢武成元年宇文端墓誌（新中國陝西叁6）作“左丞”，原校勘記當删。

（薛端）至基州，未幾卒，時年四十三。（頁680）

時年四十三　武成元年宇文端墓誌（新中國陝西叁6）記其“春秋卅有四”。

（薛端）贈本官，加大將軍，追封文城郡公。諡曰質。（頁680）

諡曰質　《北史》卷三六《薛端傳》同。武成元年宇文端墓誌（新中國陝西叁6）記其諡曰“惠”。

段永傳　王士良傳　令狐整傳
司馬裔傳（卷三六）

魏孝武遣京畿大都督匹婁昭討之，昭請以五千人行。（頁697）

五千　《北史》卷六七《段永傳》同。《文苑英華》卷九〇五《爾綿永碑》作“七千”。

（段永）子岌嗣，官至儀同三司、兵部下大夫。（頁698）

點校本校勘記云：“《英華·爾綿永碑》作‘使持節、儀同大將軍、領兵部大夫’。疑碑是。”按《周書》卷六《武帝紀下》：“（建德四年冬十月戊子，改）儀同三司爲儀同大將軍”，按段永卒於天和五年，是時尚未改儀同大將軍，兵部大夫當是兵部下大夫之省稱，傳不誤，原校勘記可刪。

（王士良）父延，蘭陵郡守。（頁698）

　　延　建德五年王鈞墓誌(北周珍貴 57,新中國陝西肆 16,疏
證 103)云"兗州刺史延之之孫"。羅新、葉煒推測其名延,
字延之①。

乾明初,(王士良)徵還鄴,授儀同三司。……齊武成
初,……轉太常卿,尋加開府儀同三司,出爲豫州道行臺,豫
州刺史。(頁 699)

　　儀同三司　《北史》卷六七《王士良傳》同。開皇三
年王士良墓誌(北周珍貴 126,新中國陝西肆 29,疏證 125)云:"俄
徵還闕,詔授開府儀同三司,……又除太常卿,餘如故。"
與傳稍異。

　　豫州道行臺　王士良墓誌云:"授豫州刺史、南道大
行臺。"

(王士良)子德衡,大象末,儀同大將軍。(頁 699)

　　《北史》卷六七《王士良傳》同。建德五年王鈞墓誌
(北周珍貴 57,新中國陝西肆 16,疏證 103)云:"君諱鈞,字德衡。"
蓋以字行。又誌文記王鈞葬於建德五年十月,羅新、葉
煒據《周書》卷六《武帝紀下》所記"(建德四年冬十月戊
子,改)儀同三司爲儀同大將軍",推測王鈞卒於建德四
年十月後②,則大象末鈞已卒,疑傳誤。

---

①　羅新、葉煒:《新出魏晉南北朝墓誌疏證》(修訂本),第 293 頁。
②　羅新、葉煒:《新出魏晉南北朝墓誌疏證》(修訂本),第 294 頁。

（令狐整）父虬，早以名德著聞，仕歷瓜州司馬、燉煌郡守、郢州刺史，封長城縣子。（頁701）

　　長城縣子　《金石萃編》卷五六《令狐熙碑》云：“祖虬，魏龍驤將軍、瓜郢二州刺史，敦煌太守，鶉陰縣開□□。”《新唐書》卷七五下《宰相世系表五下》云：“（令狐）敏五世孫虬，字惠獻，後魏燉煌郡太守、鶉陰縣子。”

（天和）六年，（司馬裔）徵拜大將軍，除西寧州刺史。未及之部，卒於京師。（頁707）

　　《北史》卷二九《司馬楚之傳》同。《文苑英華》卷九四七《周大將軍琅邪壯公司馬裔墓誌》云其天和六年正月十八日亡，春秋六十五。《文苑英華》卷九〇四《周大將軍司馬裔碑》記其卒於天和七年正月十日，春秋六十五。按碑文云“公遺腹載誕，流離寇逆”，其父永平四年司馬悦墓誌（文物1981－12，新中國河南壹213）記其卒於永平元年十月，則司馬裔卒於天和七年，方可能爲遺腹子，當以碑爲正。

寇儁傳　韓襃傳　裴文舉傳（卷三七）

（寇顒）歷官儀同大將軍，掌朝、布憲、典祀下大夫，小納言，濩澤郡公。（頁722）

　　點校本校勘記據建德三年寇遵考墓誌（集釋363，隋考018）云：“遵考即顒。誌記歷官略有異同，遵考曾官鄉伯、司成、典祀等中大夫，則非終於下大夫。其最終官爲‘翊

師大將軍扶風郡守'。《隋志》卷二八《百官志》翊師將軍
在正六品,當是隋初改制,以儀同大將軍轉。"按《周書》
體例,僅記傳主在周時歷官,而非終官,校勘記所敍稍不
確。今檢寇遵考墓誌,其歷布憲下大夫、小内史、小納
言,轉鄉伯中大夫、司成中大夫、典祀中大夫,《周書》所
敍歷官及遷轉次序恐誤。

　　濩澤郡公　《北史》卷二七《寇儁傳》同。寇遵考墓
誌云其"封濩澤縣開國伯",入隋後方"進爵爲公,食邑如
故"。按《魏書》卷一○六上《地形志上》建州安平郡下有
濩澤縣,而無濩澤郡,"濩澤郡公"疑誤[①]。

韓襃字弘業。(頁 722)

　　天和六年韓襃墓誌(西南集釋 027)記其字洪顯,或一人
兩字。

太祖爲丞相,引(韓)襃爲録事參軍,賜姓侯吕陵氏。(頁 722)

　　侯吕陵　《北史》卷七○《韓襃傳》同。點校本校勘
記指出《元和姓纂》卷六、《通志·氏族略》五、《古今姓氏
書辨證》卷二二"侯"作"俟",又據《北朝胡姓考》"吕氏"
條引孝文《弔比干文碑》碑陰有"俟吕阿倪",認爲"當以
《比干碑》爲正"。今檢天和六年韓襃墓誌(西南集釋 027)作
"俟吕陵",足以定讞。

---

① 　王仲犖:《北周地理志》,第 825 頁。

大統初，（韓襃）遷行臺左丞，賜爵三水縣伯。尋轉丞相府屬，加中軍將軍、銀青光禄大夫。二年，……出鎮淅酈。居二年，徵拜丞相府司馬，進爵爲侯。（頁 722—723）

> 天和六年韓襃墓誌（西南集釋 027）云：“永熙三年，入關，任大行臺左丞、大丞相府録事參軍，賞三水縣開國男，邑一百户。轉屬大統元年，授中軍將軍、銀青光禄大夫，增邑二百户，進男爲子。……沙菀制陣，詭服夏州，從容談笑立功，公之功焉。增邑三百，通前合六百户，進子爲伯。……周二年，……進伯爲侯。”則韓襃晉爵爲伯在大統三年十月沙苑戰後，至周二年方封侯，誌、傳迥異。

魏廢帝元年，（韓襃）轉會州刺史。二年，進位車騎大將軍、儀同三司。尋加驃騎大將軍、開府儀同三司，進爵爲公。（頁 723）

> 天和六年韓襃墓誌（西南集釋 027）云：“廢帝元年，授使持節、車騎大將軍、儀同三司、大都督、會州諸軍事、會州刺史。周二年，授驃騎大將軍、開府，……天和二年，……進侯封公。”誌、傳所記不同。

（保定）四年，（韓襃）遷河洮封三州諸軍事、河州總管。天和三年，轉鳳州刺史。（頁 724）

> 點校本校勘記指出“封州不見地志，疑誤”。王仲犖引《周書》卷二五《李賢傳》所記“保定四年，……乃授賢使持節河州總管三州七防諸軍事河州刺史”，以爲李賢、

韓襃同以保定四年任河州總管，當有一誤[①]。天和六年韓襃墓誌(西南集釋027)記其保定四年爲“河州三州六防諸軍事、河州刺史。”

天和三年　韓襃墓誌作“天和二年”。

(天和)七年，(韓襃)卒。贈涇岐燕三州刺史。謚曰貞。子繼伯嗣。(頁724)

七年卒　天和六年韓襃墓誌(西南集釋027)記其卒於天和五年十月二十四日，葬於六年正月二十三日。

子繼伯嗣　韓襃墓誌云“世子恒貴”。開皇十八年韓恒貴墓誌(碑林續編10)記其“襲封三水縣公”，並云恒貴字女女，疑一人二名。然《北史》卷七〇《韓襃傳》云韓繼伯“仕隋，位終衛尉少卿”，誌文云韓恒貴卒官爲東宮左親衛，未嘗歷衛尉少卿，《新唐書》卷七三上《宰相世系表三上》記韓襃四子：紹字繼伯、仲良、遜、滂。誌文所記與傳迥異，俟考。

(裴文舉)父邃，性方嚴。……贈儀同三司、定州刺史。(頁730—731)

保定五年裴璣墓誌(文物世界2006-4，集成1147)云：“父仲延，儀同三司、定州刺史。”仲延即裴邃之字。

(高)賓，渤海脩人也。(頁732)

建德元年獨孤賓墓誌(即高賓，考古與文物 2011－5，新中國陝西肆 13)記其字元賓。

世宗初，……(高賓)賜姓獨孤氏。（頁 732）

世宗初　建德元年獨孤賓墓誌(考古與文物 2011－5，新中國陝西肆 13)云：“魏世大統中，賜姓獨孤氏焉。”《隋書》卷四一《高熲傳》云：“父賓，背齊歸周，大司馬獨孤信引爲寮佐，賜姓獨孤氏。”按獨孤信卒於周孝閔帝時，疑《周書》誤。

天和二年，(高賓)除都州諸軍事、都州刺史，進位驃騎大將軍、開府儀同三司，治襄州總管府司録。六年，卒於州。時年六十八。（頁 733）

六年卒於州　建德元年獨孤賓墓誌(考古與文物 2011－5，新中國陝西肆 13)記其建德元年五月十二日薨於萬年縣天義里，誌文所記卒時、卒地，皆與傳異。

時年六十八　獨孤賓墓誌記其春秋七十。

開皇中，贈(高)賓禮部尚書、武陽公。諡曰簡。（頁 733）

建德元年獨孤賓墓誌(考古與文物 2011－5，新中國陝西肆 13)云：“有詔贈并冀二州諸軍事、并州刺史，諡曰簡。”誌題作“贈并冀二州諸軍事并州刺史武陽縣開國伯獨孤公墓誌銘”。誌文記其葬於建德元年八月二日，時已獲諡，本傳記其開皇中又贈禮部尚書、武陽公。又《隋書》卷四一《高熲傳》云：“及熲貴，贈(高賓)禮部尚書、渤海公。”

《隋書》卷二九《地理志上》犍爲郡下有犍爲縣,小注云
"後周置,曰武陽"。則武陽爲縣公,後累贈渤海郡公。

柳虯傳　薛憕傳　元偉傳（卷三八）

柳虯字仲蟠。（頁 742）

仲蟠　《北史》卷六四《柳虯傳》及《册府元龜》卷七
六八、卷八四〇作"仲盤",魏恭帝二年乙弗虬墓誌（考古與
文物 2020－1）作"仲磐"。

**既而樊子鵠爲吏部尚書,其兄（柳）義爲揚州。治中,加
鎮遠將軍。**（頁 742）

點校本校勘記引張森楷云:"據《北史》作'其兄義爲
揚州刺史,乃以虯爲揚州中從事',此挩去數字,遂合二
官爲一人,謬甚。"並云"按張説是,'揚州'下當脱'刺史
乃以虯爲揚州'八字。治中即中從事。"今檢魏恭帝二年
乙弗虬墓誌（考古與文物 2020－1）云:"十五能屬文,舉秀才,
兗州安東府主簿、揚州治中。"可補書證。

（柳虯）子鴻漸嗣。（頁 744）

建德元年宇文鴻漸墓誌（即柳鴻漸,考古與文物 2023－6）
記其字功期。

**魏孝武西遷,（薛憕）授征虜將軍、中散大夫,封夏陽縣
男,邑二百户。魏文帝即位,拜中書侍郎,加安東將軍,增邑**

百户,進爵爲伯。（頁 746）

進爵爲伯　開皇三年薛憕子薛舒墓誌（西南集釋 036）云:"襲封夏陽縣開國子。"疑薛憕僅進爵爲子。

（元偉）曾祖忠,尚書左僕射,城陽王。祖盛,通直散騎常侍,城陽公。父順,以左衞將軍從魏孝武西遷,拜中書監、雍州刺史、開府儀同三司,封濮陽王。（頁 750）

城陽　底本原作"陽城",點校本校勘記據《北史》卷一五《魏諸宗室傳》改。今檢正始元年元忠墓誌（墨香閣 5）記其爲"城陽宣王",足以定讞。

點校本校勘又云:"據《北史》元忠未封王,同卷《高涼王孤附曾孫那傳》云:'高祖時,諸王非太祖子孫者例降爵爲公。'元忠是昭成之後,一般不得封王。但《八瓊室金石補正》卷二七《太僕元公墓誌銘》稱曾祖忠'城陽宣王',或是西魏追贈。"元忠墓誌記其爲"城陽宣王"。按誌、傳皆載元忠卒於太和四年,《魏書》卷七下《高祖紀下》云:"(太和十六年正月)乙丑,制諸遠屬非太祖子孫及異姓爲王,皆降爲公,公爲侯,侯爲伯,子男仍舊,皆除將軍之號。"元忠實封城陽王,至太和十六年,子元盛方隨例降爵爲公。元策墓誌（墨香閣 257）亦云:"曾祖忠,字仙德,尚書僕射。祖盛,字始興,城陽公。父戀,字伯邕,太府卿。"《周書》本不誤,校勘記所考不確。

侍中、驃騎大將軍、開府儀同三司、吏部尚書、魯郡公元正。（頁 752）

元正　大業九年元誠墓誌(西安新獲6,貞石144)云:"父政,魏使持節、驃騎大將軍、開府儀同三司、散騎常侍、大行臺左丞、侍中、著作郎、吏部尚書、大宗正卿、魯郡公,贈徐兗二州刺史,謚曰威。"即其人。

辛慶之傳　杜杲傳(卷三九)

辛慶之字慶之,隴西狄道人也。(頁761)

天和六年元世緒墓誌(西市8)誌尾記其妻辛氏"魏故度支尚書、儀同三司、南荆州刺史、彭城侯辛慶之女",本傳未記封彭城侯。

(杜杲)其族父瓚,清貞有識鑒,深器重之。……尚孝武妹新豐公主,因薦之於朝廷。(頁766)

瓚　點校本校勘記指出《北史》卷七〇《杜杲傳》作"攢"。今檢魏廢帝二年杜攢墓誌(洛陽二〇一五34)云:"君諱攢,字寄茂。"考其事迹,即其人。時"扌"旁和"木"旁常混書,疑以"攢"爲是。

孝武妹新豐公主　《北史》卷七〇《杜杲傳》同。杜攢墓誌記其永熙三年六月薨,春秋二十九。《魏書》卷一一《廢出三帝紀》記孝武帝卒於永熙三年閏十二月,時年二十五,則新豐公主爲孝武帝姊①。

---

① 梁春勝:《六朝石刻叢考》,第123頁。

尉遲運傳　宇文神舉傳（卷四〇）

尉遲運，大司空、吴國公綱之子也。（頁775）

尉遲運　大成元年尉遲運墓誌（北周珍貴101,新中國陝西肆26,疏證112）記其字烏戈拔，或爲其鮮卑名。

（建德）四年，（尉遲運）出爲同州蒲津潼關等六防諸軍事、同州刺史。（頁776）

四年　《北史》卷六二《尉遲運傳》同。大成元年尉遲運墓誌（北周珍貴101,新中國陝西肆26,疏證112）作“五年”。

（建德）五年，（尉遲運）拜柱國，進爵盧國公，邑五千户。（頁776）

五千户　大成元年尉遲運墓誌（北周珍貴101,新中國陝西肆26,疏證112）作“三千户”。

（尉遲運）謚曰忠。（頁777）

忠　底本原作“中”，《北史》卷六二《尉遲運傳》作“忠”，點校本校勘記云：“按尉遲運爲周宣帝所憾，幸免於禍，不會給予‘忠’字之謚。今回改。”修訂本校勘記云“也不排除‘忠’謚非宣帝所贈”，復據《北史》改爲“忠”。今檢仁壽三年司馬君妻尉瓊仁墓誌（西市21,貞石100）云：“太保、吴武公之孫，上柱國、盧忠公之女。”足以定讞。

（宇文神舉）父顯和，少而襲爵。（頁780）

　　《文苑英華》卷九四七《周車騎大將軍贈小司空宇文顯墓誌銘》："公諱顯，字某。"按建德二年宇文顯墓誌（出土文獻研究8）原石已出土，誌文云："公諱顯，字顯和。"蓋以字行。

及（魏孝武帝）即位，（宇文顯和）擢授冠軍將軍、閣內都督，封城陽縣公，邑五百戶。（頁780）

　　封城陽縣公　《北史》卷五七《周宗室傳》同。《文苑英華》卷九四七《周車騎大將軍贈小司空宇文顯墓誌銘》云："襲爵安吉縣侯，食邑五百戶。"今檢建德二年宇文顯墓誌（出土文獻研究8），知《文苑英華》"安吉縣侯"下脫"魏武皇帝龍潛蕃邸，躬勞三顧，爰始詔謀，公乃陳當世之事，運將來之策，帝由是感激，遂委心焉。武帝即位，除冠軍將軍、直閣將軍、閣內都督，別封城陽縣開國侯"。"城陽縣公"疑爲"城陽縣侯"之誤①。

魏恭帝元年，（宇文顯和）卒，時年五十七。（頁780）

　　五十七　《文苑英華》卷九四七《周車騎大將軍贈小司空宇文顯墓誌銘》同。建德二年宇文顯墓誌（出土文獻研究8）作"五十有八"。

蕭世怡傳　柳霞傳（卷四二）

　　承聖二年，（蕭世怡）授使持節、平西將軍、臨川內史。（頁

---

①　王其禕、李舉綱：《新出土北周建德二年庾信撰〈宇文顯墓誌銘〉勘證》，《出土文獻研究》第8輯，上海古籍出版社，2007年，第250—259頁。

822)

使持節 《文苑英華》卷九四八《故周大將軍義興公蕭公墓銘》作"持節"。

(柳霞)起家平西邵陵王(蕭)綸府法曹參軍,仍轉外兵,除尚書工部郎。（頁834）

工部郎 修訂本校勘記指出《北史》卷七〇《柳遐傳》作"功論郎",並據《隋書》卷二六《百官志上》,云梁尚書省無工部郎,疑"功論郎"是。今檢《文苑英華》卷九四八《周大將軍聞嘉公柳遐墓誌》作"工部侍郎"。

韓雄傳（卷四三）

孝閔帝踐阼,(韓雄)進爵新義郡公。（頁847）

新義 底本原作"親義",點校本徑改,修訂本校勘記據三朝本、南監本、《北史》卷六八《韓雄傳》改。今檢天和三年韓木蘭墓誌(即韓雄,集釋351,彙編491)作"新義郡開國公",足以定讞。

世宗二年,(韓雄)除使持節、都督。（頁847）

都督 天和三年韓木蘭墓誌(集釋351,彙編491)作"大都督"。按本傳上文云其"加車騎大將軍、儀同三司、大都督、散騎常侍"。

孝義傳（卷四六）

（大統）八年，（柳檜）拜湟河郡守。（頁899）

　　湟河郡守　《北史》卷六四《柳虯傳》同。點校本校勘記云：“《魏書・地形志》、《隋書・地理志》皆不載此郡。本傳前云‘鎮鄯州’，後又云‘自檜鎮鄯州’，則此郡必屬鄯州。《隋書》卷二九《地理志上》西平郡（即鄯州）化隆縣條云：‘舊魏曰廣威，西魏置澆河郡，後周廢郡。’《太平寰宇記》卷一五五廓州廣威縣條引《周地圖記》云：‘後魏景明三年置石城縣，西魏廢帝二年因縣內化隆谷改爲化隆縣，屬澆河郡。’疑‘湟河’當作‘澆河’。”修訂本刪除此條校記。按《太平寰宇記》卷一五五廓州條云：“前涼以其地爲湟河郡，後又爲羌所陷。按《周地圖記》云‘湟河郡，後魏太平真君十六年置洮河郡，屬鄯州。’”《晉書》卷一二六《禿髮烏孤載記》云“降光樂都、湟河、澆河三郡”。今檢廢帝二年柳檜墓誌（新見集釋31）云其“黃河魏興華陽三郡太守”。《金石萃編》卷二九《張猛龍清頌碑》云：“祖興宗，僞涼都營護軍、建節將軍、饒河黃河二郡太守。”天保三年張攀墓誌（山東石刻5—32，集成833）云：“改授涼州長史、帶黃河太守。”王仲犖認爲黃河即湟河①。

（柳雄亮）年十二，遭父艱。（頁901）

　　年十二　點校本校勘記引《隋書》卷四七《柳雄亮

---

① 王仲犖：《北周地理志》，第202—203頁。

傳》、《北史》卷六四《柳蚪傳》作"十四"。顯慶三年柳雄亮墓誌（碑林續編 38）記其卒於開皇九年四月，春秋五十，魏廢帝二年柳雄亮父柳檜墓誌（新見集釋 31）記其卒於廢帝元年，可推知柳雄亮時年十三。按本卷上文云"裳寶解圍之後，檜兄子止戈方收檜屍還長安"，柳檜墓誌記其葬於廢帝二年二月，雄亮服喪時或年已十四。

（柳雄亮）終喪之後，志在復讎。柱國、蔡國公廣欽其名行，引爲記室參軍。年始弱冠，府中文筆，頗亦委之。後竟手刃（黃）裳寶於京城。朝野咸重其志節，高祖特恕之。（頁 901）

　　顯慶三年柳雄亮墓誌（碑林續編 38）云："屬裳寶革面，歸款闕廷，君乃伺其往還，先據要路，復分天之冤酷，雪終身之深恥。……久之，以選爲敬皇后挽郎。幽文公出鎮梁州，請爲記室。"《隋書》卷四七《柳機傳》云："武帝時，裳寶率其所部歸於長安，帝待之甚厚。雄亮手斬裳寶於城中，請罪闕下，帝特原之。尋治梁州總管記室。"則柳雄亮復仇在出仕前。

大象末，（柳雄亮）位至賓部下大夫。（頁 901）

　　賓部下大夫　　點校本校勘記指出《隋書》卷四七《柳機傳》、《北史》卷六四《柳蚪傳》記其在周官至"内史中大夫"。今檢顯慶三年柳雄亮墓誌（碑林續編 38），其在周末的歷官爲賓部下大夫、納言下大夫、内史中大夫。《周書》《隋書》蓋各舉一任，原校勘記當删。

藝術傳（卷四七）

姚僧垣字法衛。（頁 912）

　　僧垣　點校本校勘記指出《陳書》卷二七《姚察傳》作"僧坦"，《册府元龜》作"僧坦""僧垣"不一。修訂本校勘記補充《太平御覽》卷七二三引《後周書》亦作"僧坦"。今檢開元二年姚珽墓誌（新見唐誌 067）云："高祖僧垣，梁中書舍人，……隨歷上開府儀同三司、北絳郡公。"

卷六　隋書

高祖紀上（卷一）

（開皇元年三月）和州刺史、新義縣公韓擒爲廬州總管。（頁 14）

　　新義縣公　《隋書》卷五二《韓擒傳》云：“稍遷儀同三司，襲爵新義郡公。”《隋書》卷二《高祖紀下》云：“（開皇十二年十一月）己未，上柱國、新義郡公韓擒虎卒。”天和三年韓擒虎父韓木蘭墓誌（即韓雄，集釋 351，彙編 491）云：“周使持節、大將軍、大都督、新義郡開國公韓木蘭。”《北史》卷六八《韓雄傳》亦作“新義郡公”。咸亨三年韓擒虎子韓昭墓誌（北圖藏拓 15−175，唐代彙編咸亨 065）亦記其爲“新義郡開國公”，疑“縣公”誤。

（開皇元年）十二月戊寅，以申州刺史尒朱敞爲金州總管。（頁 16）

　　申州刺史　開皇十一年尒朱敞墓誌（集釋 383，隋考 106）云：“宣政元年，轉開府儀同大將軍、都督南光州諸軍事、南光州刺史。二年，除隴州諸軍事、隴州刺史。大成元年，除護軍大將軍、申州諸軍事、申州刺史。大象二年，

遷上開府、都督膠州諸軍事、膠州刺史。開皇元年,遷都
督金洵直上羅遷綏井八州諸軍事、金州總管、金州刺
史。"《隋書》卷五五《尒朱敞傳》:"除南光州刺史,入爲護
軍大將軍。歲餘,轉膠州刺史。"按《尒朱敞傳》記其歷官
較略,未載其南光州刺史後,又歷隴州、申州,"申州"當
是"膠州"之誤。

(開皇二年二月)辛卯,幸趙國公獨孤陀第。(頁 17)

　　獨孤陀　開皇二十年獨孤羅墓誌(考古學報 1959－3,隋
考 176,疏證 168)云:"(開皇)二年,襲爵趙國公,邑一萬戶。"
《隋書》卷七九《獨孤羅傳》亦記其封趙國公,獨孤陀爲武
喜縣公。"獨孤陀"疑爲"獨孤羅"之誤。

(開皇二年)六月壬午,以太府卿蘇孝慈爲兵部尚書。(頁 17)

　　太府卿　《北史》卷一一《隋本紀上》同。《隋書》卷
四六《蘇孝慈傳》云:"高祖受禪,進爵安平郡公,拜太府
卿。……俄遷大司農,歲餘,拜兵部尚書。"仁壽三年蘇
慈墓誌(字孝慈,集釋 409,隋考 218)云:"開皇元年,詔授太府
卿。其年,改封澤州安平郡開國公,尋轉司農卿。……
二年,詔授兵部尚書。""太府卿"當是"司農卿"之誤。

(開皇三年四月)壬申,以尚書右僕射趙煚兼内史令。(頁 19)

　　趙煚　《北史》卷一一《隋本紀上》同。本卷上文云:
"(開皇元年二月)丁卯,以大將軍、金城郡公趙煚爲尚書
右僕射。"《隋書》卷四六《趙煚傳》云:"朝廷以煚曉習故

事，徵拜尚書右僕射。視事未幾，以忤旨，尋出爲陝州刺史。”則煚尋外放，未嘗兼內史令。今檢《北史》卷七五《趙芬傳》云：“開皇初，罷東京官，拜尚書右僕射，與郢公王誼修律令。俄兼內史令，甚見信任。”《文館詞林》卷四五二《大將軍趙芬碑銘》云：“東京罷，授京省尚書右僕射。三年，兼內史令、僕射如故。”則開皇三年兼內史令者爲趙芬，“趙煚”疑爲“趙芬”之誤。

高祖紀下（卷二）

(開皇十一年二月戊午)以大將軍蘇孝慈爲工部尚書。（頁40）

十一年　《北史》卷一一《隋本紀上》同。仁壽三年蘇慈墓誌(集釋409，隋考218)云：“十二年，授工部尚書。其年，授大將軍，衞率、封如故。”

(開皇十一年八月)乙亥，至自栗園。上柱國、沛國公鄭譯卒。（頁40）

乙亥　《北史》卷一一《隋本紀上》同。武德五年鄭譯墓誌(新見隋誌51)記其卒於開皇十一年八月一日。按八月庚戌朔，乙亥爲二十六日。

(開皇十三年)冬十月乙卯，上柱國、華陽郡公梁彥光卒。（頁42）

十月乙卯　點校本校勘記指出十月無乙卯，修訂本校勘記據《北史》卷一一《隋本紀上》作“十一月乙卯”，疑當作"十一月"。按十一月丁酉朔,乙卯爲十九日。今檢開皇十三年梁脩芝墓誌(字彦光,新見隋誌 14,貞石 059)記其卒於開皇十三年六月九日,葬於十一月二十四日,二十四日爲庚申。

(開皇十七年五月)甲戌,以左衛將軍獨孤羅爲涼州總管。(頁 46)

　　獨孤羅　底本原作"獨孤羅雲",點校本校勘記疑獨孤羅雲即獨孤羅。修訂本校勘記據《隋書》卷七九《外戚傳》校改。開皇二十年獨孤羅墓誌(考古學報 1959－3,隋考 176,疏證 168)云:"(開皇)十三年,除使持節、總管涼甘瓜三州諸軍事、涼州刺史。"羅新、葉煒據《隋書》卷五三《達奚長儒傳》云"高祖遣涼州總管獨孤羅、原州總管元褒、靈州總管賀若誼等發卒備胡,皆受長儒節度",及《金石萃編》卷三九《賀若誼碑》(北圖藏拓 9－113)記誼卒於開皇十六年,考發卒備胡在十六年之前,指出"或《隋書》本紀記載有誤,或開皇十七年任涼州總管的獨孤羅雲與獨孤羅並非同一人"[1]。

煬帝紀上（卷三）

(大業三年三月)乙卯,河間王(楊)弘薨。(頁 75)

　　乙卯　《北史》卷一二《隋本紀下》同。大業三年楊

---

[1]　羅新、葉煒:《新出魏晉南北朝墓誌疏證》(修訂本),第 501 頁。

弘墓誌(隋考262)記其卒於大業三年三月二十三日。按三月庚戌朔,乙卯爲六日。

煬帝紀下（卷四）

(大業八年二月)壬戌,司空、京兆尹、光禄大夫觀王(楊)雄薨。(頁92)

　　壬戌　《北史》卷一二《隋本紀下》同。大業九年楊雄墓誌(墨香閣241)記其卒於大業八年三月十日。按二月辛亥朔,壬戌爲十二日。

禮儀志七（卷一二）

太子庶子、攝太常少卿裴政奏曰。(頁278)

　　裴政底本原作“裴正”,點校本校勘記據《隋書》卷六六《裴政傳》改。開皇二年裴政墓誌(咸陽師範學院學報2024—3)既出,足以定讞。

音樂志中（卷一四）

(開皇二年)俄而柱國、沛公鄭譯奏上,請更脩正。(頁373)

　　柱國　《隋書》卷三八《鄭譯傳》云:“時尉迥、王謙、司馬消難等作亂,高祖逾加親禮。俄而進位上柱國,恕以十死。”武德五年鄭譯墓誌(新見隋誌51)云:“高祖神謨上略,三方剋殄,以公預謀帷幄,叶贊經綸,詔加上柱國。”

知鄭譯北周末已加上柱國,《隋書》卷二五《刑法志》亦記開皇元年詔"上柱國、沛公鄭譯"等更定新律。疑"柱國"前脱"上"字。

鄭譯傳（卷三八）

鄭譯字正義,滎陽開封人也。祖瓊,魏太常。（頁 1287）

正義　《北史》卷三五《鄭羲傳》同。武德五年鄭譯墓誌(新見隋誌 51)作"正議"。

太常　鄭譯墓誌記其祖瓊爲"魏太常卿、青州刺史"。《魏書》卷五六《鄭羲傳》云:"(鄭瓊)自太尉諮議爲范陽太守,治頗有聲。卒,贈太常少卿。孝昌中,弟儼寵要,重贈安東將軍、青州刺史。"按《魏書》卷一一三《官氏志》載《後職令》,安東將軍、青州刺史位第三品,太常少卿位四品上階,疑"太常少卿"爲是,後人敍先祖官爵,稍有誇飾。

周武帝時,(鄭譯)起家給事中士,拜銀青光禄大夫。（頁 1288）

銀青光禄大夫　武德五年鄭譯墓誌(新見隋誌 51)作"右銀青光禄大夫"。王仲犖考北周銀青光禄大夫分置左右,正七命,亦有徑稱銀青光禄大夫者①。

---

① 　王仲犖:《北周六典》,中華書局,1979 年,第 585 頁。

以其子（鄭）善願爲歸昌公。（頁 1288）

　　武德五年鄭譯墓誌（新見隋誌 51）繫此事於入隋後，與本卷下文"進子元璹爵城皋郡公，邑二千戶，元珣永安男"同時，未知孰是。

于義傳　陰壽傳　竇榮定傳　源雄傳 豆盧勣傳　賀若誼傳（卷三九）

時（于）義兄翼爲太尉，弟智、兄子仲文並上柱國。（頁 1300）

　　上柱國　《周書》卷一五《于謹傳》、《北史》卷二二《于栗碑傳》皆記于智爲"柱國"。據《隋書》卷一《高祖紀上》云："（開皇元年二月乙亥）上柱國、幽州總管、任國公于翼爲太尉。"開皇二年于智墓誌（關中民俗 3）記其卒於開皇元年五月，誌題作"大隋使持節柱國齊國公于公墓誌銘"。疑"柱國"是。

陰壽字羅雲，武威人也。（頁 1302）

　　陰壽字羅雲　開皇三年陰雲墓誌（隋考 027）云："公諱雲，字羅雲"，即其人。

（陰壽）以功進位上柱國。尋以行軍總管鎮幽州，即拜幽州總管，封趙國公。（頁 1302）

　　上柱國　《北史》卷七三《陰壽傳》同。開皇三年陰雲墓誌（隋考 027）作"柱國"。

趙國公　《隋書》卷二《高祖紀下》開皇十七年四月壬午詔有"趙國公羅雲"，即其人。《北史》卷七三《陰壽傳》、陰雲墓誌作"趙郡公"，疑"趙郡"是。又陰雲墓誌記封趙郡公在出爲幽州總管前。

(陰)壽班師，留開府成道昂鎮之。（頁 1302）

開皇九年成備墓誌（西市 13，貞石 036）云："君諱備，字道昂。"蓋以字行。時成備爲營州刺史。

(竇榮定)父善，周太僕。（頁 1304）

善　《金石錄》卷二三引《隋衞尉卿竇慶墓誌》記其祖名"溫善"，又云"慶之兄抗墓誌乃云名溫。《唐書·宰相世系表》以謂'善一名溫'"。今檢貞觀二十二年竇誕墓誌（新中國陝西壹 41）記其曾祖名"善"，貞觀元年竇曒墓誌（新中國陝西肆 53）記其曾祖名"溫"，咸亨四年竇師綸墓誌（碑林續編 53）記其曾祖名"溫善"。

大業之末，(竇慶)出爲南郡太守，爲盜賊所害。（頁 1306）

爲盜賊所害　《金石錄》卷二三引《隋衞尉卿竇慶墓誌》記其爲賊盧圓月所殺。

(源雄)祖懷、父纂，俱爲魏隴西王。（頁 1308）

《魏書》卷四一《源賀傳》云："子恭弟纂，字靈秀。……建義初，遇害河陰，年三十七。贈散騎常侍、征北將軍、定州刺史。"同卷上文記源懷長子規襲爵。開皇三年源剛墓誌(隋考 024)云:"祖隴西王,……考諱纂,字靈秀,魏尚書左僕射。"傳云源纂爲魏隴西王,疑誤。

開皇初,(豆盧通)進爵南陳郡公。尋徵入朝,以本官典宿衞。歲餘,出拜定州刺史。(頁 1313)

歲餘　開河寺石窟摩崖大像題記(文物 1997-1)云:"大隋開皇元年四月八日,……大施主、使持節、定州諸軍事、南陳郡開國公、定州刺史豆盧通。"傳云"歲餘"疑誤。

(豆盧通)有子寬。(頁 1313)

永徽元年豆盧寬碑(昭陵 19)記其字□奴,開河寺石窟摩崖大像題記(文物 1997-1)云"世子僧奴",即其人。

申州刺史李慧反,(賀若)誼討之,進爵范陽郡公,授上大將軍。開皇初,入爲右武候將軍。……軍還,轉左武候大將軍。(頁 1314—1315)

右武候將軍　《金石萃編》卷三九《賀若誼碑》(北圖藏拓 9-113)云:"開皇二年,除□□候大將軍。"據《隋書》卷二八《百官志下》,上大將軍位從二品,左右武候大將軍位正三品,右武候將軍位從三品。又碑文云"皇隋撫運,授□大將軍"[1],與傳稍異。

---

[1]　除□□候大將軍,《八瓊室金石補正》卷二五《靈州刺史賀若誼碑》據舊拓校補闕字爲"右武"。授□大將軍,《八瓊室金石補正》校補闕字爲"上"。

李德林傳（卷四二）

魏孝靜帝時，命當世通人正定文籍，以（李敬族）爲内校書，别在直閣省。（頁 1351）

　　別在直閣省　開皇六年李敬族墓誌（文物 1964－10，疏證 132）云：“詔與當時才彦在直閣省校定文籍，固辭以疾，得以言歸。”敬族似未直閣省。

（李）德林居貧轗軻，母氏多疾，方留心典籍，無復官情。（頁 1352）

　　開皇六年李敬族妻趙蘭姿墓誌（文物 1964－10，疏證 133）記李德林母爲趙蘭姿。

（李百藥）襲爵安平縣公，桂州司馬。煬帝惡其初不附己，以爲步兵校尉。（頁 1367）

　　《舊唐書》卷七二《李百藥傳》云：“煬帝大怒，及即位，出爲桂州司馬。其後，罷州置郡，因解職還鄉里。大業五年，授魯郡臨泗府步兵校尉。”貞觀二十二年李百藥墓誌（榆陽 018）云：“大業元年，出爲桂州司馬。州廢，改授魯郡臨泗府越騎校尉。”按《隋書》卷二八《百官志下》：“鷹揚每府置越騎校尉二人，掌騎士，步兵校尉二人，領步兵，並正六品。”據《舊唐書》本傳、墓誌，李百藥蓋因爲煬帝所惡，出爲桂州司馬，《隋書》敍事失次。

河間王弘傳　觀德王雄傳（卷四三）

河間王（楊）弘字辟惡，高祖從祖弟也。（頁1369）

　　大業三年楊弘墓誌（隋考262）記其字義深，或一人兩字。

歲餘，（楊弘）進授柱國。時突厥屢爲邊患，以行軍元帥，率衆數萬，出靈州道，與虜相遇，戰，大破之，斬數千級。賜物二千段，出拜寧州總管，進位上柱國。（頁1369—1370）

　　大業三年楊弘墓誌（隋考262）云：“頃之，加上柱國，……既而引弓之民，犬羊爲伍；叩罄之旅，山谷爲量。土運奇有素，制勝在懷，部勒輕銳，隨機掃撲。……開皇三年授使持節、總管寧敷幽三州諸軍事、寧州刺史。”誌文記進上柱國在破突厥前。

觀德王（楊）雄，初名惠，高祖族子也。父紹，仕周，歷八州刺史、儻城縣公。（頁1374）

　　惠　大業九年楊雄墓誌（墨香閣241）記其字威惠。

　　歷八州刺史　建德元年楊紹墓誌（秦晉豫續138，集成1184）、《文館詞林》卷四五二《後周大將軍楊紹碑銘》云其歷燕敷幽三州刺史，贈成文扶鄧洮五州刺史。

　　儻城縣公　《北史》卷六八《楊紹傳》、楊紹墓誌、《文館詞林》卷四五二《後周大將軍楊紹碑銘》作“儻城郡公”。按《隋書》卷二九《地理志上》漢川郡興勢縣下小注云"舊置儻城郡，開皇初郡廢"①。疑"郡公"是。

周武帝時，(楊雄)爲太子司旅下大夫。帝幸雲陽宮，衞王(宇文)直作亂，以其徒襲肅章門，雄逆拒破之。進位上儀同，封武陽縣公，邑千戶。累遷右司衞上大夫。（頁1374）

太子司旅下大夫　　大業九年楊雄墓誌（墨香閣241）作"太子右司旅"。

進位上儀同封武陽縣公　　楊雄墓誌云："時衞王直寵弟驕矜，……以功封清水縣開國子，食邑三百戶，進授使持節、上儀同大將軍。宣政元年，授禦侮中旅下大夫。其年，改封武陽縣開國公。"楊雄封武陽縣公在宣政元年，本傳蓋因刪節過甚而有歧義，"進位上儀同"下宜改爲句號。

右司衞上大夫　　楊雄墓誌作"右少司衞中大夫"。

高祖受禪，(楊雄)除左衞將軍，兼宗正卿。俄遷右衞大將軍，參預朝政。（頁1374）

右衞大將軍　　《北史》卷六八《楊紹傳》同。大業九年楊雄墓誌（墨香閣241）云："開皇元年，授左衞大將軍、知左右武候事，兼宗正卿。"按本卷下文開皇九年冊楊雄爲司空詔云"上柱國、左衞大將軍、宗正卿、廣平王"，"右"疑作"左"。

---

① 　另參王仲犖：《北周地理志》，第326頁。

遼東之役，（楊雄）檢校左翊衛大將軍，出遼東道。次瀘河鎮，遘疾而薨，時年七十一。（頁 1375）

左翊衛大將軍　《北史》卷六八《楊紹傳》同。大業九年楊雄墓誌（墨香閣 241）作"左御衛大將軍"。

七十一　楊雄墓誌作"七十有三"。

（楊雄）子恭仁。（頁 1376）

《舊唐書》卷六二《楊恭仁傳》記其本名綸。貞觀十三年楊溫墓誌（新中國陝西壹 36）云："諱溫，字恭仁。"蓋以字行。

（楊）琳弟續，仕至散騎侍郎。（頁 1376）

續　永徽三年楊續墓誌（秦晉豫續 213）記其字希道。

（楊）雄弟達，字士達。少聰敏，有學行。仕周，官至儀同、内史下大夫，遂寧縣男。（頁 1376）

士達　《寶刻叢編》卷八《唐遂甯郡公楊達碑》引《集古錄目》云："遂甯郡公姓楊氏，名達，字叔莊。"或一人兩字。

内史下大夫　《求古錄》載《大周無上孝明高皇后碑銘》記其父達爲"周内史中大夫"。

煬帝嗣位，（楊達）轉納言，仍領營東都副監。（頁 1376）

營東都副監　《求古錄》載《大周無上孝明高皇后碑銘》記其父達爲"營東都大監"。按《隋書》卷六八《宇文愷傳》云：“煬帝即位，遷都洛陽，以愷爲營東都副監，尋遷將作大匠。”楊達或爲營東都大監。

趙熲傳　趙芬傳　元暉傳　楊尚希傳蘇孝慈傳　張熲傳（卷四六）

（趙熲）父仲懿，尚書左丞。（頁1409）

大統二年趙超宗妻王氏墓誌（碑林新藏007）誌尾云：“次子仲懿，尚書郎中、行南秦州事、撫軍將軍、岐州刺史、尋陽伯。”即其人。

申國公李穆之討齊也，引（趙芬）爲行軍長史，封淮安縣男，邑五百户。（頁1411）

淮安縣男　《北史》卷七五《趙芬傳》同。《文館詞林》卷四五二《大將軍趙芬碑銘》作“淮安縣開國子”。

（趙芬）子元恪嗣，……少子元楷。（頁1412）

子元恪嗣　大象元年尉遲廓墓誌（秦晉豫續145，新見集釋51）云：“君諱廓，字元偉。……開府儀同大將軍、熊淅二州刺史、少宗伯、淮安侯之世子也。本姓趙氏，漢幽州刺史融之後，周初賜姓尉遲。”按趙廓本爲趙芬之世子，卒於建德六年，年十八，故由趙元恪嗣。另趙廓字元偉，疑元恪、元楷皆以字行。

以（元）暉多才辯，與千乘公崔睦俱使于齊。（頁1416）

崔睦　開皇十七年劉大臻墓誌(新見隋誌18)云"隨千乘公崔穆聘于齊"。久視元年崔哲墓誌(北圖藏拓19-13，唐代彙編久視015)云"曾祖彥穆，周金紫光禄大夫，聘齊、陳二國大使，金、安、襄三州刺史，千乘公"，即其人。疑作"崔穆"是。

(楊异)九歲丁父憂。……賜爵昌樂縣子。後數以軍功，進爲侯。……卒官，時年六十二。(頁1418—1419)

進爲侯　仁壽元年楊异墓誌(隋考203)云"封昌樂縣開國公，食邑一千户"，誌文記此事在開皇前，則楊异至北周末已封公。

六十二　楊异墓誌記其卒於開皇二十年九月，春秋六十八，推知其生於永熙二年。大統八年楊异父楊儉墓誌(秦晉豫三77，補遺千唐442)記其卒於大統八年正月，則楊异時年十歲，與傳云"九歲丁父憂"相近，疑"年六十二"誤。

蘇孝慈，扶風人也。(頁1419)

蘇孝慈　仁壽三年蘇慈墓誌(集釋409，隋考218)云："公諱慈，字孝慈。"蓋以字行。

(蘇孝慈)後拜都督，聘于齊，以奉使稱旨，遷大都督。其年又聘于齊，還受宣納上士。(頁1419)

仁壽三年蘇慈墓誌(集釋409，隋考218)云："(天和)四年，授都督，充使聘齊。……六年，授正大都督，仍領前侍兵。……其年，重出聘齊，……還授宣納上士。"按孝慈兩次聘齊非同一年，傳因刪節過甚而致誤。

（蘇孝慈）累遷工部上大夫。（頁 1419）

工部上大夫　《北史》卷七五《蘇孝慈傳》、仁壽三年蘇慈墓誌（集釋 409，隋考 218）作"工部中大夫"。

仁壽初，（蘇孝慈）遷洪州總管，俱有惠政。其後桂林山越相聚爲亂，詔孝慈爲行軍總管，擊平之。其年卒官。（頁 1420）

擊平之　仁壽三年蘇慈墓誌（集釋 409，隋考 218）云："時桂部侵擾，交川擁據，詔授公交州道行軍總管。方弘九伐，遽縶千里，遘疾薨于州治，春秋六十有四。"岑仲勉云："孝慈并未成行，傳作擊平者誤。"[1]另墓誌記其謚曰"安"。

開皇時有劉仁恩者，不知何許人也。（頁 1423）

開皇十四年劉仁恩墓誌（西市 17，貞石 066）云："公諱仁恩，字慶仁，陝州弘農人也。"即其人。誌文記其卒於信州總管任上。

韋世康傳　柳機傳（卷四七）

（韋世康）祖旭，魏南幽州刺史。（頁 1427）

---

① 岑仲勉：《隋書求是》，中華書局，2004 年，第 92 頁。

南幽州　大象二年韋孝寬墓誌（新中國陝西肆 28，疏證 115）記其父旭爲“幽州刺史”。錢大昕《廿二史考異》卷四〇《北史三》認爲“幽”當作“豳”，並云：“魏時無南幽州也。”按《太平寰宇記》卷三四：“大統十四年分涇州之新平郡置南豳州，以北別有豳，此爲‘南’。廢帝三年廢北豳州，此遂去‘南’字。後周因之。”“南幽州”爲“南豳州”之訛。

（韋協）後歷定、息、秦三州刺史，皆有能名，卒官。（頁 1430）

秦　《北史》卷六四《韋孝寬傳》同。開皇十八年韋協墓誌（文博 2015—3）作“泰”。

武帝親征高氏，拜（韋壽）京兆尹，委以後事。（頁 1433）

《北史》卷六四《韋孝寬傳》略同。開皇十八年韋壽墓誌（新中國陝西肆 40）云：“大象二年，除京兆尹。”按《周書》卷六《武帝紀下》：“（建德五年十月）己酉，帝總戎東伐。”非同時事。

高祖爲丞相，以其父平尉迥，拜（韋）壽儀同三司，進封滑國公，邑五千户。（頁 1433）

儀同三司　《北史》卷六四《韋孝寬傳》同。開皇十八年韋壽墓誌（新中國陝西肆 40）作“上開府儀同大將軍”，大象二年韋孝寬墓誌（新中國陝西肆 28，疏證 115）誌尾云：“次子壽，字世齡，使持節、上開府儀同大將軍、京兆尹、滑國公。"《周書》卷六《武帝紀下》云："（建德四年十月戊子）改開府儀同三司爲開府儀同大將軍，儀同三司爲儀同大將軍，又置上開府、上儀同官。"按韋壽墓誌上文云："建德六年，詔授使持節、儀同大將軍。"當以誌爲是。

開皇十年，（韋壽）以疾徵還，卒于家，時年四十二。……以其子保巒嗣。（頁 1433）

　　開皇十八年韋壽墓誌(新中國陝西肆 40)云："以開皇十二年十一月廿九日薨於京第，春秋卌有二。"按傳未載其卒年，"以疾徵還"下宜改爲句號。

　　保巒　《北史》卷六四《韋孝寬傳》同。開皇六年韋壽妻史世貴墓誌(新中國陝西肆 30，貞石 016)誌尾云："長息寶鷟，滑國世子；第二息寶鸞，河陽縣男。"按韋壽諸子名皆從"鳥"旁，"保巒"疑誤。

（韋）壽弟霽，位至太常少卿、安邑縣伯。（韋）津位至内史侍郎，判民部尚書事。（頁 1433）

　　大象二年韋孝寬墓誌(新中國陝西肆 28，疏證 115)誌尾記韋霽字開雲，貞觀四年韋津墓誌(新中國陝西肆 54)記其字悉達。

（柳機）年十九，周武帝時爲魯公，引爲記室。（頁 1433—1434）

　　年十九　仁壽元年柳機墓誌(唐史論叢 19，貞石 095)云："年十九，起家魯國公治記室曹"，與傳合。然誌文記其卒於開皇十四年五月，春秋五十六，推知其生於大統五年。按《周書》卷四《明帝紀》云“（武成元年九月）辛未，進封輔城公邕爲魯國公”，柳機時年二十一。

及（高祖）踐阼，（柳機）進爵建安郡公，邑二千四百户，徵爲納言。（頁 1434）

仁壽元年柳機墓誌（唐史論叢 19，貞石 095）云：“開皇二年，進封滄州建安郡開國公，邑户依舊。四年，入爲納言。”“徵爲納言”前宜改爲句號。

楊素傳（卷四八）

（楊素）其年授司城大夫。明年，復從（宇文）憲拔晉州。（頁 1446）

司城大夫　《北史》卷四一《楊敷傳》同。大業三年楊素墓誌（新中國陝西壹 32，疏證 189）作“司成大夫”。

高祖拜（楊）素大將軍，發河内兵擊（宇文）胄，破之。遷徐州總管，進位柱國，封清河郡公，邑二千户。……高祖受禪，加上柱國。（頁 1446）

邑二千户　大業三年楊素墓誌（新中國陝西壹 32，疏證 189）云：“以虎牢之功，進位上柱國，封清河郡公，邑三千户。”按本傳下文云：“拜荆州總管，進爵郢國公，邑三千户，真食長壽縣千户。”

浙江賊帥高智慧自號東揚州刺史。（頁 1448）

　　高智慧　《隋書》卷二《高祖紀下》、《北史》卷四一《楊敷傳》同。《隋書》卷八五《段達傳》、大業九年楊約墓誌（隋考 384）作“高智惠”。按“惠”“慧”時常混寫。

上以（楊）素久勞於外，詔令馳傳入朝。加子玄感官爲上開府，賜綵物三千段。……自餘支黨，悉來降附，江南大定。……拜素子玄獎爲儀同。（頁 1448—1449）

　　大業三年楊素墓誌（新中國陝西壹 32，疏證 189）云：“東南底定，帝有嘉焉，授一子上開府儀同三司。”誌文或約括二事言之。

（開皇）十八年，突厥達頭可汗犯塞。（頁 1450）

　　十八年　《北史》卷四一《楊敷傳》同。大業三年楊素墓誌（新中國陝西壹 32，疏證 189）作“十九□”。按《隋書》卷二《高祖紀下》繫其事於開皇十九年四月。

可別封一子義康郡公，邑萬戶，子子孫孫，承襲不絕。（頁 1451）

　　別封一子義康郡公　《北史》卷四一《楊敷傳》同。大業三年楊素墓誌（新中國陝西壹 32，疏證 189）云：“別封義康郡公，邑一萬戶，子孫承襲，貽之長世。”“一子”兩字疑衍。

（楊素）改封楚公，真食二千五百戶。（頁 1456）

　　二千五百戶　《北史》卷四一《楊敷傳》同。大業三年楊素墓誌(新中國陝西壹 32,疏證 189)云：“改封楚公，加食邑五百户，通前爲一千五百户。”按本卷上文云“進爵郢國公，邑三千户，真食長壽縣千户”。加五百户，正合一千五百户。羅新、葉煒疑傳誤①。

久之，(楊約)爲邵州刺史，入爲宗正少卿，轉大理少卿。(頁 1457)

邵州刺史　大業九年楊約墓誌(隋考 384)作“都州刺史”。按《隋書》卷三一《地理志下》南郡紫陵縣條小注云：“西魏置華陵縣，後周改名焉。其城南面，梁置都州，又置雲澤縣。大業初州縣俱廢入焉。”

及晉王入東宮，引(楊)約爲左庶子，改封脩武縣公，進位大將軍。及素被高祖所疎，出約爲伊州刺史。……即位數日，拜内史令。……後數載，加位右光禄大夫。(頁 1458)

大業九年楊約墓誌(隋考 384)云：“以勳授開府儀同三司，封修武縣開國公，食邑一千二百户。”誌文繫封脩武縣公於平陳後、任伊州刺史在入爲太子左庶子前，皆與傳不同。

右光禄大夫　楊約墓誌云：“授公金紫光禄大夫，以改大將軍之號。”按《隋書》卷二八《百官志下》記右光禄大夫位正二品，金紫光禄大夫位從二品。

---

① 羅新、葉煒：《新出魏晉南北朝墓誌疏證》(修訂本)，第 551—552 頁。

(楊)文思在周，年十一，拜車騎大將軍、儀同三司、散騎常侍。（頁 1458—1459）

大業九年楊文思墓誌（隋考 383）云："後魏二年，時年十有一，授車騎大將軍、儀同三司、散騎常侍。"時尚未入周，故誌文云其"筮仕魏末，屬道銷之辰；革命周初，逢運興之日"。

(楊文思)進擊資中、武康、隆山生獠及東山獠，並破之。（頁 1459）

東山獠　《北史》卷四一《楊敷傳》同。大業九年楊文思墓誌（隋考 383）、《册府元龜》卷六九四作"東山獽"。

(楊文思)其後累以軍功，遷果毅右旅下大夫。（頁 1459）

果毅右旅下大夫　《北史》卷四一《楊敷傳》、大業九年楊文思墓誌（隋考 383）作"果毅左旅下大夫"。

(楊)文紀字温範，少剛正，有器局。（頁 1459）

文紀　《北史》卷四一《楊敷傳》、仁壽四年楊紀墓誌（隋考 228）作"紀"，《隋書》卷六五《李景傳》有"上明公楊紀"。誌文記其字文憲，或一人兩字。

(楊文紀)自右侍上士累遷車騎大將軍、儀同三司、安州總管長史。（頁 1459）

安州總管長史　仁壽四年楊紀墓誌（隋考 228）作"安州總管司録"。

牛弘傳（卷四九）

（牛弘）祖熾，郡中正。（頁 1463）

　　大業十二年牛方大墓誌（集釋 519，隋考 490）云：“曾祖宗熾，魏儀同三司、本郡安定太守。”熾蓋雙名省稱。

郭榮傳（卷五〇）

高祖受禪，引（郭榮）爲内史舍人，以龍潛之舊，進爵蒲城郡公。（頁 1488）

　　蒲城郡公　　郭榮碑（考古通訊 1957－1）云：“開皇革命……□□縣開國子□□□□□□□□□□侯。”岑仲勉據碑額篆題“蒲城侯郭恭公”，云“榮入隋後當初封開國子，後來晉封開國侯，其位并未至郡公也”①，可從。按《隋書》卷二九《地理志上》馮翊郡下有蒲城縣，小注云：“舊置南、北二白水。西魏改爲蒲城，置白水郡，開皇初郡廢。”王仲犖認爲“蒲城郡公”爲“蒲城縣公”之誤②。

伊婁謙傳　李徹傳（卷五四）

（伊婁謙）父靈，相、隆二州刺史。（頁 1535）

　　靈　《北史》卷七五《伊婁謙傳》同。開皇十一年伊

---

①　岑仲勉：《隋書求是》，第 95—96 頁。
②　王仲犖：《北周地理志》，第 64—65 頁。

婁謙墓誌(浙大墓誌庫)記父名"尹"。

大象中,(伊婁謙)進爵爲侯,加位開府。……高祖受禪,以彦恭爲左武候將軍,俄拜大將軍,進爵爲公。(頁 1536)

　　開府　《北史》卷七五《伊婁謙傳》同。開皇十一年伊婁謙墓誌(浙大墓誌庫)云:"大象元年,封濟陽縣侯,邑三千戸。二年,轉上開府儀同三司。"

　　左武候將軍　《北史》卷七五《伊婁謙傳》同。伊婁謙墓誌云:"開皇元年,詔曰謙奮司禁衛,早立勳猷,心腹爪牙,誠有攸屬,可左武候大將軍,進爵爲公。其月,又拜大將軍。"《隋書》卷一《高祖紀上》云:"(開皇元年二月丁卯)上開府、濟陽侯伊婁彦恭爲左武候大將軍。"按伊婁彦恭即伊婁謙,《隋書》卷二八《百官志下》:"左右衛、左右武衛、左右武候,各大將軍、一人。將軍,二人。"

數歲,(伊婁謙)卒於家,時年七十。(頁 1536)

　　七十　開皇十一年伊婁謙墓誌(浙大墓誌庫)云"春秋五十五"。

(李徹)父和,開皇初爲柱國。(頁 1539)

　　柱國　《周書》卷二九《李和傳》、《北史》卷六六《李和傳》作"上柱國"。開皇二年李和墓誌(文物 1966-1,新中國陝西貳 7,疏證 119)云:"建德六年,群稽復動。……出爲荆浙淮湖純蒙禮廣殷霍鄭豫溁十三州諸軍事、荆州總管。復爲延州總管,加上柱國。"則李和入隋前已加上柱國。

尒朱敞傳　乞伏慧傳（卷五五）

尒朱敞字乾羅，秀容契胡人。（頁 1549）

　　乾羅　《北史》卷四八《尒朱榮傳》、開皇十一年尒朱敞墓誌(集釋 383，隋考 106)同。《集古録跋尾》卷五引《隋尒朱敞碑》云"碑字天羅"，趙萬里云："天、乾二字以音義俱同通用，或敞有二字，碑與誌傳各舉其一也。"岑仲勉云："按乾爲天，北人譯義，故應有此，能讀蒙、滿文者自知之。"①

太祖見而禮之，拜（尒朱敞）大都督、行臺郎中，封靈壽縣伯。（頁 1549）

　　大都督　開皇十一年尒朱敞墓誌(集釋 383，隋考 106)云："年十八，拜都督、大行臺郎中，封靈壽縣開國伯。……（大統）十七年，轉大都督。"②

天和中，（尒朱敞）增邑五百户，歷信、臨、熊、潼四州刺史，進爵爲公。（頁 1549）

　　開皇十一年尒朱敞墓誌(集釋 383，隋考 106)云："天和元年，除使持節、都督信州諸軍事、信州刺史。其年，轉都督臨州諸軍事、臨州刺史。建德元年，進爲公，任蕃部尚書，除使持節、任熊州諸軍事、熊州刺史。建德四年，除潼州諸軍事、潼州刺史。"傳因刪節過甚，致有歧義。

---

① 岑仲勉：《隋書求是》，第 101 頁。
② 尒朱敞墓誌下文云："大統九年，遷儀同三司，進爵爲侯。"疑"十七年"爲"七年"之訛。

高祖受禪，改封（尒朱敞）邊城郡公。黔安蠻叛，命敞討平之。師旋，拜金州總管，尋轉徐州總管。（頁1550）

開皇十一年尒朱敞墓誌（集釋383，隋考106）云：“開皇元年，遷都督金洵直上羅遷綏井八州諸軍事、金州總管、金州刺史。二年，改封邊城郡開國公、都督徐邳兗沂泗海楚宋八州八鎮諸軍事、徐州總管。”誌云封邊城郡公在拜金州總管後。

（尒朱敞）子最嗣。（頁1550）

隋邊城公尒朱公之碑（中原文物1992−4，洛陽新獲14）云：“公諱休，字休最。”即其人。上元三年尒朱義琛墓誌（千唐藏誌297，唐代彙編上元036）云：“父休最，隋豫章王府司馬，襲爵邊城郡公。”知尒朱休以字行，又雙名省稱作“最”。

乞伏慧字令和，馬邑鮮卑人也。祖周，魏銀青光禄大夫，父纂，金紫光禄大夫，並爲第一領民酋長。（頁1552）

貞觀元年乞扶令和墓誌（考古2015−2）云：“公名惠，字令和。”即其人。“乞扶”爲“乞伏”之異譯，“惠”“慧”時常混寫。誌文又云：“祖周，第一領民酋長。父纂，魏金紫光禄大夫、瀛洲刺史、尚書左僕射。”與傳稍異。

盧思道傳　薛道衡傳（卷五七）

（盧思道）子赤松，大業中，官至河東長史。（頁1579）

河東長史　　修訂本校勘記引《北史》卷三〇《盧玄

傳》作“河東縣長”。今檢貞觀二十三年盧赤松墓誌（邙洛56）作“河東長”。按《隋書》卷三〇《地理志中》河東郡下有河東縣，郡、縣不置長史，疑本傳衍“史”字。

煬帝嗣位，（薛道衡）轉番州刺史。（頁1584）

　　番州　底本原作‘潘州’，《北史》卷三六《薛辯傳》亦作“潘州”。修訂本校勘記據《隋書》卷四八《楊素傳》、卷六六《房彥謙傳》改，並指出《隋書》卷三一《地理志下》南海郡下有番州，隋時無潘州。今檢永淳元年王正惠及妻薛氏墓誌（流散三029）、垂拱元年薛震墓誌（新中國陝西壹90，唐代續集垂拱003）皆記其祖道衡“都督陵邛番襄四州諸軍事、四州刺史”，足以定讞。

明克讓傳（卷五八）

（明克讓）出爲衞王友，歷漢東、南陳二郡守。武帝即位，復徵爲露門學士。……賜爵歷城縣伯，邑五百户。（頁1593）

　　南陳　開皇十四年明克讓墓誌（新見隋誌16）作“南鄉”。按《隋書》卷三〇《地理志中》淅陽郡下有南鄉縣，小注云“舊置南鄉郡，後周併龍泉、湖里、白亭三縣入。……開皇初南鄉郡廢。”王仲犖考北周無南陳郡①，疑“南鄉”是。

　　露門學士　《北史》卷八三《文苑傳》同。明克讓墓

---

① 王仲犖：《北周地理志》，第1016頁。

誌作"虎門學士"。按《周書》《隋書》《北史》多見"露門學士"，蓋避唐諱改①。

五百户　明克讓墓誌云："賜爵齊州歷城縣開國子，食邑四百户。……進爵爲伯，如先邑户。"

崔仲方傳　于仲文傳（卷六〇）

宣帝嗣位，(崔仲方)爲少内史，奉使淮南而還。（頁1626）

貞觀十一年崔仲方墓誌（考古2001-2，補遺8-257）云："宣政元年，授少内史。成絲綸之美，參煞生之柄。及周宣嗣業，刑政乖方。公因被顧問，備陳誠讜。"則崔仲方遷少内史在宣帝嗣位前。

(崔仲方)尋轉司農少卿，進爵安固縣公。（頁1626）

安固縣公　《北史》卷三二《崔挺傳》作"固安縣公"。貞觀十一年崔仲方墓誌（考古2001-2，補遺8-257）作"固安公"。開皇十五年崔大善墓誌（考古2001-2，疏證155）云"父仲方，固安公"，羅新、葉煒認爲《北史》是②。

(崔仲方)尋轉禮部尚書。後三載，坐事免。尋爲國子祭酒，轉太常卿。（頁1628）

貞觀十一年崔仲方墓誌（考古2001-2，補遺8-257）云：

---

① 張玉興：《北周"虎門學"諱改"露門學"考》，《文史》2023年第1輯，第261—266頁。
② 羅新、葉煒：《新出魏晉南北朝墓誌疏證》（修訂本），第467頁。

"大業元年,加大將軍,除民部尚書,徙禮部尚書。三年,除國子祭酒,尋遷太常卿。"傳云後三載,稍不確。

(崔仲方)子民壽,官至定陶令。（頁1628）

民壽　《北史》卷三二《崔挺傳》作"燾"。貞觀十一年崔仲方墓誌（考古2001-2,補遺8-257）云"公□子隨故東宮舍人民燾",開皇五年崔仲方妻李麗儀墓誌（考古2001-2,疏證130）誌尾云："長子東宮親衛、石城縣開國男大德字民燾。"《北史》避唐諱省稱"燾","民壽"疑誤。

明年,……遣總管辛明瑾、元滂、賀蘭志、呂楚、段諧等二萬人出盛樂道。（頁1632）

辛明瑾　開皇十四年辛瑾墓誌（墨香閣217,貞石061）云："公諱瑾,字明瑾。"即其人,蓋以字行。

宇文述傳　郭衍傳（卷六一）

開皇初,(宇文述)拜右衛大將軍。（頁1642）

右衛大將軍　《北史》卷七九《宇文述傳》同。武德八年宇文述墓誌（秦晉豫續186）作"右武衛將軍。"

(宇文述)以功拜一子開府,賜物三千段,拜安州總管。（頁1642）

武德八年宇文述墓誌（秦晉豫續186）云"功封別子新城郡公",不知是否爲同一子。

(郭衍)父崇以舍人從魏武帝入關。（頁 1647）

　　崇　　底本原闕"崇"字，點校本校勘記據《北史》卷七四《郭衍傳》補。今檢貞觀二十年郭嗣本墓誌（文博 2013－4）云："祖崇，魏大丞相府長史、度支七兵都官三曹尚書、大司農、秦岐二州刺史，贈尚書左僕射、臨淄貞公。"即其人。

王韶傳　元巖傳（卷六二）

(王韶)祖諧，原州刺史。父諒，早卒。（頁 1651）

　　祖諧　　《北史》卷七五《王韶傳》同。王韶家族墓地已發現，據墓誌，知王韶之父名楷，傳云祖，誤，"諧"蓋"楷"之形訛①。

大業之世，(王士隆)頗見親重，官至備身將軍。……會王世充僭號，甚禮重之，署尚書右僕射。（頁 1653）

　　備身將軍　　貞觀七年王士隆墓誌（輯繩 81，唐代續集貞觀 008）作"左備身將軍"。

　　尚書右僕射　　《北史》卷七五《王韶傳》同。王士隆墓誌作"尚書左僕射"。

及(高祖)受禪，拜(元巖)兵部尚書，進爵平昌郡公。（頁

---

① 趙占銳、鄭旭東：《試析隋王韶家族墓園的佈局特徵和營建過程》，《文博》2023 年第 5 期，第 64 頁。

1654）

　　平昌郡公　　《北史》卷七五《元巖傳》同。開皇五年重修七帝寺碑(北圖藏拓 9-25,故宮博物院院刊 1985-2)有"前刺史昌平公元巖",開皇十六年正解寺殘碑(北圖藏拓 9-108,文物春秋 2003-4)中亦有"昌平公元巖"。按《隋書》卷三〇《地理志中》涿郡昌平縣條小注云"舊置東燕州及平昌郡。後周州郡並廢,後又置平昌郡。開皇初郡廢"。《魏書》卷一〇六上《地形志上》東燕州下有平昌郡,《水經注》卷一三灤水云:"又逕昌平郡東,魏太和中置,西南去故城六十里。"王仲犖認爲"平昌郡"當作"昌平郡"①。

元壽傳（卷六三）

（元壽）贈尚書右僕射、光禄大夫,謚曰景。（頁 1678）

　　尚書右僕射　　《北史》卷七五《元壽傳》同。《金石録》卷二二引《隋尚書左僕射元壽碑》云"贈尚書左僕射、光禄大夫,封博平侯"。永徽二年元英墓誌(新中國陝西肆70)云:"父壽,隨内史令,尚書左僕射、博平景侯。"知其後封博平侯,疑以"左僕射"爲是。

陳茂傳　張鉟傳（卷六四）

陳茂,河東猗氏人也。（頁 1690）

---

① 　王仲犖:《北周地理志》,第 898 頁。

《集古録跋尾》卷五引《隋陳茂碑》記其字延茂。

(陳茂)遷太府卿，進爵爲伯。（頁 1691）

太府卿　《集古録跋尾》卷五引《隋陳茂碑》作"太僕卿"。今檢陳茂碑（北圖藏拓 9－124）云："（開皇元年）進爵爲伯。……七年，授兼太僕卿，……九年，正除太僕卿。"碑云進爵爲伯在前，未嘗歷太府卿。

(張奫)進位開府儀同三司，封文安縣子，邑八百戶。（頁 1692）

文安縣子　龍朔二年張楚賢墓誌（考古與文物 1983－3，新中國陝西肆 81）云："父淵，……文安縣公，謚曰莊，《隨史》有傳。"疑後晉爵爲公，本傳未記。

(張奫)歷撫、顯、齊三州刺史，俱有能名。（頁 1693）

撫顯齊三州刺史　修訂本校勘記引《北史》卷七八《張奫傳》作"撫濟二州刺史"。今檢龍朔二年張楚賢墓誌（考古與文物 1983－3，新中國陝西肆 81）記其父歷"撫顯濟三州刺史"，疑"濟州"是。

周羅睺傳　周法尚傳　慕容三藏傳（卷六五）

(周羅睺)父法暠，仕梁冠軍將軍、始興太守、通直散騎常侍、南康內史，臨蒸縣侯。（頁 1707）

貞觀二十三年周仲隱墓誌（輯繩 140，唐代彙編貞觀 175）

云："祖法暠，梁冠武將軍、南康郡内史、臨蒸縣開國公。"
按《隋書》卷二六《百官志上》記梁十八班，冠武將軍爲十
班，誌云臨蒸縣開國公，或後有累贈。

其年冬，(周羅睺)除幽州刺史，俄轉涇州刺史，母憂去
職。未葬，復起，授幽州刺史，並有能名。十八年，起遼東之
役，徵爲水軍總管。(頁 1709)

　　《金石録》卷二二引《隋周羅睺墓誌》云："自幽州爲
　　水軍總管，進上將軍，然後爲涇州。"所記歷官次序不同。

(周法尚)數有戰功，遷使持節、貞毅將軍、散騎常侍，領
齊昌郡事，封山陰縣侯，邑五千户。(頁 1710)

　　五千户　大業十年周法尚墓誌(洛陽考古院 23)作"五
　　百户"。按《陳書》紀傳，縣侯多封五百户或八百户，至多
　　不過一千户，疑"五千户"誤。

(周法尚)封歸義縣公，邑千户。……遷衡州總管、四州
諸軍事，改封譙郡公，邑二千户。(頁 1710—1711)

　　二千户　大業十年周法尚墓誌(洛陽考古院 23)云："封
　　南司州歸義縣開國公，邑一千户。……三年，進爵譙州
　　譙郡開國公，增邑五百户，通前一千五百户。"

(周法尚)贈武衛大將軍，謚曰僖。有子六人。長子紹
基，靈壽令，少子紹範，最知名。(頁 1713)

　　武衛大將軍　顯慶三年周紹業墓誌(千唐 133，唐代彙編

顯慶 070)記父法尚爲"左武衛大將軍"，或即贈官。

紹基　大業十年周法尚墓誌(洛陽考古院 23)有"世子靈壽縣令紹嗣"，即其人。《新唐書》卷七四下《宰相世系表四下》記周法尚二子：紹嗣、紹範。疑"紹基"誤。

紹範　《新唐書》卷七四下《宰相世系表四下》記其爲"左屯衛大將軍、譙敬公"，《文館詞林》卷四五三《左屯衛大將軍周孝範碑銘》記其名孝範，或後有改名。《舊唐書》卷一九四上《突厥傳上》有"將軍周範"，蓋雙名省稱。

慕容三藏，燕人也。父紹宗，齊尚書左僕射。(頁 1716)

慕容三藏　據咸亨四年慕容三藏墓誌(千唐 282，唐代彙編咸亨 075)記其字悟真。

尚書左僕射　《魏書》卷一二《孝靜紀》、《北齊書》卷四《文宣紀》、《北史》卷五三《慕容紹宗傳》同。慕容三藏墓誌作"尚書右僕射"。

開皇元年，(慕容三藏)授吳州刺史。(頁 1716)

吳州刺史　《北史》卷五三《慕容紹宗傳》同。咸亨四年慕容三藏墓誌(千唐 282，唐代彙編咸亨 075)云："特授大將軍，尋遷晉州刺史。……開皇元年，命以舊官從事。"

仁壽元年，(慕容三藏)改封河內縣男。(頁 1717)

河內縣男　《北史》卷五三《慕容紹宗傳》同。咸亨四年慕容三藏墓誌(千唐 282，唐代彙編咸亨 075)作"河內縣公"。按墓誌上文云"(開皇)四年，加野王縣開國公"，疑

"縣男"誤。

裴政傳　郎茂傳　高構傳
房彦謙傳（卷六六）

裴政字德表。……年十五，辟邵陵王府法曹參軍事。（頁1736）

德表　《北史》卷七七《裴政傳》同。開皇二年裴政墓誌(咸陽師範學院學報 2024−3)作"德貞"。

辟邵陵王府法曹參軍事　裴政墓誌云："釋褐豫章王府法曹參軍。"按《梁書》卷二九《邵陵王綸傳》記其爲蕭衍第六子，天監十三年封；卷五五《豫章王綜傳》記其爲蕭衍第二子，天監三年封。

時雲定興數入侍太子，……（裴）政因謂定興曰："公所爲者，不合禮度。又元妃暴薨，道路籍籍，此於太子非令名也。"（頁 1738）

《北史》卷七七《裴政傳》同。《隋書》卷二《高祖紀下》云："（開皇十一年正月）丙午，皇太子妃元氏薨。"開皇二年裴政墓誌(咸陽師範學院學報 2024−3)記其葬於開皇二年七月三十日。是時，裴政已卒。

（裴政）由是出爲襄州總管。……卒官，年八十九。著《承聖降録》十卷。（頁 1738）

出爲襄州總管　《北史》卷七七《裴政傳》同。開皇二年裴政墓誌(咸陽師範學院學報 2024−3)云："薨於長安縣清

官鄉洪固里宅。"誌蓋作"大隋上儀同太子左庶子裴府君
之墓誌",知終官爲太子左庶子,誌文云"詔追贈襄州諸
軍事、襄州刺史",蓋未出爲襄州總管。

八十九　裴政墓誌作"六十有二"。按裴政墓誌與
本傳差異頗多,蓋非同源。

《承聖降録》十卷　修訂本校勘記引《北史》卷七七
《裴政傳》、《通志》卷一六三《裴政傳》作"承聖實録"。
《舊唐書》卷四六《經籍志上》有"《梁太清實録》八卷"。
裴政墓誌云:"撰《太清實録》,凡爲九卷。"疑是同書。

(大業)十年,(郎茂)追還京兆,歲餘而卒。(頁 1744)

《集古録跋尾》卷五引《隋郎茂碑》記其"從幸江都而
卒"。

開皇中,昌黎豆盧寔爲黃門侍郎。(頁 1745)

開皇中　《北史》卷七七《高構傳》同。大業九年豆
盧寔墓誌(集釋 466,隋考 387)云:"(大業)二年,特詔除黃門
侍郎。"

**高祖(房)法壽,魏青、冀二州刺史,壯武侯。……祖翼,
宋安太守,並世襲爵壯武侯。父熊,釋褐州主簿,行清河、廣
川二郡守。**(頁 1750)

壯武侯　《金石萃編》卷四三《房彥謙碑》作"莊武
侯"。"莊""壯"兩字時常混寫。《魏書》卷四三《房法壽
傳》云:"子伯祖,襲,例降爲伯。"《房彥謙碑》下文云:"祖

翼，……襲爵莊武伯。”貞觀五年房彥詡墓誌(山東石刻5—67，補遺7—240)云：“祖翼，襲爵莊武伯”，傳云“世襲爵壯武侯”，不確。

熊　《金石萃編》卷四三《房彥謙碑》記其父名“伯熊”，房彥詡墓誌云：“父伯熊，清河内史。”熊係雙名省稱。

趙元淑傳　李密傳（卷七○）

博陵趙元淑，父世模。初事高寶寧，後以衆歸周，授上開府。（頁1819）

世模　開皇十一年趙惠墓誌(隋考108)云：“公諱惠，字世摸”，蓋以字行。按“摸”“模”兩字時常混寫，當以“世模”爲正。

後以衆歸周　趙惠墓誌云：“至（開皇）四年，將領兵衆一千餘人，俱來歸國，蒙授大都督。”傳云“歸周”，不確。

李密字法主。（頁1823）

《文苑英華》卷九四八《唐故邢國公李密墓誌銘》記其字玄邃，蓋一人兩字。

（李密）祖耀，周邢國公。（頁1823）

耀　貞觀十一年崔仲方墓誌(考古2001—2，補遺8—257)同。《文苑英華》卷九四八《唐故邢國公李密墓誌銘》、開皇五年崔仲方妻李麗儀墓誌(考古2001—2，疏證130)、大業元年李裕墓誌(文物2009—7，高陽原11，貞石107)作“曜”。

誠節傳（卷七一）

劉弘字仲遠，……仕齊行臺郎中、襄城、沛郡、穀陽三郡太守、西楚州刺史。（頁 1840）

襄城沛郡穀陽三郡太守　開皇十三年劉弘墓誌（文獻 2012－1，隋代墓誌精粹 4－72）云：“尋表爲穀陽鎮將帶穀陽太守，轉襄城鎮將帶沛郡太守。”按襄城與沛郡不在一地，疑誌有脫文，惟歷官順序當以誌爲是。又誌文記其字子光，或一人二字。

（劉弘）以功授儀同、永昌太守、齊州長史。……以功加上儀同，封濩澤縣公，拜泉州刺史。（頁 1840）

《北史》卷八五《節義傳》同。開皇十三年劉弘墓誌（文獻 2012－1，隋代墓誌精粹 4－72）云：“開皇元年，詔授使持節、上儀同三司、曹州永昌郡太守。……七年，封澤州濩澤縣開國男，邑二百户。”則劉弘開皇初即加上儀同，平陳後，未嘗進封濩澤縣公。

皇甫誕字玄慮，……周畢王引爲倉曹參軍。（頁 1840—1841）

玄慮　《北史》卷七〇《皇甫璠傳》同。點校本校勘記指出《金石萃編》卷四四《皇甫誕碑》作“玄憲”。按《金石録》卷二三引《隋皇甫誕碑》云：“余嘗得誕墓誌，又得此碑，……而碑、誌皆作‘玄憲’。”

倉曹參軍　《金石萃編》卷四四《皇甫誕碑》云：“起家除周畢王府長史。”

上以百姓多流亡,令(皇甫)誕爲河南道大使以檢括之。及還,奏事稱旨,上甚悦,令判大理少卿。明年,遷尚書右丞。俄以母憂去職。未朞,起令視事。尋轉尚書左丞。(頁1841)

《金石萃編》卷四四《皇甫誕碑》云:"授大理少卿,……授尚書右丞,……丁母憂去職,……詔奪情復其舊任,……詔公持節爲河北河南道安撫大使,……事訖,反命,授尚書左丞。"碑文所記歷官次序與傳不同。

張須陁,弘農閿鄉人也。(頁1846)

景雲二年張須陁墓誌(流散073)記其字果。

(張須陁)乃下馬戰死。時年五十二。(頁1848)

五十二　景雲二年張須陁墓誌(流散073)作"五十有一"。

酷吏傳(卷七四)

(庫狄士文)祖干,齊左丞相。(頁1898)

左丞相　《北齊書》卷四《文宣紀》、《北史》卷五四《庫狄干傳》皆記庫狄干終官爲太宰。開皇十四年庫狄士文墓誌(西市15,貞石063)云"祖干,太宰、假黃鉞",知後未累贈至左丞相,疑傳誤。

在齊,(庫狄士文)襲封章武郡王,官至領軍將軍。(頁1898)

領軍將軍　《北史》卷五四《庫狄干傳》同。開皇十四年庫狄士文墓誌(西市 15,貞石 063)作"内領軍",《北史》卷五一《齊宗室諸王傳上》有"中領軍庫狄士文"。按内領軍即中領軍,避隋諱改。

高祖受禪,(庫狄士文)加上開府,封湖陂縣子,尋拜貝州刺史。(頁 1898)

開皇十四年庫狄士文墓誌(西市 15,貞石 063)云:"大象之始,弓車晏駕,司馬消難跋扈安陸,影響奸逆,晝夜攻圍。公雖異叔敖秉羽甘寢,不殊墨子繁帶全城。有詔特徵,賜金帶馬物,除上開府、邧州總管、安州刺史,湖陂縣開國子。開皇二年,除使持節,貝州刺史。"按邧州總管司馬消難於大象二年七月舉兵,王仲犖考安州"北周宣帝大象初,改爲邧州,尋復舊曰安州"①,故隋無邧州,疑"加上開府,封湖陂縣子"在北周末。

(燕榮)從武帝伐齊,以功授開府儀同三司。(頁 1901)

開府儀同三司　咸亨二年燕榮孫越國太妃燕氏墓誌(新中國陝西壹 80,唐代續集咸亨 012)作"上開府儀同三司",開元六年燕榮曾孫燕紹墓誌(北圖藏拓 21－86,唐代彙編開元 067)作"儀同三司"。

高祖受禪,(燕榮)進位大將軍,封落叢郡公,拜晉州刺

---

① 　王仲犖:《北周地理志》,第 451 頁。

史。（頁 1901）

　　落叢　咸亨二年越國太妃燕氏墓誌（新中國陝西壹 80，唐代續集咸亨 012）、開元六年燕紹墓誌（北圖藏拓 21−86，唐代彙編開元 067）作“洛叢”。按《魏書》卷一〇六下《地形志下》東益州下有洛叢郡，《隋書》卷二九《地理志上》作“落叢”。“洛叢”“落叢”時常混寫。

　　拜晉州刺史　越國太妃燕氏墓誌、燕紹墓誌皆記其爲周晉州刺史。

（燕榮）尋徵爲右武候將軍。（頁 1901）

　　右武候將軍　《北史》卷八七《酷吏傳》作“武候將軍”。咸亨二年越國太妃燕氏墓誌（新中國陝西壹 80，唐代續集咸亨 012）記其爲“左武候大將軍”。

（元弘嗣）祖剛，魏漁陽王。父經，周漁陽郡公。（頁 1907）

　　祖剛　《北史》卷八七《酷吏傳》同。開皇十五年元綸墓誌（考古與文物 2012−6）云：“父綱，使持節、驃騎大將軍、開府儀同三司、侍中、吏部尚書、淅州諸軍事、淅州刺史、漁陽郡開國公。周朝改政，謚曰章公。”《元和姓纂》卷四“元氏”條云：“倍斤生昭。昭生元、綱。……綱生經。經生弘嗣、弘則。”即其人，疑以“綱”爲正。

文學傳（卷七六）

（劉臻）後爲露門學士，授大都督，封饒陽縣子。（頁 1943）

露門學士　《北史》卷八三《文苑傳》同。開皇十七年劉大臻墓誌(即劉臻，新見隋誌 18)作"虎門學士"。按《周書》《隋書》《北史》多見"露門學士"，蓋避唐諱改①。

高祖受禪，(劉臻)進位儀同三司。左僕射高熲之伐陳也，以臻隨軍，典文翰，進爵爲伯。(頁 1943)

進爵爲伯　《北史》卷八三《文苑傳》同。開皇十七年劉大臻墓誌(新見隋誌 18)云："皇運光啓，特詔授君使持節、儀同三司，進爵爲伯，如先邑戶。開皇二年，王師南伐，兼行軍吏部。"誌云進爵在伐陳前。

外戚傳（卷七九）

(呂)永吉從父道貴，……拜上儀同三司，出爲濟南太守。(頁 2010)

上儀同三司　《北史》卷八〇《外戚傳》同。開皇十二年呂道貴墓誌(文物 2005-1)作"儀同三司"。又誌文云："至宣政二年，蒙補濟南□守。"則呂道貴爲濟南太守在受禪前，與傳異。另誌文記呂道貴字希玄。

(獨孤)信入關之後，復娶二妻，郭氏生子六人，善、穆、藏、順、陁、整。(頁 2011)

周閔帝元年獨孤信墓誌(北圖藏拓 8-98，彙編 488)誌尾

---

① 張玉興：《北周"虎門學"諱改"露門學"考》，《文史》2023 年第 1 期，第 261—266 頁。

記:"妻如羅氏,廣陽郡君。長息善,字弩引。……第二息藏,字拔臣。……第三息震,字毗賀周。"與傳異,疑"震"即"整"。

周武帝以(獨孤)羅功臣子,久淪異域,徵拜楚安郡太守。（頁 2011）

開皇二十年獨孤羅墓誌(考古學報 1959－3,隋考 176,疏證 168)云:"大象元年,授楚安郡守。"《周書》卷一六《獨孤信傳》亦云"大象元年,除楚安郡守"。按周武帝卒於宣政元年六月,傳疑誤。

(蕭)瑒,歷衛尉卿。（頁 2017）

衛尉卿　大業八年蕭瑒墓誌(集釋 450,隋考 362)云:"大業元年,授東京衛尉少卿。"

列女傳（卷八〇）

仁壽中,(陸讓)爲番州刺史。（頁 2031）

仁壽中　《北史》卷九一《列女傳》作"開皇末"。《金石萃編》卷四六《陸讓碑》云:"擢□廣州諸軍事、廣州刺史,散官如故。……十三年,……乃以公爲顯州諸軍事、顯州刺史。"按碑云陸讓卒於大業六年,則"十三年"蓋指開皇十三年,《隋書》卷三一《地理志下》南海郡注云:"舊置廣州,……仁壽元年置番州。"傳云"仁壽中",疑誤。

劉昶女者，河南長孫氏之婦也。（頁 2032）

長孫氏　開皇十七年劉昶妻宇文氏墓誌<small>（碑林論叢 23，</small><small>貞石 073）</small>云長女鄶國夫人。開皇十二年長孫懿墓誌<small>（新見</small><small>隋誌 13，貞石 056）</small>誌蓋作"大隋使持節儀同三司鄶國公蔡羅二州刺史長孫使君墓誌銘"，大業二年劉氏墓誌<small>（碑林論叢</small><small>23，貞石 111）</small>云："大隋使持節儀同三司蔡羅二州諸軍事羅州刺史鄶國公長孫氏夫人劉氏。"即其人，知劉昶女嫁長孫懿。

段達傳（卷八五）

（段）達見賊盛，不陣而走，爲（李）密所乘，軍大潰，（韋）津没於陣。（頁 2140）

津没於陣　《北史》卷七九《段達傳》作"津没于密"。按《隋書》卷七〇《李密傳》云："密擊敗之，執津於陣。"《舊唐書》卷九二《韋安石傳》云："李密逼東都，津拒戰於上東門外，兵敗，爲密所囚，及王世充殺文都等，津獨免其難。"貞觀四年韋津墓誌<small>（新中國陝西肆 54）</small>云："由是就擒，陷于勍敵，既而俘見李密，逼説都城。……凶魁感歎，竟不害焉。"傳云韋津没於陣，疑誤。

卷七　北史

魏本紀（卷五）

（永安元年四月癸卯）以給事黄門侍郎元瑱爲東海王。
（頁162）

元瑱　《北史》卷一九《獻文六王傳》、太昌元年元瑱墓誌(集釋184,彙編327)記其名作"瑱"。按《魏書》卷一〇《孝莊紀》、卷二一上《獻文六王傳上》底本亦作"瑱"，點校本《魏書》校勘記已據《册府元龜》卷二八一、元瑱墓誌改，《北史》偶失校。

齊本紀中（卷七）

（天保元年六月壬午）揚州縣開國公高孝緒爲脩城王。
（頁246）

揚州縣開國公　《北史》卷五一《齊宗室諸王傳上》云："（高永樂）無子，從兄思宗以第二子孝緒爲後，襲爵。"《北史》卷五一《齊宗室諸王傳上》、興和三年高永樂墓誌(墨香閣47)皆記其封陽州縣公。疑"陽州"是。

（天保五年八月庚午）以上黨王（高）渙爲尚書右僕射。（頁251）

　　右僕射　《北齊書》卷四《文宣紀》、乾明元年高渙墓誌（秦晉豫續120，新見集釋38）作“左僕射”。

周本紀上（卷九）

（廢帝元年）四月，達奚武圍南鄭，月餘，梁州刺史宜豐侯蕭脩以州降武。（頁327）

　　蕭脩　《南史》卷五二《梁宗室傳下》同。《梁書》《陳書》《周書》作“蕭循”。點校本校勘記云：“《周書》皆作‘蕭循’。《北史》皆作‘脩’。二字易混，未知孰是。”今檢大業十一年蕭翹墓誌（集釋505，隋考461）云“太保公、宜豐王循之第四子”，建德六年柳帶韋墓誌（文博2020−5）有“梁宜豐侯蕭循”，當以“循”爲正。

隋本紀上（卷一一）

（開皇元年二月）丁卯，以大將軍趙煚爲尚書右僕射，以上開府伊婁彥恭爲右武候大將軍。（頁404）

　　右武候大將軍　點校本校勘記引《隋書》卷一《高祖紀上》、卷五四《伊婁謙傳》及《北史》卷七五《伊婁謙傳》作“左武候大將軍”，疑“右”誤。今檢開皇十一年伊婁謙墓誌（浙大墓誌庫）作“左武候大將軍”，足以定讞。

（開皇十三年）冬十一月乙卯，上柱國、華陽公梁彥光卒。（頁 418）

　　華陽　底本原作"華陰"，點校本校勘記據《北史》卷八六《循吏傳》及《隋書》卷二《高祖紀下》、卷七三《循吏傳》改。今檢開皇十三年梁脩芝墓誌（字彥光，新見隋誌 14，貞石 059）云"封梁州華陽郡開國公"，足以定讞。

后妃傳下（卷一四）

（段）韶妻元氏爲俗弄女壻法戲文宣。（頁 521）

　　開皇十八年段韶妻元渠姨墓誌（墨香閣 219）記其名渠姨。

武成皇后阿史那氏，突厥木杆可汗俟斤之女也。（頁 528）

　　武成　開皇二年武德皇后阿史那氏墓誌（文物天地 1995－2，疏證 118）記其諡曰"武德"。

魏諸宗室傳（卷一五）

昭成皇帝九子：庶長曰寔君，次曰獻明帝，次曰秦王翰，次曰闕婆，次曰壽鳩，次曰紇根，次曰地干，次曰力真，次曰窟咄。（頁 560）

　　壽鳩　永平四年元侔墓誌（集釋 54，彙編 103）云："五世祖第八皇子，諱受久。"開皇二年元華光（出土文獻研究 18，貞石 004）墓誌云："高祖帝之第八子壽久可汗。"兩誌皆記壽鳩爲昭成帝第八子,與傳異。

(元盛)子戀,字伯邕,襲爵,降爲侯。從駕入關,封北平王。(頁 568)

北平王　《元和姓纂》卷四"元氏"條作"北地王"。另元策墓誌(墨香閣 257)云:"父戀,字伯邕,太府卿。"按元策未隨父西奔,所記蓋元戀入關前的官職。

(元)贊弟淑。……謚曰靜。有七子。(頁 573)

謚曰靜　永平元年元淑墓誌(文物 1989－8,疏證 28)作"靖",大統六年元顥墓誌(墨香閣 45)記其爲"安北大將軍、肆朔燕相四州刺史、靖公之子",開皇二年元媛柔墓誌(出土文獻研究 18,貞石 005)云:"祖魏肆朔燕相四州刺史、太尉公,謚曰靜。"按"靖""靜"兩字通。

有七子　《北史》僅載元淑子季海,元淑子元顥墓誌亦出土,又天和六年元淑孫元世緒墓誌(西市 8)云:"考諱凝,字慶安,魏通直散騎常侍,贈徐州刺史。"天平三年元淑孫女孟景邕妻元氏墓誌(秦晉豫續 86,集成 618)云:"使持節、散騎常侍、都督荆州諸軍事、鎮南將軍、荆州刺史祐之女。"可知其另三子顥、祐、凝事迹。

(元)季海字元泉。(頁 573)

元泉　開皇二年元華光墓誌(出土文獻研究 18,貞石 004)誌尾云:"弟……馮翊王諱季海,字九泉。"元媛柔墓誌(出土文獻研究 18,貞石 005)云:"父諱 季 海,字九泉。""元"蓋

“九”之形訛。

（元）季海妻，司空李沖之女，莊帝從母也。……（元季海）封馮翊王，位中書令、雍州刺史，遷司空。病薨，謚曰穆。（頁573）

中書令　保定四年元季海妻李稚華墓誌(西市5)、元華光墓誌(出土文獻研究18，貞石004)、元媛柔墓誌(出土文獻研究18，貞石005)作“尚書令”。按元華光墓誌、元媛柔墓誌皆記元季海歷官甚詳，未及中書令。

穆　元季海妻李稚華墓誌、開皇五年元季海子元儉墓誌(河洛44，貞石013)、元華光墓誌、元媛柔墓誌皆記元季海謚曰“簡穆”。

（元）蕭弟仁，器性明敏，位日南郡丞。（頁576）

仁　《隋書》卷四六《元暉傳》標點爲“蕭弟仁器，性明敏，官至日南郡丞”。按開皇十年元仁宗墓誌(集釋63，隋考098)云：“魏尚書右僕射、晉昌王之孫，上開府、魏州刺史、義寧公第二子。”趙萬里考仁宗祖翌，父暉。疑元暉諸子字皆帶“仁”字，當以“仁器”爲是。

道武七王傳（卷一六）

（元）爽弟蠻，仕齊，歷位兼度支尚書，行潁州事。坐不爲繼母服，爲左丞所彈。後除開府儀同三司。（頁600）

開府儀同三司　天統三年司馬季沖妻元客女墓誌

（北朝藏品 36）云"儀同三司、左光禄大夫蠻之女"。

景穆十二王傳上（卷一七）

明帝初，（元遥）累遷左光禄大夫，仍領護軍。（頁 634）

左光禄大夫　熙平二年元遥墓誌（集釋106，彙編145）作"右光禄大夫"。按《魏書》卷九《肅宗紀》："（延昌四年七月）丁未，詔假右光禄大夫元遥征北大將軍。"①

（元脩義）子均，位給事黄門侍郎。後入西魏，封安昌王，位開府儀同三司。薨，贈司空，謚曰平。（頁 641）

平　元均孫女元㖧女墓誌（新中國陝西肆49，貞石131）同。大象二年元均母盧蘭墓誌（集釋118，彙編504）云"子安昌宣王"，或曾有改謚。

景穆十二王傳下（卷一八）

（元世儁）興和中，薨。贈太尉，謚曰躁戾。（頁 667）

贈太尉　《魏書》卷一九中《景穆十二王傳中》云："贈侍中、都督冀定瀛殷四州諸軍事、驃騎大將軍、太傅、定州刺史，尚書令、開國公如故。"興和三年元世儁墓誌（張海館藏上175）云："贈使持節、侍中、都督定冀瀛殷四州

---

① 《魏書》卷一九上《景穆十二王傳上》校勘記已指出左光禄大夫誤。惟引元遥墓誌，誤將"鎮東將軍"作"鎮軍將軍"。

諸軍事、定州刺史、尚書令、太傅，武陽縣開國子如故。”
皆未及太尉。

獻文六王傳（卷一九）

（元泰）謚曰文。（頁 701）

　　文　《魏書》卷二一上《獻文六王列傳上》作“文孝”。
永安三年元泰墓誌(洛陽百品 006)未記謚號，“謚曰”下空兩
格，疑元泰爲複謚。

樓伏連傳（卷二○）

召（樓）寶第二子景賢，授員外散騎常侍郎。（頁 757）

　　員外散騎常侍郎　點校本校勘記云：“無此官名，疑
‘常’或‘郎’字衍。”大統十年婁叡墓誌(唐史論叢 28)云
“起家爲員外散騎侍郎”。婁叡墓誌有殘泐，失記其字，
周曉薇、李皓以爲景賢即叡，傳衍“常”字①。按《隋書》
卷五三《賀婁子幹傳》云“父景賢，右衞大將軍”，開皇十
五年婁叡妻乞伏氏墓誌(唐史論叢 28，貞石 072)記第三子幹，
即賀婁子幹，則叡亦以字行。另婁叡墓誌記樓寶謚曰
“敬僖”。

---

① 周曉薇、李皓：《隋代鮮卑族乞伏氏與賀婁氏之新史料——長安新見隋開皇十五年
　〈婁叡妻乞伏氏墓誌〉》，《唐史論叢》第 28 輯，三秦出版社，2019 年，第 294 頁。

長孫嵩傳　長孫道生傳（卷二二）

（長孫儉）祖酌，恒州刺史。父幨，員外散騎侍郎。（頁 807）

　　酌　《文苑英華》卷九〇五《周柱國大將軍拓拔儉神道碑》作"豹"。

　　幨　開皇三年長孫儉子長孫璥墓誌（新見隋誌 3，貞石 009）同，《文苑英華》卷九〇五《周柱國大將軍拓拔儉神道碑》作"贍"。

（長孫儉）遷尚書左僕射，加侍中。（頁 808）

　　尚書左僕射　《文苑英華》卷九〇五《周柱國大將軍拓拔儉神道碑》作"尚書右僕射"。

魏廢帝二年，（長孫儉）授東南道大都督、荆襄等三十三州鎮防諸軍事。（頁 809）

　　三十三州　《文苑英華》卷九〇五《周柱國大將軍拓拔儉神道碑》作"三十六州"。

（長孫儉）後移鎮荆州，授總管荆襄等五十二州諸軍事、行荆州刺史。（頁 809）

　　五十二州　《文苑英華》卷九〇五《周柱國大將軍拓拔儉神道碑》、開皇十二年長孫儉孫長孫懿墓誌（新見隋誌 13，貞石 056）作"五十三州"。

（長孫儉）贈本官，加涼瓜等十州諸軍事、涼州刺史，追封

鄅國公。（頁 809—810）

　　鄅國公　《周書》卷二六《長孫紹遠傳》作“鄅公”，《文苑英華》卷九〇五《周柱國大將軍拓拔儉神道碑》、開皇三年長孫儉子長孫璥墓誌（新見隋誌 3，貞石 009）、開皇十二年長孫儉孫長孫懿墓誌（新見隋誌 13，貞石 056）皆作“鄅國公”。當以“鄅國”爲正。

（長孫儉）封高平郡公，位儀同三司。（頁 815）

　　高平郡公　大統十四年長孫儉墓誌（碑林集刊 17，集成 798）作“平高郡公”。按《隋書》卷二九《地理志上》平涼郡下有平高縣，小注云：“後魏置太平郡，後改爲平高。開皇初郡廢。”錢大昕《廿二史考異》卷三〇據《隋志》及《周書》卷三〇《于翼傳》“李穆除原州刺史，又以賢子爲平高郡守，遠子爲平高縣令”，以爲當作“平高”。《魏書》卷一〇六下《地形志下》原州下有高平郡，小注云：“太延二年置鎮，正光五年改置，并置郡縣。治高平城。”王仲犖據《李穆傳》認爲“後魏置高平郡。西魏末，改爲平高郡”[1]。《隋志》中“太平”或爲“高平”之誤。入周後，碑誌中仍見高平，如建德四年田弘墓誌（北周田弘墓 116，疏證 102）記其葬於原州高平之北山，蓋襲用舊稱。

（長孫）義貞弟兕，字若汗。……襲爵平原縣公。卒，子熾嗣。（頁 816）

---

[1]　王仲犖：《北周地理志》，第 88 頁。

義貞弟兕　天和元年拔拔兕墓誌（新見集釋 45）記其字義貞，疑傳誤。

平原縣公　拔拔兕墓誌作“平原縣開國侯”，《隋書》卷五一《長孫覽傳》亦記其父長孫兕爲“平原侯”。

子熾嗣　《隋書》卷五一《長孫覽傳》記長孫熾字仲光，拔拔兕墓誌記其次子名“仲熾”，蓋雙名省稱。

（長孫澄）子嶸嗣。（頁 829）

永熙二年長孫士亮妻宋靈妃墓誌（集釋 589，彙編 337）誌尾云“世子山尼，次道客”。趙萬里疑山尼爲嶸之小字。

封懿傳（卷二四）

大寧二年，（封子繪）爲都官尚書。（頁 894）

二年　底本原作“三年”，點校本校勘記據《北齊書》卷二一《封隆之傳》改。今檢河清四年封子繪墓誌（考古通訊 1957－3，國博 29）云：“大寧二年，除都官尚書”，足以定讞。

（封子繪）徵拜儀同三司、尚書右僕射。（頁 894）

《北齊書》卷二一《封隆之傳》記其贈“開府儀同、尚書右僕射”，河清四年封子繪墓誌（考古通訊 1957－3，國博 29）略同，《北史》蓋刪削致誤。

（封延之）封郯城子。（頁 897）

郯城子　底本原作“琰城子”，點校本校勘記據宋本改作"郟"，並指出《北齊書》卷二一《封隆之傳》作"郟城縣子"。今檢興和三年封延之墓誌(考古通訊1957－3，國博22)作"郟城縣開國子"。按剡縣在南朝境内，《魏書》卷一〇六下《地形志下》襄城郡下有郟城縣。當作"郟城"①。

尉元傳（卷二五）

(尉元)子翊襲爵。⋯⋯謚曰順。（頁926）

　　翊　《魏書》卷五〇《尉元傳》云："子羽，名犯肅宗廟諱。"正光三年元靈曜墓誌(集釋109，彙編195)誌尾記其夫人河南尉氏"父詡"。武平六年尉囧墓誌(秦晉豫60，新見集釋43)記祖父名"詡"，據《魏書》"名犯肅宗廟諱"之説，知其本名"詡"，避諱改爲"羽"，"翊"蓋形近致訛。

　　順　元靈曜墓誌同，尉囧墓誌作"恭"。

宋隱傳　刁雍傳　辛紹先傳（卷二六）

(宋)愔歷中書博士、員外散騎常侍，使江南。爵列人子。（頁936）

　　列人子　點校本校勘記云《魏書》卷四八《高允傳》載《徵士頌》作"列人侯"，並引錢大昕《廿二史考異》卷三九云"按《魏書》，隱第三子溫，世祖時徵拜中書博士，卒，追贈列人定侯，疑溫與愔本一人"。今檢《魏書》卷六三

①　梁春勝：《六朝石刻叢考》，第122頁。

《宋弁傳》云：“祖悟，……賜爵列人子，還拜廣平太守。……贈安遠將軍、相州刺史，謚曰惠。”永熙二年長孫士亮妻宋靈妃墓誌（集釋589，彙編337）亦記其祖宋弁爲“烈人子”，《北史》不誤，原校勘記當删。按宋温、宋悟仕歷、贈官、爵謚皆不同，非一人，錢氏恐誤。

（刁雍）遷徐州刺史，賜爵東安伯。（頁947）

　　東安伯　《魏書》卷三八《刁雍傳》作“東安侯”。錢大昕《廿二史考異》卷三九云：“伯者，誤也。又下文云，‘子遵襲爵，太和中例降爲侯’。而雍傳不見進爵爲公之文，疑有脱誤。”按《魏書》卷四下《世祖紀下》太平眞君三年七月有“東安公刁雍”，熙平二年刁遵墓誌（集釋222，彙編147）記其父刁雍爲“東安簡公”，又刁遵本傳云“太和中，例降爲侯”，誌文亦稱刁遵贈“侯如故”，知刁雍後進爵爲公，遵襲爵，例降爲侯，錢説是。

（辛）祥弟少雍，字季和。……卒於給事中。（頁954）

　　季和　百衲本《魏書》卷四五《辛紹先傳》記辛少雍“字季仲”。神龜三年辛祥墓誌（考古學集刊1，集成245）誌尾云：“弟季仲，給事中。”即其人，當以季仲爲是。

堯暄傳（卷二七）

（堯雄）位燕州刺史、平城縣伯。（頁999）

　　平城　《魏書》卷四二《堯暄傳》作“城平”。武定五年堯榮妻趙胡仁墓誌（考古 1977－6，新中國河北壹 13）云：「長子雄，……城平縣開國公。」當以城平爲是。

司馬楚之傳　蕭正表傳（卷二九）

（大統）六年，（司馬裔）授北徐州刺史。（頁 1045）

六年　《周書》卷三六《司馬裔傳》：「六年，授河内郡守。尋加持節、平東將軍、北徐州刺史。」《文苑英華》卷九〇四《司馬裔碑》：「大統七年，蒙授平東將軍、北徐州刺史。」

（蕭正表）在梁封山陰縣侯。（頁 1058）

封山陰縣侯　點校本校勘記引《魏書》卷五九《蕭正表傳》、《梁書》卷二二《太祖五王傳》、南史卷五一《梁宗室傳上》作「封山縣開國侯」或「封山縣侯」，云傳衍「陰」字。今檢武定八年蕭正表墓誌（集釋 304，彙編 400）亦作「封山縣開國侯」，可補書證。

盧玄傳（卷三〇）

（盧道虔）卒官，贈尚書右僕射、司空公、瀛州刺史，謚曰文恭。（頁 1078）

文恭　《魏書》卷四七《盧玄傳》、景龍三年盧道虔曾孫盧志安墓誌（流散三 069）作「恭文」。

高允傳（卷三一）

二月，（高）乾與昂潛勒壯士，夜襲州城，執刺史元颻，射白雞殺之。（頁 1141）

> 元颻　　點校本校勘記指出《北齊書》卷二一《高乾傳》作“元仲宗”，云：“本書下文《高昂傳》云：‘密令刺史元仲宗誘執昂。’此刺史即指冀州刺史，前後不一，遂若兩人。元颻見本書卷一五《常山王遵傳》。但遵傳說他字子仲，可能是訛誤。”今檢興和三年元颻墓誌（西南集釋009）記其字仲宗，或一人兩字，原校勘記當删。

崔辯傳　崔挺傳（卷三二）

（崔辯）父經，贈兗州刺史。（頁 1163）

> 崔辯子崔楷墓誌蓋（文物春秋 2009－6，集成 1320）記崔經字道常。

（崔士元）子育王，……子文豹，字蔚，少有文才。（頁 1165）

> 崔楷墓誌蓋（文物春秋 2009－6，集成 1320）記育王有三子：長子拔咤，次拔闍，出後從叔君治，次拔□。文豹或即拔咤。

（崔説）授武衞將軍、都督，封安昌縣子。（頁 1167）

> 武衞將軍　　《周書》卷三五《崔謙傳》、《文苑英華》卷九〇四《周大將軍崔説神道碑》作“衞將軍”。

（崔挺）**以工書，受敕於長安書文明太后父燕宣王碑，賜爵秦昌子。**（頁1170）

秦昌子　點校本校勘記引張森楷云：“《魏書》卷五七《崔挺傳》‘秦’作‘泰’，據《周書》卷三五《崔猷傳》作‘泰’，疑‘泰’是。”今檢貞觀十一年崔仲方墓誌（考古2001－2，補遺8－257）云：“曾祖挺，魏光州刺史、太昌景子。……祖孝芬，……太昌侯。”按“太”“泰”兩字通，可補書證。

（崔仲方）**進位上開府，授司農少卿，進爵固安縣公。**（頁1177）

固安縣公　點校本校勘記指出《隋書》卷六〇《崔仲方傳》作‘安固縣公’，並云：“按《崔説傳》，説封安固縣侯。‘安固’當爲‘安國’之訛。”今檢貞觀十一年崔仲方墓誌（考古2001－2，補遺8－257）作“固安公”，《北史》不誤，原校勘記當删。又誌文云“父宣猷，魏侍中，周司會、少司徒、安國公”，則宣猷本封安國，至仲方改封固安。

（崔昂）**伯父吏部尚書孝芬。**（頁1179）

伯父　底本原作“祖父”，點校本校勘記據《北齊書》卷三〇《崔昂傳》、《通志》卷一五三《崔昂傳》改。今檢天統二年崔昂墓誌（文物1973－11，新中國河北壹20，彙編451）云：“考定州簡侯。”按《魏書》卷五七《崔挺傳》云：“孝芬弟孝暐，……謚曰簡。朝議謂爲未申，復贈安北將軍、定州刺史。”則崔昂父孝暐，伯孝芬。按孝暐，《北史》卷三二《崔挺傳》作“孝偉”。

（崔昂）轉都官尚書，仍兼都官事，食濟北郡幹。（頁 1181）

仍兼都官事　點校本校勘記引張森楷云：“都官尚書即治都官事，不得云‘仍兼’，疑此文有脫誤。”並云“按昂先爲度支尚書，疑是‘仍兼度支事’之誤。”今檢崔昂墓誌（文物 1973－11，新中國河北壹 20，彙編 451）云：“入爲度支尚書，轉都官。遷七兵，仍攝都官，遷中書令，猶攝都官，帶廣武太守，徙食濟北郡幹。”知崔昂後遷七兵尚書、中書令，“仍兼都官事”。傳因删節過甚而致誤。

（崔）孝直字叔廣，身長八尺，眉目疏朗，早有志尚。（頁 1182）

叔廣　點校本校勘記指出《魏書》卷五七《崔挺傳》作“叔廉”，並云：“張森楷云：‘疑廉是。’按廉、直協義，張説是。”今檢天保十年崔孝直墓誌（北朝藏品 27）作“叔廉”，足以定讞。

李順傳　李孝伯傳　李義深傳（卷三三）

（李）希遠子祖悛，襲祖爵。（頁 1216）

祖悛　武平五年李祖牧墓誌（文物 1991－8，新中國河北壹30，疏證 85）云：“祖尚書令、儀同、文靖公。……父主簿君，……襲爵濮陽伯。”考其世系，即其人。羅新、葉煒認爲“祖悛”爲“祖牧”之誤①。又誌文記祖牧字翁伯。

---

① 羅新、葉煒：《新出魏晉南北朝墓誌疏證》（修訂本），第 233 頁。

（李祖勳）封丹楊郡王，尋改封公。濟南即位，除趙州刺史。……贈尚書右僕射。武平中，將封后兄君璧等爲王，還復祖勳王爵。（頁1216—1217）

尋改封公　武平七年李祖勳墓誌（北朝藏品48）云：“乾明纘統，……改授假儀同三司，降王爲公。”誌云降爵爲公在北齊廢帝繼位後。

尚書右僕射　李祖勳墓誌作“尚書左僕射”。另墓誌撰於武平七年十一月，未載復爵之事，記祖勳諡曰“文孝”。

（李公統）其母崔氏當没官，其弟宣寶行賕，改籍注老。（頁1217）

開皇二年崔芷蘩墓誌（墨香閣205）誌尾記“第二子公統，字仲徽，太尉府參軍事、員外散騎侍郎”，即其人，知崔氏名芷蘩，祖崔挺、父崔孝芬。

（李）祖勳叔騫女爲安德王（高）延宗妃。（頁1218）

武平五年李祖牧墓誌（文物1991-8，新中國河北壹30，疏證85）誌尾云：“第四女齊世宗文襄皇帝第五子太尉公安德王延宗妃。”羅新、葉煒認爲《北史》誤[1]。今檢天保元年李騫墓誌（墨香閣87）誌尾記其三女，云“長女□華，□帝嬪”，亦可證。

---

[1]　羅新、葉煒：《新出魏晉南北朝墓誌疏證》（修訂本），第234頁。

(李)元操弟孝基，亦有才學。……孝基弟孝俊，太子洗馬。孝俊弟孝威，字季重，涉學有器幹。（頁 1219）

孝基弟孝俊　《新唐書》卷七二上《宰相世系表二上》記李希禮諸子次第爲孝貞、孝基、孝俊、孝威、孝衡。天保七年李希禮墓誌(新中國河北卷壹 17)誌尾云："長子孝貞，字元操，司徒府參軍事，娶都官尚書博陵崔昂女。次子孝基，字仲苟，儀同開府參軍事。次子孝儀，字叔異。次子孝威，字季重。次子孝平，字幼安。"疑孝俊即孝儀。

(李)謐子士謙，字子約，一名容郎。（頁 1232）

謐子士謙　《魏書》卷五三《李孝伯傳》記謐弟郁，郁子士謙。按開皇八年李士謙墓誌(中國書法 2019－12)云"考郁"，《北史》蓋整合相關傳記時致誤。

容郎　李士謙墓誌記其"小字客郎"。

(李義深)父紹，字嗣宗，殷州別駕。（頁 1240）

父紹字嗣宗　《北齊書》卷二二《李義深傳》云："父紹宗，殷州別駕。"武平五年李義深弟李稚廉墓誌(新中國河北壹 28)云："父紹宗，殷州憲公。"當以《北齊書》爲正。

鄭義傳（卷三五）

崔昂後妻，(鄭)元禮姊也，魏收又昂之妹夫。（頁 1307）

開皇八年崔昂妻鄭仲華墓誌(文物 1973－11,新中國河北壹 40,疏證 137)記其祖道昭，父敬祖。考其世系，知鄭仲華即鄭元禮姊。

薛辯傳（卷三六）

（薛端）轉尚書右丞，仍掌選事。（頁 1328）

　　右丞　《周書》卷三五《薛端傳》、武成元年宇文端墓誌（新中國陝西叁6）作“左丞”。

裴延儁傳（卷三八）

（裴良）子叔祉，粗涉文學，居官甚著聲績，位終司空右長史。（頁 1379）

　　司空右長史　武平二年裴良墓誌（文物 1990－12，疏證79）誌蓋盝頂下側補刻文字云叔祉“後爲尚書郎，太子中舍，驃騎大將軍，鉅鹿、浮陽、長樂三郡太守，冀州長史，司空長史，太府卿，使持節都督南光州諸軍事、南光州刺史”。羅新、葉煒指出“太府卿，使持節都督南光州諸軍事、南光州刺史”爲贈官①。按《隋書》卷二七《百官志中》記後齊官制，僅云“司徒則加有左右長史”，傳云“司空右長史”，疑誤。

房法壽傳（卷三九）

（房伯祖）子翼，大城戍主，帶宋安太守，襲爵壯武侯。（頁

---

① 　羅新、葉煒：《新出魏晉南北朝墓誌疏證》（修訂本），第 215 頁。

1415)

　　　宋安太守　底本原作"宗安太守"，點校本校勘記引
《隋書》卷六六《房彥謙傳》改。今檢《金石萃編》卷四三
《房彥謙碑》、貞觀五年房彥詡墓誌(山東石刻5-67，補遺7-
240)皆記其祖翼爲宋安太守。按《魏書》卷四三《房法壽
傳》云"子翼，襲。宣威將軍、大城戍主。永安中，青州太
傅開府從事中郎"，未記其爲宋安太守。《北史》本自《隋
書·房彥謙傳》，《隋書·房彥謙傳》之史源即貞觀五年
《房彥謙碑》。

　　　壯武侯　《金石萃編》卷四三《房彥謙碑》、房彥詡墓
誌作"莊武伯"。按"莊""壯"兩字通。《魏書》卷四三《房
法壽傳》記房翼父房伯祖"襲，例降爲伯"，房翼所襲爲壯
武伯，《北史》蓋承《隋書·房彥謙傳》之誤。

(房豹)終於家，無子，以兄熊子彥詡嗣。（頁 1416）

　　　房彥詡墓誌(山東石刻5-67，補遺7-240)記其字孝和。

楊播傳　　楊敷傳（卷四一）

(楊)昱字元略。（頁 1491）

　　　元略　點校本校勘記指出《魏書》卷五八《楊播傳》
作"元暑"，並云"昱""暑"文義相應，疑作"暑"是。今檢
太昌元年楊昱墓誌(新中國陝西肆2，疏證60)作"元暑"，足以
定讞。

（楊）逸弟謐，字遵和。（頁 1498）

遵和　《魏書》卷五八《楊播傳》作“遵智”。太昌元年楊遵智墓誌（校注 0848，集成 564）云：“君諱遵智，字遵智。”考其事迹，即楊謐，蓋以字行。當以“遵智”爲是。

帝悟其言，贈（楊）敷使持節、大將軍、譙廣復三州刺史，謐曰忠壯。（頁 1509）

譙廣復三州刺史　大業三年楊素墓誌（新中國陝西壹 32，疏證 189）記其父勇爲“淮魯復三州刺史、臨貞忠壯公”。《周書》卷三四《楊敷傳》作“淮廣復三州諸軍事、三州刺史”，大業三年楊敷妻蕭妙瑜墓誌（隋考 267，疏證 190）誌題作“周故大將軍淮魯復三州刺史臨貞忠壯公楊使君後夫人蕭氏墓誌”。按“魯州”，岑仲勉認爲避隋煬帝諱改，即“廣州”[①]，“譙”係“淮”之訛。

齊平，（楊素）加上開府，改封成安縣公。（頁 1509）

成安縣公　點校本校勘記云“下文‘成安’作‘安成’”。今檢大業三年楊素墓誌（新中國陝西壹 32，疏證 189）作“安成公”，足以定讞。

（楊素）給輼輬車、班劍三十人、前後部羽葆鼓吹。（頁 1516）

三十人　《隋書》卷四八《楊素傳》、大業三年楊素墓

---

① 岑仲勉：《隋書求是》，第 118 頁。

誌（新中國陝西壹 32，疏證 189）作“四十人”。

文帝受禪，（楊約）歷位長秋卿、鄘州刺史、宗正、大理二少卿。（頁 1522）

　　鄘州刺史　點校本校勘記指出《隋書》卷四八《楊素傳》作“邵州刺史”。今檢大業九年楊約墓誌（隋考 384）作“郜州刺史”。

（楊异）賜爵樂昌縣子，後數以軍功進爵爲侯。（頁 1524）

　　樂昌縣子　《隋書》卷四六《楊异傳》作“昌樂縣子”。仁壽元年楊异墓誌（隋考 203）作“昌樂縣開國公”，疑“樂昌”誤倒。

（楊异）後歷宗正卿、刑部尚書。（頁 1524）

　　宗正卿　《隋書》卷四六《楊异傳》、仁壽元年楊异墓誌（隋考 203）作“宗正少卿”。

　　刑部尚書　《隋書》卷四六《楊异傳》同。楊异墓誌作“工部尚書”。按《隋書》卷二《高祖紀下》云：“（開皇九年夏四月辛酉）宗正少卿楊异爲工部尚書。”疑“工部”是。

（楊寬）子文思。（頁 1526）

　　文思　底本原作“文恩”，點校本校勘記據《隋書》卷四八《楊素傳》改。今楊文思墓誌（隋考 383）既出，足以定讞。

（楊）文思字溫才。（頁 1526）

温才　底本原作"温仁",點校本校勘記據《隋書》卷四八《楊素傳》改。今檢大業九年楊文思墓誌(隋考383)作"温才",足以定讞。

(楊文思)授上儀同三司,改封承寧縣公。（頁1526）

承寧縣公　《隋書》卷四八《楊素傳》、大業九年楊文思墓誌(隋考383)作"永寧縣公"。按《隋書》卷二九《地理志上》巴東郡下有盛山縣,小注云:"梁曰漢豐,西魏改爲永寧,開皇末,曰盛山。"承寧未見載籍,疑誤。

王肅傳（卷四二）

(王誦)歷位散騎常侍、光禄大夫、右將軍、幽州刺史。（頁1540）

右將軍　《魏書》卷六三《王肅傳》、建義元年王誦墓誌(集釋265,彙編288)作"左將軍"。

(王)翊字士游,肅次兄琛子也。（頁1541）

琛　底本原作"深",點校本校勘記據《魏書》卷六三《王肅傳》改,並云:"《南史》卷二三《王奐傳》、《南齊書》卷四九《王奐傳》,並言奐次子名'琛'。"今檢永安二年王翊墓誌(集釋270,彙編300)云:"父諱琛,齊故司徒從事中郎。"足以定讞。

傅豎眼傳（卷四五）

（傅豎眼）尋假鎮南將軍，都督梁、西益、巴三州諸軍事。
（頁 1673）

鎮南將軍　《魏書》卷七〇《傅豎眼傳》作“鎮軍將軍”。永熙三年傅豎眼墓誌（考古 1987－2，山東石刻 5－19，集成602）作“鎮西將軍”。按《魏書》卷一一三《官氏志》載《後職令》，四鎮將軍與鎮軍將軍皆位從二品，四鎮將軍班位在前。

陽尼傳　賈思伯傳（卷四七）

（陽）固從弟昭，昭字元景。（頁 1730）

從弟昭　顯慶六年陽昕墓誌（北圖藏拓 13－192，唐代續集顯慶 049）云：“君諱昕，字元景。”考其事迹，即其人。

賈思伯字仕休，齊郡益都人也。（頁 1730）

仕休　《魏書》卷七二《賈思伯傳》、《金石萃編》卷二八《賈思伯碑》（北圖藏拓 4－65）、孝昌元年賈思伯墓誌（文物1992－8，山東石刻 5－12，集成 384）作“士休”。

（賈思伯）又贈尚書左僕射，謚曰文貞。（頁 1733）

左僕射　《魏書》卷七二《賈思伯傳》、孝昌元年賈思伯墓誌（文物 1992－8，山東石刻 5－12，集成 384）作“右僕射”。

尒朱榮傳（卷四八）

保定中，（尒朱敞）遷開府儀同三司，進爵爲公。（頁 1768）

《隋書》卷五五《尒朱敞傳》云：“保定中，遷使持節、驃騎大將軍，開府儀同三司。天和中，增邑五百户，歷信、臨、熊、潼四州刺史，進爵爲公。”開皇十一年尒朱敞墓誌（集釋383，隋考106）云：“（保定）四年加驃騎大將軍、開府儀同三司。……建德元年，進爲公。”《北史》因删節過甚，致有歧義。

齊宗室諸王傳上（卷五一）

趙郡王（高）琛字元寶。……謚曰貞。（頁 1843）

元寶　《北齊書》卷一三《趙郡王琛傳》作“永寶”，永熙二年高樹生墓誌（文物2014－2，集成586）云“次息永寶”。“元”係“永”之形訛。

貞　《北齊書》卷一三《趙郡王琛傳》、宣政元年高琛孫女高妙儀墓誌（集釋316，彙編497）作“貞平”。

（高岳）以功除衞將軍、左光禄大夫，封清河郡公。（頁 1847）

《北齊書》卷一三《清河王岳傳》云：“以功除衞將軍、右光禄大夫，仍領武衞。太昌初，除車騎將軍、左光禄大夫，領左右衞，封清河郡公，食邑二千户。”天保七年高岳墓誌（洛陽二〇一五35）略同，傳因删削過甚，致有歧義。

朝野惜之，(高岳)時年三十四。（頁1848）

三十四　《北齊書》卷一三《清河王岳傳》作"四十四"。點校本校勘記引張森楷云："案岳從高歡起兵在魏永安末年，距齊天保六年凡二十六年，若岳卒年三十四，則起兵時只八歲，無是理也。《北史》蓋誤。"今檢天保七年高岳墓誌(洛陽二〇一五35)云"時年四十四"，足以定讞。

(高勱)歷祠部尚書、開府儀同三司，改封安樂侯。（頁1849）

安樂侯　點校本校勘記引錢大昕《廿二史考異》卷四〇云："按《齊書》：'以清河地在畿內，改封樂安王。'此云'安樂侯'者誤。"又以《册府元龜》卷二七一作"安樂王"，云："作'侯'必誤，'樂安'、'安樂'未知孰是。"今檢《舊唐書》卷六五《高士廉傳》云"父勱，字敬德，北齊樂安王"，《新唐書》卷七一下《宰相世系表一下》作"樂安侯"。永徽六年高士廉塋兆記(昭陵25)云："父勱。襲爵清河王。改封樂安國。"永徽二年高昱墓誌(西市44)云："祖勱，襲爵清河王，開府儀同三司，改封樂安王，武衛大將軍，尚書右僕射。"疑作"樂安"是。

陽州公(高)永樂，神武從祖兄子也。（頁1851）

陽州　點校本校勘記云："本書卷七《齊文宣紀》天保元年見楊州縣開國公高孝緒，即永樂嗣子。《册府》卷四五〇亦作'楊州'。唯《册府》卷二八四作'陽周'。陽周縣見《魏書·地形志下》豳州趙興郡。'陽州''楊州'

皆當是'陽周'之訛。"今檢興和三年高永樂墓誌(墨香閣47)云："封陽州縣開國伯,邑五百戶。……進爵爲公,增邑千戶。""陽州"不誤,原校勘記當删。

可朱渾元傳　蔡儁傳　慕容紹宗傳
薛脩義傳(卷五三)

(可朱渾元)子長舉襲。(頁 1901)

長舉　武平七年可朱渾孝裕墓誌(墨香閣 187,疏證 87)云"王諱○,字孝裕,……父道元,假黄鉞、太宰、太師、司空公、司徒公、并州刺史、扶風王",即其人。《北史》卷三〇《盧玄傳》有"扶風王可朱渾孝裕",蓋以字行。

(蔡儁)出爲濟州刺史。(頁 1905)

濟州　底本原作"齊州",點校本校勘記據《北齊書》卷一九《蔡儁傳》改。按《匋齋藏石記》卷八《蔡儁斷碑》云："乃除使持節、都督濟州諸軍事、安東將軍、濟州刺史。"足以定讞。

(慕容三藏)使還以聞,上大悦,改封河内縣男。歷疊州總管、和州刺史、淮南郡太守,所在有惠政。(頁 1916)

《隋書》卷六五《慕容三藏傳》云："使還具以聞,上大悦。十五年,授疊州總管。党項羌時有翻叛,三藏隨便討平之,部内夷夏咸得安輯。仁壽元年,改封河内縣男。"咸亨四年慕容三藏墓誌(千唐 282,唐代彙編咸亨 075)云:

"（開皇）十五年，除洮旭芳宕扶珉疊等七州諸軍事、疊州總管。……仁壽元年，改封河內縣公。"則慕容三藏任疊州總管在封河內縣公前，疑《北史》改寫時致誤。

乃授（薛）鳳賢龍驤將軍，陽夏子，改封汾陰縣侯。（頁1918）

陽夏子　點校本校勘記指出《北齊書》卷二〇《薛脩義傳》作"夏陽子"，並云"《魏書·地形志下》華州華山郡有夏陽縣。即本書卷三六《薛辯傳》及《周書》卷三五《薛端傳》所說的'馮翊之夏陽'，爲薛氏族居的地方"，疑作"夏陽"是。今開皇三年檢薛舒墓誌（西南集釋036）記其"襲封夏陽縣開國子"，即爲河東薛氏封夏陽之例證。

改封汾陰縣侯　點校本校勘記據《北齊書》卷二〇《薛脩義傳》"封脩義汾陰縣侯"，云汾陰侯係薛脩義封爵，疑"封"下脫"脩義"二字。今檢天保五年薛脩義墓誌（秦晉豫續113，集成860）云："除龍驤將軍、龍門鎮將，封汾陰縣開國侯。"可補書證。

段榮傳（卷五四）

（段榮）尋歷相、濟、秦三州，所在百姓愛之。（頁1960）

秦州　太寧元年段榮墓誌（邯鄲17，集成932）云："然砥柱之北，龍津以南，乃上國之西門，誠僞境之東面，仍除泰州刺史。"按"秦州"爲西魏所轄，蓋"泰州"之形訛。

（段榮）尋除山東大行臺，領本州流人大都督。（頁 1960）

　　本州流人大都督　《北齊書》卷一六《段榮傳》作“大都督”。點校本校勘記據《北齊書》記孫騰、高潤、高叡等人曾爲“六州大都督”，疑“本州”爲“六州”之訛。今檢太寧元年段榮墓誌（邯鄲 17，集成 932）云：“俄轉山東大行臺，領六州流民大都督。”足以定讞。

（段）亮字德堪。隋大業初，位汴州刺史。卒於汝南郡守。（頁 1964）

　　亮　大業十二年段濟墓誌（集釋 506，隋考 465）云：“公諱濟，字德堪。”考其事迹，即其人。傳云名“亮”，疑誤。

房謨傳　白建傳　赫連子悅傳（卷五五）

及（房）謨卒，子廣嗣。廣弟恭懿。（頁 1993）

　　廣　天統四年房廣淵墓誌（北朝藏品 41）云：“君諱廣淵，河南洛陽人，司空、文惠公謨之元子也。……弟恭懿，西兗州長流參軍。”即房廣，傳蓋避唐諱省“淵”字。

（白建）父長命，贈開府儀同三司、都官尚書。（頁 2004）

　　長命　《金石錄》二二引《北齊白長命碑》云：“‘公字長命’，而其名已殘缺。”蓋以字行。

天保中，（赫連子悅）爲揚州刺史。（頁 2009）

　　揚州　點校本校勘記指出武平四年赫連子悅墓誌

（集釋 344，彙編 474）作“陽州刺史”，疑“揚州”誤。《金石録》卷二二引《北齊赫連子悦清德頌》亦作“陽州”，可補書證。

魏收傳（卷五六）

安德王（高）延宗納趙郡李祖收女爲妃。（頁 2033）

　　李祖收　　點校本校勘記引元象元年李憲墓誌（集釋 292，彙編 359）云：“憲長子希遠妻廣平宋氏。希遠子祖牧。趙萬里考釋以爲本傳之祖收即祖牧之譌，當是。”今檢武平五年李祖牧墓誌（文物 1991－8，新中國河北壹 30，疏證 85）誌尾云：“第四女齊世宗文襄皇帝第五子太尉公安德王延宗妃”，足以定讞。

周宗室傳（卷五七）

（宇文神舉）祖金殿，魏兗州刺史、安喜縣侯。（頁 2075）

　　安喜　　《周書》卷四〇《宇文神舉傳》、《文苑英華》卷九四七《周車騎大將軍贈小司空宇文顯墓誌銘》作“安吉”。按建德二年宇文顯墓誌（出土文獻研究 8）原石已出土，亦作“安吉”。

建德三年，（宇文顯和）追贈驃騎大將軍、開府儀同三司。（頁 2076）

　　建德三年　　《周書》卷四〇《宇文神舉傳》作“建德二年”。建德二年宇文顯墓誌（出土文獻研究 8）云：“乃贈使持節、驃騎大將軍、開府儀同三司、少司空，延丹綏三州諸軍事、延州刺史。謚良公。”誌文云“以今建德二年二月廿五日遷葬於咸陽石安縣之洪瀆原”，當以“二年”爲是。

趙貴傳　李賢傳（卷五九）

趙貴字元寶，天水南安人也。（頁2104）

元寶　《周書》卷一六《趙貴傳》、《册府元龜》卷三〇九作“元貴”。開皇十九年乙弗明墓誌（新見隋誌19，貞石086）云其本姓趙，“祖元貴，柱國，楚國公”。

恭帝元年，（李賢）進爵西河郡公。（頁2106）

西河郡公　《周書》卷二五《李賢傳》、天和四年李賢墓誌（文物1985－11，彙編492）作“河西郡公”。

（李賢）子端嗣。……端弟吉，……吉弟孝軌，……孝軌弟詢。詢字孝詢，……詢弟崇，字永隆。（頁2107—2108）

《周書》卷二五《李賢傳》云：“子端嗣。端字永貴，……端弟吉，……吉弟崇，……崇弟孝軌，……孝軌弟詢。”《周書》點校本校勘記引張森楷云“《北史》作‘吉弟孝軌’，崇則孝軌弟詢之弟也”，指出《周書》，李崇行第在三，《北史》在五，並據《隋書》卷三七《李穆傳》，考李詢小於李崇四歲，疑《北史》誤。《周書》修訂本校勘記補充天和四年李賢墓誌（文物1985－11，彙編492）誌尾記第三子隆，並云大統十三年李賢妻吳輝墓誌（文物1985－11，彙編

404)誌尾記"長子東宮洗馬永貴。……次子永隆。次子孝軌。次子孝諲。"崇字永隆,隆係雙名省稱。按李賢妻吳輝墓誌未記李吉、李詢,疑非吳氏所出。今檢李賢墓誌誌尾云:"世子端,使持節、車騎大將軍、儀同三司、大都督、甘州刺史、懷德公。次子吉,平東將軍、右銀青光禄、大都督。次子隆,使持節、車騎大將軍、儀同三司、大都督、適樂侯。次子軌,帥都督、昇遷伯。次子詢,都督左侍上士。次子諲。次子綸。次子孝忠。次子孝禮。次子孝依。次子孝良。次子抱罕。"蓋賢諸子完整的名單及次第。

賀蘭祥傳（卷六一）

(賀蘭祥)贈太師、同岐等十三州諸軍事、同州刺史。（頁2181）

　　　　十三州　《周書》卷二〇《賀蘭祥傳》作"十二州"。保定二年賀蘭祥墓誌(新中國陝西壹28,疏證94)記其贈"同岐涇華宜敷寧隴夏靈恒朔十二州諸軍事"。

尉遲迥傳（卷六二）

入隋,(尉遲安)歷鴻臚卿、左衛大將軍。（頁2215）

　　　　左衛大將軍　大業十一年尉富娘墓誌(集釋498,隋考446)云:"父安,皇朝左光禄大夫、左武衛大將軍。"

馮景傳（卷六三）

馮景字長明，河間武垣人也。父傑，爲伏與令。（頁2228）

伏與令　大統十年馮景之墓誌（陝博005）記父傑爲"扶輿令"。按《魏書》卷一〇六上《地形志上》，瀛洲高陽郡下有扶輿縣，無伏與縣。"伏與"疑誤。

韋孝寬傳　柳虯傳（卷六四）

永安二年，（韋旭）拜右將軍、南幽州刺史。（頁2259）

南幽州　底本原作"南幽州"，點校本校勘記引錢大昕《廿二史考異》卷四〇云："'幽'當作'豳'。魏時無南幽州也。"今檢大象二年韋孝寬墓誌（新中國陝西肆28，疏證115）記其父旭爲"豳州刺史"。按《太平寰宇記》卷三四邠州條云："大統十四年分涇州之新平郡置南豳州，以北別有豳，此爲'南'。廢帝三年廢北豳州，此遂去'南'字。後周因之。"足以定讞。

（韋總）贈上大將軍，追封河南郡公，謚曰貞。六年，重贈柱國、五州刺史。（頁2268）

貞　建德六年韋揔墓誌（新中國陝西肆21）同，並記其重贈蒲陝熊中義五州刺史。開皇十五年韋揔妻達奚氏墓誌（新中國陝西肆37）、開皇十八年韋揔子韋圓成墓誌（新中國陝西肆42）皆記其謚曰"懷"，疑後有改謚。

（韋總）子國成嗣，後襲孝寬爵郿國公。隋文帝追録孝寬舊勳，開皇初，詔國成食封三千户，收其租賦。（頁 2268）

國成　大象二年韋孝寬墓誌（新中國陝西肆 28，疏證 115）誌尾記云：“世孫圓成，使持節、開府儀同大將軍。”建德六年韋揔墓誌（新中國陝西肆 21）誌尾記“世子圓成”，開皇十八年韋圓成墓誌（新中國陝西肆 42）云：“開皇四年，詔襲祖爵郿國公”。“國成”爲“圓成”之訛。

三千户　韋圓成墓誌作“一万户”。

文帝受禪，（韋壽）歷位恒、毛二州刺史。（頁 2268）

毛　底本原作“尾”，點校本校勘記據《隋書》卷四七《韋壽傳》改，並引錢大昕《廿二史考異》卷四〇云“‘尾’當作‘毛’。隋置毛州於館陶縣”。今檢開皇十八年韋壽墓誌（新中國陝西肆 40）亦作“毛州刺史”，可補書證。

（柳）虯弟檜。……檜弟鷟，好學善屬文，卒於魏臨淮王記室參軍事。……鷟弟慶。（頁 2279—2282）

《周書》卷二二《柳機傳》云：“慶三兄，鷟、虯、檜，虯、檜並自有傳。”今檢建德六年柳鷟墓誌（秦晉豫續 143，集成 1215）、魏恭帝二年乙弗虯墓誌（考古與文物 2020－1）、廢帝二年柳檜墓誌（新見集釋 31）、天和二年柳慶墓誌（文獻 2023－1），分別生於太和二十一年、景明二年、正始四年、熙平二年，又《周書》卷二二《柳慶傳》記其卒年五十，可知其兄弟排行當爲鷟、虯、檜、慶。疑《北史》將三人傳記歸併爲同傳時致誤。

（柳慶）封清河縣男，除尚書左丞，攝計部。（頁 2284）

左丞　《周書》卷二二《柳慶傳》、天和二年柳慶墓誌（文獻 2023-1）作“右丞”。按墓誌下文云“（大統）十六年，太祖董帥東行，以公爲大□臺右丞，轉尚書左丞”，疑“右丞”是。

劉亮傳　田弘傳（卷六五）

（劉亮）父特真，位領人酋長。魏大統中，以亮著勳，追贈恒州刺史。（頁 2304—2305）

特真　《周書》卷一七《劉亮傳》作“持真”。開皇十年夏侯君妻劉令華墓誌（隋代墓誌精粹 7-16）云：“使持節、車騎大將軍、儀同三司、恒夏康諸軍事、恒州使君持芝之孫。”即其人。

田弘字廣略。（頁 2314）

廣略　底本原作“廣路”，點校本校勘記據《周書》卷二七《田弘傳》、《通志》卷一五八《田弘傳》改。今檢《文苑英華》卷九〇五《周柱國大將軍紇干弘神道碑》、建德四年田弘墓誌（北周田弘墓 116，疏證 102）皆記其字廣略，可補書證。

王傑傳　耿豪傳（卷六六）

（王傑）追封鄖國公，謚曰威。子孝遷，位開府儀同大將

軍。（頁 2320）

孝遷　《周書》卷二九《王傑傳》作“孝僊”。《金石萃編》卷三八《龍藏寺碑》云：“太師、上柱國、大威公之世子，使持節、左武衛將軍、上開府儀同三司、恒州諸軍事、恒州刺史、鄂國公、金城王孝僊。”錢大昕《潛研堂金石文跋尾續》卷二考證孝僊即王傑子孝僊。“僊”即“僊”之異體。

（耿豪）其先家於武川。（頁 2321）

武川　《周書》卷二九《耿豪傳》作“神武川”。開皇十年耿豪子耿雄墓誌(西市 14，貞石 049)記其爲“神武尖山人”，疑以《周書》爲是。

王士良傳（卷六七）

（王士良）俄除酈州刺史，轉荆州刺史。……開皇元年卒，時年八十二。（頁 2360）

荆州　點校本校勘記指出《周書》卷三六《王士良傳》作“金州”，並云“《通志》卷一五八《王士良傳》文同《北史》而字作‘金’，疑《北史》本亦作‘金’。”今檢開皇三年王士良墓誌(北周珍貴 126，新中國陝西肆 29，疏證 125)云“前後累授荆州、敷州、金州三總管”，足以定讞。

開皇元年卒　王士良墓誌記其卒於開皇三年六月二十六日，謚曰“肅”。

時年八十二　王士良墓誌作“七十七”。

楊紹傳（卷六八）

（楊雄）封武陽郡公，遷右衛上大夫。（頁 2369）

　　武陽郡公　《隋書》卷四三《觀德王雄傳》作"武陽縣公"。大業九年楊雄墓誌（墨香閣 241）記其宣政元年"改封武陽縣開國公，增邑七百户"。

　　右衛上大夫　《隋書》卷四三《觀德王雄傳》作"右司衛上大夫"，楊雄墓誌作"右少司衛中大夫"。按《唐六典》卷二八云："後周東宫官員有司戎、司武、司衛之類。"

李彦傳　檀翥傳（卷七〇）

（李昇明）仕隋，終於齊州刺史。（頁 2421）

　　齊州刺史　咸亨四年夏侯絢妻李淑姿墓誌（匯編陝西 3－82，唐代續集咸亨 020）云："祖昇明，……隋尚書左丞，司農、太府卿，康始渭齊鄧兗六州諸軍事、六州刺史，鄒縣公。"疑終官非齊州刺史。

（李昇明）子仁政，長安縣長。義軍至，以罪誅。（頁 2421）

　　長安縣長　咸亨四年夏侯絢妻李淑姿墓誌（匯編陝西 3－82，唐代續集咸亨 020）云："父仁政，隋京兆郡長安縣令，襲爵鄒縣公。"按《隋書》卷二八《百官志下》云："大興、長安縣，置令，丞，正。"

時毛遐爲行臺，鎮北雍。（頁 2433）

北雍　底本原作"北維",點校本校勘記據《周書》卷
三八《李昶傳》改,並云《北史》卷四九《毛鴻賓傳》"明帝
以鴻賓兄弟所定處多,乃改北地郡爲北雍州,鴻賓爲刺
史"。今檢大統元年毛遐造像記(藥王山北朝碑石研究 78)云
"大行臺尚書、北雍州刺史、宜君縣開國公毛遐",可補
書證。

高熲傳　牛弘傳（卷七二）

(高賓)賜爵武陽縣伯。（頁 2487）

武陽　底本原作"陽武",點校本校勘記據《周書》卷
三七《裴文舉傳》及本卷下文乙改。今檢建德元年獨孤
賓墓誌(即高賓,考古與文物 2011-5,新中國陝西肆 13)作"武陽",
足以定讞。

(牛弘)其先嘗避難,改姓遼氏。祖熾,本郡中正。父元,
魏侍中、工部尚書、臨涇公,復姓牛氏。（頁 2492）

父元　點校本校勘記指出《隋書》卷四九《牛弘傳》
作"父允",並云《周書》卷三七《裴文舉傳》附見寮允,即
弘父。今檢牛方大墓誌(集釋 519,隋考 490)云:"祖允,魏開
府儀同三司、工部尚書、少司空、臨涇縣公。"足以定讞。

元冑傳（卷七三）

於是徵(上官)政爲驍騎將軍,拜(丘)和代州刺史。（頁 2520）

驍騎將軍　《隋書》卷四〇《元胄傳》作“驍衞將軍”。《文館詞林卷》卷四五三《隋右驍衞將軍上官政碑銘》云：“（大業）三年徵授左武衞將軍，頃之又授右驍衞將軍。”

趙芬傳（卷七五）

（趙芬）父諒，周秦州刺史。（頁2565）

諒　《隋書》卷四六《趙芬傳》作“演”。大象元年尉遲廓墓誌（秦晉豫續145，新見集釋51）云：“本姓趙氏，漢幽州刺史融之後，周初賜姓尉遲。祖演，儀同三司、秦州刺史。”《文館詞林》卷四五二《大將軍趙芬碑銘》記其父名“脩演”，演蓋雙名省稱。

文苑傳（卷八三）

劉臻字宣摯。……開皇十八年，卒。（頁2809—2810）

劉臻　劉大臻墓誌（新見隋誌18）云：“君諱大臻，字宣摯。”臻蓋雙名省稱。

開皇十八年卒　劉大臻墓誌記其卒於開皇十六年三月二十五日。

酷吏傳（卷八七）

（邸珍）封上曲陽縣侯，除殷州刺史。（頁2899）

上曲陽縣侯　底本原脱“陽”字，點校本校勘記據

《通志》補。按天平四年邸珍碑（北圖藏拓6—24）作"上曲陽縣開國侯"，足以定讞。

藝術傳下（卷九〇）

（徐）文伯仕南齊，位東莞、太山、蘭陵三郡太守。（頁2969）

文伯仕南齊　開皇四年徐之範墓誌（文物1987—11，山東石刻5—48，疏證128）云："祖文伯，宋給事黃門侍郎、散騎常侍、東莞蘭陵太山三郡太守。"

（徐之才）年八十，卒，贈司徒公、録尚書事，謚曰文明。（頁2973）

八十　武平三年徐之才墓誌（集釋343，彙編471）作"六十八"，岑仲勉考證以誌爲是①，可從。

恩幸傳（卷九二）

（和）士開貴，（和安）贈司空公、尚書左僕射、冀州刺史，謚文貞公。（頁3043）

謚文貞公　《文館詞林》卷四五二《征南將軍和安碑銘》記其謚曰"質"。

---

① 岑仲勉：《貞石證史》，《金石論叢》，中華書局，2004年，第91頁。

詔贈(和)士開假黃鉞、右丞相、太宰、司徒公，録尚書事，諡曰文定。(頁 3046)

右丞相　《北齊書》卷五〇《恩倖傳》、和士開墓誌(安豐 129，集成 1056)作"左丞相"。

序傳(卷一〇〇)

邢子才爲(李)禮之墓誌云："食有奇味，相待乃飱，衣無常主，易之而出。"(頁 3322)

開皇六年李禮之墓誌(浙大墓誌庫，貞石 024)云："食有加味，相得乃飱。衣無常主，易之而出。"

(李葩)子諺，字義興。(頁 3325)

諺　《魏書》卷三九《李寶傳》作"詠"。興和三年元子邃妻李艷華墓誌(集釋 578，彙編 372)云"祖葩，司農、豫州刺史。父該，散騎常侍、濟廣二州刺史"，崔楷墓誌誌蓋(文物春秋 2009－6，集成 1320)記其子士謙"妻隴西李氏，父該，侍中、吏部尚書、冀州刺史"。與諺歷官、贈官合，疑"詠""諺"皆"該"字之形訛。

(李輔)諡曰襄武侯。(頁 3326)

襄武侯　《魏書》卷三九《李寶傳》云"贈襄武侯，諡曰惠"。點校本校勘記以爲誤以封爵爲諡號。永平三年辛祥妻李慶容墓誌(考古學集刊 1，集成 114)云"秦州使君、襄武惠侯之元女"，即其人。《北史》非誤以封爵爲諡號，疑脱“惠”字。

（李智源）仕齊，卒於高都郡守。（頁 3335）

　　卒於高都郡守　武平七年李智源墓誌（墨香閣 189）云“遷高都、長平二郡太守”。疑傳誤。

（李琰之）二子綱、慧，並從孝武帝入關中。（頁 3338）

　　慧　《魏書》卷八二《李琰之傳》作“惠”。貞觀八年柳機妻李氏墓誌（唐史論叢 19）云：“祖琰之，……父惠，周開府儀同三司、洋州刺史、昌平縣開國公。”按“惠”“慧”時常混寫。

附録　南朝諸史

武帝紀下（《宋書》卷三）

（永初元年六月丁卯）追尊皇考爲孝穆皇帝，皇妣爲穆皇后。（頁56）

孝穆　《古刻叢抄》收《宋故散騎常侍護軍將軍臨澧侯劉使君墓誌》云"曾祖宋孝皇帝"。《元和郡縣圖志》卷二五潤州丹徒縣有永興寧陵，云："在縣東南三十五里。宋武帝追尊曰孝皇帝，諱翹，初仕郡，爲功曹。"

宗室傳（《宋書》卷五一）

（劉）寔弟爽，海陵太守。（頁1600）

爽　《古刻叢抄》收《宋故散騎常侍護軍將軍臨澧侯劉使君墓誌》云："第四弟□，□軌，太子舍人。……第五弟季，茂通，海陵太守。"季或是爽之小字。

魯爽傳（《宋書》卷七四）

僞高梁王阿叔泥爲芮芮所圍甚急。（頁2102—2103）

阿叔泥　點校本校勘記指出《宋書》卷九五《索虜傳》作“阿斗泥”，云：“疑阿斗泥是。叔斗形近而誤。”今檢正始元年元龍墓誌(集釋41，彙編77)云：“祖諱阿斗那，侍中、內都大官、都督河西諸軍事、啓府儀同三司、高梁王。”“阿斗那”即“阿斗泥”之異譯①。

王景文傳 (《宋書》卷八五)

吏部尚書、領太子左衞率(褚)淵，器情閑茂，風業韶遠。(頁2392)

太子左衞率　《南齊書》卷二三《褚淵傳》、《文選》卷五八《褚淵碑文》作“太子右衞率”。

崔道固傳 (《宋書》卷八八)

(崔道固)遣子景微、軍主傅靈越率衆赴安都。(頁2445)

景微　點校本校勘記引張森楷云：“景微，《薛安都傳》作景徵，必有一誤。”修訂本校勘記補充《魏書》卷二四《崔玄伯傳》作“景徽”。今檢大足元年崔仁縱墓誌(文獻2008－3)云“高祖景徽”，即其人。疑“景微”“景徵”皆誤。

索虜傳 (《宋書》卷九五)

使持節侍中都督秦雍梁益四州諸軍事安西將軍開府儀

---

① 　梁春勝：《六朝石刻叢考》，第121頁。

同三司淮陰公皮豹子。（頁2563）

　　開府儀同三司　原作"啟開府儀同三司"，點校本校勘記以爲"啟"字衍，删。熙平元年皮演墓誌（洛陽新獲5，疏證36）亦記其祖豹子爲"開府儀同三司"。按北魏前期實有"啟府儀同三司"，僅見於碑誌。熙平元年元鬱墓誌（秦晉豫15，新見集釋1）云："俄遷使持節、侍中、徐州諸軍事、啟府、徐州刺史，濟陰王如故。"延興四年司馬金龍妻欽文姬辰墓誌（文物1972-3，彙編58）記司馬楚之爲"啟府儀同三伺"①，神龜二年高道悦妻李氏墓誌（山東石刻5-9，集成223）記其父攜之爲"啟府儀同三司"，史傳皆作"開府"，疑曾有改寫。《宋書》"啟府"當有所本，疑衍"開"字。

　　淮陰公　修訂本校勘記引《魏書》卷四下《世祖紀下》、卷三七《司馬楚之傳》、卷五一《皮豹子傳》作"淮陽公"。今檢皮演墓誌云"淮陽襄王豹子之孫"，當以"淮陽"爲正。

侍中太尉征東大將軍直懃駕頭拔。（頁2584）

　　駕頭拔　延興四年司馬金龍妻欽文姬辰墓誌（文物1972-3，彙編58）記其爲"侍中、太尉、隴西王、直懃賀豆跋女"，即同一人，羅新指出"駕"爲"賀"之形訛②。

褚淵傳（《南齊書》卷二三）

（褚淵）乃改授司空，領驃騎將軍。（頁480）

---

① 按"伺"爲"司"之誤刻。
② 羅新：《北魏直勤考》，《中古北族名號研究》，第85頁。

驃騎將軍　《南齊書》卷三《武帝紀》同。《文選》卷五八《褚淵碑》作"驃騎大將軍"。

劉善明傳（《南齊書》卷二八）

年四十，刺史劉道隆辟爲治中從事。父（劉）懷民謂善明曰："我已知汝立身，復欲見汝立官也。"善明應辟。（頁 582）

　　年四十　《南史》卷四九《劉懷珍傳》同。丁福林《南齊書校議》云"尋《宋書》之《孝武帝紀》、《劉道隆傳》，《南史》之《宋本紀》、《劉懷肅傳附劉道隆傳》，劉道隆於宋孝武帝大明四年三月爲青冀二州刺史，任至大明八年閏五月，入爲右衞將軍。則善明爲劉道隆辟爲治中從事在大明四年至八年間。故其爲劉道隆所辟後，乃有'仍舉秀才，孝武帝見其對策强直，甚異之'之事。今約以大明五年善明年四十計之，則其于齊建元二年卒時，年爲五十九。而本卷下文又云善明，'建元二年卒，年四十九'。二處乖訛，必有一誤"，疑"四十"爲"三十"之誤。今檢大明八年劉懷民墓誌（集釋 19，彙編 45）記其卒於大明七年十月，善明四十時，懷民已卒，疑"三十"是。

高逸傳（《南齊書》卷五四）

（明僧紹）子元琳，字仲璋，亦傳家業。（頁 1024）

　　子元琳字仲璋　修訂本校勘記引《南史》卷五〇《明僧紹傳》云"僧紹子元琳、仲璋、山賓並傳家業"，指出元琳與仲璋爲兄弟。今檢《金石萃編》卷五九《攝山棲霞寺明徵君之碑》有"第二子臨沂公仲璋",則仲璋爲僧紹次子,元琳、仲璋當非一人。

孝義傳（《南齊書》卷五五）

(朱)謙之之兄選之又刺殺愔。（頁 1065）

選之　點校本校勘記引《梁書》卷三八《朱异傳》、《南史》卷六二《朱异傳》作"巽之"。今檢開皇八年朱幹墓誌(秦晉豫 67,貞石 029)云:"祖巽之,……父异。"疑以"巽之"爲正。

武帝紀下（《梁書》卷三）

(大通二年冬十月丁亥)魏豫州刺史鄧獻以地内屬。（頁 82）

豫州刺史　《南史》卷七《梁本紀中》同。《魏書》卷二四《鄧淵傳》云:"蕭宗末,(鄧獻)除冠軍將軍、潁州刺史。建義初,聞尒朱榮入洛,朝士見害,遂奔蕭衍。"大業十年鄧㫎墓誌(集釋 482,隋考 424)云:"祖獻,魏散騎常侍、潁州刺史。歸梁,授散騎常侍、左衛將軍、鄱陽縣開國公。"疑"豫州"誤。

太祖五王傳（《梁書》卷二二）

(蕭秀)時年四十四。（頁 383）

四十四　《藝文類聚》卷四七引《司空安成康王碑銘》作"四十有五"。

（蕭憺）平西將軍、荊州刺史，未拜。天監元年，加安西將軍，都督、刺史如故。封始興郡王。（頁392）

天監元年加安西將軍　點校本校勘記引《梁書》卷二《武帝紀中》繫其事於天監六年閏十月。蕭憺碑（校注0316，六朝石刻叢考167）云："天監元年四月，封始興郡王，食邑二千戶。……詔使持節、都督荊湘益寧南北秦六州諸軍事、安西將軍、荊州刺史。"按碑文後記"益部諸將李奉伯倚劉季連寇亂嶓峨"，據《梁書》卷二《武帝紀中》、卷二〇《劉季連傳》，事在天監元年六月，則碑亦以天監元年加安西將軍，與傳合。

（天監）八年，（蕭憺）爲平北將軍、護軍將軍、領石頭戍事。（頁393）

蕭憺碑（校注0316，六朝石刻叢考167）云："（天監七年）十二月，以奉徵還朝，改授平北將軍、護軍將軍、領石頭戍事。又詔都督北討衆軍。"《梁書》卷二《武帝紀中》云："（天監七年五月）癸卯，以平南將軍、江州刺史安成王秀爲平西將軍、荊州刺史，安西將軍、荊州刺史始興王憺爲護軍將軍。……（十月）丙子，魏陽關主許敬珍以城內附。詔大舉北伐。以護軍將軍始興王憺爲平北將軍，率衆入清。"則蕭憺七年五月即自荊州入朝，傳所記稍不確。

　　（天監八年）是秋，（蕭憺）出爲使持節、散騎常侍、都督南北兗徐青冀五州諸軍事、鎮北將軍、南兗州刺史。九年春，遷都督益寧南梁南北秦沙六州諸軍事、鎮西將軍、益州刺史。……十四年，遷都督荆湘雍寧南梁南北秦七州諸軍事、鎮右將軍、荆州刺史。（頁393）

　　　　都督南北兗徐青冀五州諸軍事　　蕭憺碑（校注0316，六朝石刻叢考167）作“都督南北兗北徐青冀五州諸軍事”。

　　　　都督益寧南梁南北秦沙六州諸軍事　　蕭憺碑作“都督益寧梁南北秦沙七州諸軍事”，碑亦僅列六州。

　　　　都督荆湘雍寧南梁南北秦七州諸軍事　　蕭憺碑作“都督荆湘雍益梁寧南北秦八州諸軍事”。

桂陽嗣王象傳（《梁書》卷二三）

　　（蕭象）子慥嗣。（頁404）

　　　　慥　　《南史》卷五一《梁宗室傳上》同。天監十三年蕭融妻王纂韶墓誌（新中國江蘇貳33，彙編49）作“恺”。

蕭景傳（《梁書》卷二四）

　　（天監）五年，班師，（蕭景）除太子右衛率，遷輔國將軍、衞尉卿。（頁408）

　　　　太子右衛率　　《文館詞林》卷四五七《郢州都督蕭子昭碑銘》作“太子左衞率”。

裴邃傳 (《梁書》卷二八)

(裴邃)謚曰烈。……(子之禮)謚曰壯。(頁457—458)

　　《南史》卷五八《裴邃傳》同。開皇二年裴政墓誌(咸陽師範學院學報2024–3)記其祖裴邃"夷陵壯侯",父裴之禮"夷陵毅侯"。

處士傳 (《梁書》卷五一)

未弱冠,齊高帝作相,引(陶弘景)爲諸王侍讀,除奉朝請。(頁822)

　　《文苑英華》卷八七三《隱居貞白先生陶君碑》:"年二十七,爲宜都王侍讀,總知管記事。"按本傳下文記"弘景夢(宜都王蕭)鏗告別,因訪其幽冥中事",疑以碑爲是①。

高宗柳皇后傳 (《陳書》卷七)

高宗柳皇后諱敬言,……大業十一年薨於東都,年八十三,葬洛陽之邙山。(頁143)

　　敬言　《南史》卷一二《后妃傳下》同。修訂本校勘記指出《建康實錄》卷二〇作"敬淑"。今檢大業十一年柳敬言墓誌(隋代墓誌精粹2–45,貞石152)作"敬言"。修訂本

---

① 　參王家葵:《新訂華陽陶隱居年譜》,《陶弘景叢考》,齊魯書社,2003年,第326—330頁。

校勘記當刪。

大業十一年　點校本校勘記指出《南史》卷一二《后妃傳下》作“大業十二年”。今檢大業十一年柳敬言墓誌（隋代墓誌精粹 2—45，貞石 152）云：“（大業）十一年春遘疾，二月十五日薨於河南縣之安世里，春秋八十有五。”原校勘記當刪。

年八十三　《南史》卷一二《后妃傳下》同。柳敬言墓誌作“八十五”。又本傳上文云：“父偃，……大寶中，爲鄱陽太守，卒官。后時年九歲，幹理家事，有若成人。”按傳、誌皆云柳氏卒年八十有餘，則大寶中已成年，或傳有誇飾，或所記其父卒年有誤。

歐陽頠傳（《陳書》卷九）

（歐陽頠）改授都督廣交越成定明新高合羅愛建德宜黃利安石雙十九州諸軍事、鎮南將軍、平越中郎將、廣州刺史，持節、常侍、侯並如故。……永定三年，進授散騎常侍，增都督衡州諸軍事，即本號開府儀同三司。世祖嗣位，進號征南將軍，改封陽山郡公，邑一千五百户，又給鼓吹一部。（頁 177）

《藝文類聚》卷五〇引《廣州刺史歐陽頠墓誌》云：“高祖恩加惟舊，授使持節都督南衡二十二州諸軍事、廣州刺史，進爲開府儀同三司、山陽郡公，進號征南將軍。”《藝文類聚》卷五二引《廣州刺史歐陽頠德政碑》云：“踐祚之初，進公位征南將軍、廣州刺史，又都督東衡州二十州諸軍事。”王鳴盛《十七史商榷》卷六四“歐陽頠傳多誤”條云：“按《南史》，梁元帝承制，以始興郡爲東衡州，以頠爲刺史。……而墓誌所云‘南衡’之名，不見於紀載，則恐傳寫之誤。”

　　陽山郡公　《南史》卷六六《歐陽頠傳》同。《藝文類聚》卷五〇引《廣州刺史歐陽頠墓誌》作“山陽郡公”。

姚察傳（《陳書》卷二七）

（姚察）父上開府僧坦，知名梁武代，二宮禮遇優厚。（頁392）

　　僧坦　《南史》卷六九《姚察傳》同。點校本校勘記據《周書》卷四七《藝術傳》改作“僧垣”，修訂本校勘記改爲異文校。今檢開元二年姚珽墓誌(新見唐誌67)云：“高祖僧垣，梁中書舍人，……隨歷上開府儀同三司、北絳郡公。”

高宗二十九王傳（《陳書》卷二八）

何淑儀生長沙王（陳）叔堅、宜都王（陳）叔明。（頁411）

　　叔堅　《南史》卷六五《陳宗室諸王傳》同。大業十一年陳叔明墓誌(集釋609，隋考431)云：“君共第四兄長沙王叔賢同産。”

太建五年，（陳叔明）立爲宜都王，尋授宣惠將軍，置佐史。七年，授東中郎將、東揚州刺史，尋爲輕車將軍、衞尉卿。

十三年，出爲使持節、雲麾將軍、南徐州刺史。（頁 414）

太建五年　《陳書》卷五《宣帝紀》云："（太建五年十二月）乙巳，立皇子叔明爲宜都王，叔獻爲河東王。……（七年十二月景辰）宣惠將軍宜都王叔明爲東揚州刺史。"與傳合。大業十一年陳叔明墓誌（集釋 609，隋考 431）云："太建七年，策封宜都郡王，時年十二。……八年，授宣惠將軍。九年，授衛尉卿，其年，改授智武將軍。十年，出授東揚州刺史，將軍如故。十二年，進授散騎常侍、南徐州刺史。"與傳迥異。按誌文記其大業七年卒，春秋五十三，推知其生於永定三年，則太建七年當爲十七歲，誌文自相抵牾。

（太建）十二年（河東王陳叔獻）薨，年十三。（頁 415）

年十三　《藝文類聚》卷四五引《司空河東康簡王墓誌》作"時年十有七"。

至德元年，（陳叔興）立爲沅陵王。禎明三年入關。隋大業中，爲給事郎。（頁 420）

《陳書》卷六《後主紀》云："（至德元年十月）癸丑，立皇弟叔儉爲南安王，叔澄爲南郡王，叔興爲沅陵王，叔韶爲岳山王，叔純爲新興王。"大業三年陳叔興墓誌（新中國陝西叁 10）云："年甫十三，在陳封沅陵郡王。"誌文記陳叔興卒於大業三年，春秋三十五，推知其生於太建五年，則至德元年當爲十一歲，與傳不合。

隋大業中爲給事郎　陳叔興墓誌云："開皇九年入

朝,特蒙榮渥。大業二年,奉敕預參選限,爲身染疾,不堪集例,官遂未成。”誌題亦作“前陳沅陵王故陳府君之墓誌”,似未仕隋。

新昌王叔榮字子徹。（頁 422）

　　字子徹　《南史》卷六五《陳室諸王傳》同。大業九年陳叔榮墓誌(集釋 459,隋考 373)作“字子茂”。

后妃傳下 （《南史》卷一二）

隋大業十二年,(宣柳皇后)薨於東都。（頁 384）

　　大業十二年　修訂本校勘記指出《陳書》卷七《高宗柳皇后傳》、《太平御覽》卷一四三引《陳書》作“大業十一年”,今檢大業十一年柳敬言墓誌(隋代墓誌精粹 2－45,貞石 152)作“大業十一年”,足以定讞。

梁宗室傳下 （《南史》卷五二）

(蕭)諮弟脩字世和,封宜豐侯。（頁 1415）

　　脩　點校本校勘記引《梁書》卷五《元帝紀》、卷六《敬帝紀》及《周書》卷二《文帝紀下》、卷四二《劉璠傳》作“循”。今檢大業十一年蕭翹墓誌(集釋 505,隋考 461)云“太保公、宜豐王循之第四子”。建德六年柳帶韋墓誌(文博 2020－5)有“梁宜豐侯蕭循”,當以“循”爲正。

隱逸傳下（《南史》卷七六）

（陶弘景）詔贈太中大夫，謚曰貞白先生。（頁 2052）

　　太中大夫　《梁書》卷五一《陶弘景傳》、《文苑英華》卷八七三《隱居貞白先生陶君碑》作“中散大夫”。

徵引書目

一、傳世文獻

（南朝宋）范曄撰，（唐）李賢等注：《後漢書》，中華書局，1965 年。

（清）王先謙集解：《後漢書集解》，中華書局，1984 年。

（梁）沈約撰：《宋書》，中華書局，1974 年。

（梁）沈約撰：《宋書》（修訂本），中華書局，2018 年。

（梁）蕭子顯撰：《南齊書》，中華書局，1972 年。

（梁）蕭子顯撰：《南齊書》（修訂本），中華書局，2017 年。

（唐）姚思廉撰：《梁書》，中華書局，1973 年。

（唐）姚思廉撰：《梁書》（修訂本），中華書局，2020 年。

（唐）姚思廉撰：《陳書》，中華書局，1972 年。

（唐）姚思廉撰：《陳書》（修訂本），中華書局，2021 年。

（北齊）魏收撰：《魏書》，中華書局，1974 年。

（北齊）魏收撰：《魏書》（修訂本），中華書局，2017 年。

（唐）李百藥撰：《北齊書》，中華書局，1972 年。

（唐）李百藥撰：《北齊書》（修訂本），中華書局，2024 年。

（唐）令狐德棻等撰：《周書》，中華書局，1971 年。

（唐）令狐德棻等撰：《周書》（修訂本），中華書局，2022 年。

（唐）魏徵等撰：《隋書》，中華書局，1973 年。

（唐）魏徵等撰：《隋書》（修訂本），中華書局，2019 年。

（唐）李延壽撰：《南史》，中華書局，1975 年。

（唐）李延壽撰：《南史》（修訂本），中華書局，2023 年。

（唐）李延壽撰：《北史》，中華書局，1974 年。

（唐）李林甫等撰：《唐六典》，陳仲夫點校，中華書局，2014 年。

（宋）歐陽脩撰：《集古録跋尾》，《石刻史料新編》第 1 輯第 24 册，新文豐出版公司，1977 年。

（宋）趙明誠撰：《金石録校證》，金文明校證，中華書局，2019 年。

（宋）陳思纂：《寶刻叢編》，《叢書集成初編》，中華書局，1985 年。

（元）陶宗儀輯：《古刻叢抄》，《石刻史料新編》第 1 輯第 10 册，新文豐出版公司，1977 年。

（清）王昶撰：《金石萃編》，陝西人民美術出版社，1990 年。

（清）陸增祥撰：《八瓊室金石補正》，文物出版社，1985 年。

（清）端方撰：《匋齋藏石記》，《石刻史料新編》第 1 輯第 11 册，新文豐出版公司，1977 年。

（清）錢大昕撰：《潛研堂金石文跋尾》，《嘉定錢大昕全集》（增訂本），鳳凰出版社，2016 年。

（清）胡聘之撰：《山右石刻叢編》，《石刻史料新編》第 1 輯第 20 册，新文豐出版公司，1977 年。

楊守敬撰：《壬癸金石跋》，《石刻史料新編》第 4 輯第 7 册，新文豐出版公司，2006 年。

羅振玉撰：《雪堂金石文字跋尾》，《石刻史料新編》第 3 輯第 38 册，新文豐出版公司，1986 年。

（清）錢大昕撰：《廿二史考異》，方詩銘、周殿傑校點，上海古籍出版社，2004 年。

（清）王鳴盛撰：《十七史商榷》，上海書店出版社，2005 年。

（清）勞格撰：《讀書雜識》，上海書店出版社，1994 年。

（清）李慈銘撰：《越縵堂讀書記》，中華書局，2006年。

（唐）林寶撰：《元和姓纂（附四校記）》，岑仲勉校記，郁賢皓、陶敏整理，中華書局，1994年。

（唐）歐陽詢輯：《藝文類聚》，汪紹楹校，上海古籍出版社，1982年。

（宋）王欽若等編：《宋本册府元龜》，中華書局，1989年。

（宋）王欽若等編：《册府元龜》，中華書局，1960年。

（南朝宋）劉義慶撰，（南朝梁）劉孝標注：《世説新語箋疏》，余嘉錫箋疏，周祖謨等整理，中華書局，2016年。

（宋）李昉等編：《文苑英華》，中華書局，1966年。

（唐）許敬宗編：《日藏弘仁本文館詞林校證》，羅國威整理，中華書局，2001年。

（北周）庾信撰，（清）倪璠注：《庾子山集注》，中華書局，1980年。

二、碑誌文獻

趙萬里編：《漢魏南北朝墓誌集釋》，科學出版社，1957年。

趙超著：《漢魏南北朝墓誌彙編》（修訂本），中華書局，2021年。

羅新、葉煒著：《新出魏晉南北朝墓誌疏證》（修訂本），中華書局，2024年。

王連龍編撰：《南北朝墓誌集成》，上海人民出版社，2021年。

王其禕、周曉薇編著：《隋代墓誌銘彙考》，綫裝書局，2007年。

周曉薇、王其禕著：《貞石可憑：新見隋代墓誌銘疏證》，科學出版社，2019年。

毛遠明編著：《漢魏六朝碑刻校注》，綫裝書局，2008年。

王連龍著：《新見北朝墓誌集釋》，中國書籍出版社，2013年。

胡戟著：《珍稀墓誌百品》，陝西師範大學出版社，2016年。

魯迅著：《魯迅輯校石刻手稿碑銘（中）》，李新宇、周海嬰主編：

《魯迅大全集》第 23 卷,長江文藝出版社,2011 年。

　　魯迅著:《魯迅輯校石刻手稿碑銘(下)》,李新宇、周海嬰主編:《魯迅大全集》第 24 卷,長江文藝出版社,2011 年。

　　北京圖書館金石組編:《北京圖書館藏中國歷代石刻拓本匯編》,中州古籍出版社,1989 年。

　　中國文物研究所、陝西省古籍整理辦公室編:《新中國出土墓誌·陝西卷〔壹〕》,文物出版社,2000 年。

　　中國文物研究所、陝西省古籍整理辦公室編:《新中國出土墓誌·陝西卷〔貳〕》,文物出版社,2003 年。

　　故宮博物院、陝西省考古研究院編:《新中國出土墓誌·陝西卷〔叁〕》,文物出版社,2015 年。

　　故宮博物院、陝西省考古研究院編:《新中國出土墓誌·陝西卷〔肆〕》,文物出版社,2021 年。

　　中國文物研究所、河南省文物研究所編:《新中國出土墓誌·河南卷〔壹〕》,文物出版社,1994 年。

　　中國文物研究所、千唐誌齋博物館編:《新中國出土墓誌·河南卷〔叁〕》,文物出版社,2008 年。

　　中國文物研究所、河北省文物研究所編:《新中國出土墓誌·河北卷〔壹〕》,文物出版社,2004 年。

　　故宮博物院、南京市博物館編:《新中國出土墓誌·江蘇卷〔貳〕》,文物出版社,2014 年。

　　陳長安主編:《隋唐五代墓誌匯編·洛陽卷》,天津古籍出版社,1991 年。

　　王仁波主編:《隋唐五代墓誌匯編·陝西卷》,天津古籍出版社,1991 年。

　　周紹良主編:《唐代墓誌彙編》,上海古籍出版社,1992 年。

周紹良、趙超主編:《唐代墓誌彙編續集》,上海古籍出版社,2001年。

吳鋼主編:《全唐文補遺》第 6 輯,三秦出版社,1999年。

吳鋼主編:《全唐文補遺》第 7 輯,三秦出版社,2000年。

吳鋼主編:《全唐文補遺》第 8 輯,三秦出版社,2005年。

吳鋼主編:《全唐文補遺·千唐誌齋新藏專輯》,三秦出版社,2006年。

員安志編著:《中國北周珍貴文物》,陝西人民美術出版社,1993年。

上海書畫出版社編:《北朝墓誌精粹》,上海書畫出版社,2021年。

上海書畫出版社編:《隋代墓誌精粹》,上海書畫出版社,2023年。

胡海帆、湯燕編:《1996—2012 北京大學圖書館新藏金石拓本菁華》,北京大學出版社,2012年。

中國國家博物館編:《中國國家博物館館藏文物研究叢書·墓誌卷》,上海古籍出版社,2017年。

石永士、王素芳、裴淑蘭編:《河北金石輯錄》,河北人民出版社,1993年。

吳光田、李強編:《邯鄲碑刻》,天津人民出版社,2002年。

涿州市文物保管所編:《涿州貞石錄》,北京燕山出版社,2005年。

葉煒、劉秀峰主編:《墨香閣藏北朝墓誌》,上海古籍出版社,2016年。

馬忠理、馮小紅、崔冠華主編:《磁縣北朝墓群出土碑誌集釋》,文物出版社,2021年。

謝振中著:《河東望族 萬榮薛氏》,三晉出版社,2013年。

大同北朝藝術研究院編著:《北朝藝術研究院藏品圖錄:墓

誌》，文物出版社，2016年。

賈振林編著：《文化安豐》，大象出版社，2011年。

《山東石刻分類全集》編輯委員會編著：《山東石刻分類全集》第5卷《歷代墓誌》，青島出版社、山東音像文化出版社，2013年。

洛陽市文物工作隊編：《洛陽出土歷代墓誌輯繩》，中國社會科學出版社，1991年。

洛陽市第二文物工作隊編：《洛陽新獲墓誌》，文物出版社，1996年。

洛陽市第二文物工作隊編：《洛陽新獲墓誌續編》，科學出版社，2008年。

毛陽光、余扶危主編：《洛陽流散唐代墓誌彙編》，國家圖書館出版社，2013年。

毛陽光主編：《洛陽流散唐代墓誌彙編續集》，國家圖書館出版社，2018年。

毛陽光主編：《洛陽流散唐代墓誌彙編三集》，國家圖書館出版社，2023年。

河南省文物研究所、河南省洛陽地區文管處編：《千唐誌齋藏誌》，文物出版社，1984年。

陳振濂主編：《千唐誌齋碑銘全集》，朝華出版社，2022年。

朱亮主編：《洛陽出土北魏墓誌選編》，科學出版社，2001年。

趙君平編：《邙洛碑誌三百種》，中華書局，2004年。

趙君平、趙文成編：《河洛墓刻拾零》，北京圖書館出版社，2007年。

尚曉周主編：《北魏元長文墓誌》，河南美術出版社，2010年。

齊運通編：《洛陽新獲七朝墓誌》，中華書局，2012年。

齊運通、楊建鋒編：《洛陽新獲墓誌二〇一五》，中華書局，

2017 年。

洛陽市文物考古研究院編:《洛陽市文物考古研究院藏石集粹:墓誌篇》,中州古籍出版社,2020 年。

齊運通主編:《洛陽新獲墓誌百品》,國家圖書館出版社,2020 年。

張永強主編:《張海書法藝術館館藏石刻選》,西泠印社出版社,2023 年。

毛遠明編著:《西南大學新藏墓誌集釋》,鳳凰出版社,2018 年。

趙君平、趙文成編:《秦晉豫新出墓誌蒐佚》,國家圖書館出版社,2012 年。

趙文成、趙君平編:《秦晉豫新出墓誌蒐佚續編》,國家圖書館出版社,2015 年。

張永華、趙文成、趙君平編:《秦晉豫新出墓誌蒐佚三編》,國家圖書館出版社,2020 年。

趙力光編:《鴛鴦七誌齋藏石》,三秦出版社,1995 年。

趙力光等主編:《西安碑林博物館新藏墓誌彙編》,綫裝書局,2007 年。

趙力光主編:《西安碑林博物館新藏墓誌續編》,陝西師範大學出版社,2014 年。

趙力光、裴建平主編:《西安碑林全集·碑刻碑帖卷》,陝西師範大學出版社,2023 年。

陝西省古籍整理辦公室編:《咸陽碑石》,三秦出版社,1990 年。

張沛編著:《昭陵碑石》,三秦出版社,1993 年。

陝西省古籍整理辦公室編:《華山碑石》,三秦出版社,1995 年。

李改、張光溥編:《藥王山北朝碑石研究》,陝西旅游出版社,1999 年。

陝西省古籍整理辦公室、咸陽市文物考古研究所編:《咸陽碑刻》,三秦出版社,2003 年。

　　胡戟、榮新江主編:《大唐西市博物館藏墓誌》,北京大學出版社,2012 年。

　　雷建國主編:《北魏弘農華陰楊氏墓誌輯錄》,西嶽廟文物管理處,2015 年。

　　李明、劉呆運、李舉綱主編:《長安高陽原新出土隋唐墓誌》,文物出版社,2016 年。

　　西安市文物稽查隊編:《西安新獲墓誌集萃》,文物出版社,2016 年。

　　陝西歷史博物館編:《風引薤歌:陝西歷史博物館藏墓誌萃編》,陝西師範大學出版社,2017 年。

　　劉文編著:《陝西新見隋朝墓誌》,三秦出版社,2018 年。

　　陝西省考古研究院編:《陝西省考古研究院新入藏墓誌》,上海古籍出版社,2019 年。

　　戴應新編著:《長安鳳栖原韋氏家族墓地墓誌輯考》,三秦出版社,2020 年。

　　劉文、杜鎮編著:《陝西新見唐朝墓誌》,三秦出版社,2022 年。

　　薛養賢、楊曉萍主編:《遮蔽與再生:以西安交大博物館館藏墓誌為中心》,西安交通大學出版社,2022 年。

　　何如月、王勇超著:《石墨鐫華:關中民俗藝術博物院收藏碑誌集釋》,陝西師範大學出版社,2023 年。

　　李浩主編:《榆陽區古代碑刻藝術博物館藏誌》,中華書局,2024 年。

　　張寶璽編著:《甘肅佛教石刻造像》,甘肅人民美術出版社,2001 年。

三、考古報告

湯池：《河北磁縣出土昌樂王元誕墓誌》，《文物資料叢刊》第 1 輯，文物出版社，1977 年。

山東省博物館文物組：《山東高唐東魏房悦墓清理報告》，《文物資料叢刊》第 2 輯，文物出版社，1978 年。

代尊德：《太原北魏辛祥墓》，《考古學集刊》第 1 集，中國社會科學出版社，1981 年。

山西省考古研究所、太原市文物考古研究所：《北齊東安王婁叡墓》，文物出版社，2006 年。

原州聯合考古隊編著：《北周田弘墓》，文物出版社，2009 年。

國家文物局主編：《2009 中國重要考古發現》，文物出版社，2010 年。

北京大學考古文博學院、河北省文物考古研究院編著：《贊皇西高北朝趙郡李氏家族墓地——2009～2010 年北區發掘報告》，科學出版社，2021 年。

張平一：《河北吳橋縣發現東魏墓》，《考古通訊》1956 年第 6 期。

侯鴻鈞：《洛陽西車站發現北魏墓一座》，《文物參考資料》1957 年第 2 期。

張季：《河北景縣封氏墓群調查記》，《考古通訊》1957 年第 3 期。

河南省文化局文物工作隊：《河南偃師唐崔沈墓發掘簡報》，《文物參考資料》1958 年第 8 期。

孟昭林：《無極甄氏諸墓的發現及其有關問題》，《文物》1959 年第 1 期。

夏鼐：《咸陽底張灣隋墓出土的東羅馬金幣》，《考古學報》1959

年第 3 期。

　　孟昭林:《記後魏邢偉墓出土物及邢巒墓的發現》,《考古》1959年第 4 期。

　　周到:《河南濮陽北齊李雲墓出土的瓷器和墓誌》,《考古》1964年第 9 期。

　　劉玉杲:《饒陽縣王橋村隋墓清理簡報》,《文物》1964 年第10 期。

　　陝西省文物管理委員會:《陝西省三原縣雙盛村隋李和墓清理簡報》,《文物》1966 年第 1 期。

　　山西省大同市博物館、山西省文物工作委員會:《山西大同石家寨北魏司馬金龍墓》,《文物》1972 年第 3 期。

　　洛陽博物館:《洛陽北魏元邵墓》,《考古》1973 年第 4 期。

　　河北省博物館、河北省文物管理處:《河北平山北齊崔昂墓調查報告》,《文物》1973 年第 11 期。

　　陶正剛:《山西祁縣白圭北齊韓裔墓》,《文物》1975 年第 4 期。

　　磁縣文化館:《河北磁縣東陳村東魏墓》,《考古》1977 年第6 期。

　　石家莊地區革委會文化局文物發掘組:《河北贊皇東魏李希宗墓》,《考古》1977 年第 6 期。

　　磁縣文化館:《河北磁縣北齊高潤墓》,《考古》1979 年第 3 期。

　　河北省文管處:《河北景縣北魏高氏墓發掘簡報》,《文物》1979年第 3 期。

　　王克林:《北齊庫狄迴洛墓》,《考古學報》1979 年第 3 期。

　　尚振明:《孟縣出土北魏司馬悦墓誌》,《文物》1981 年第 12 期。

　　桑紹華:《西安南郊三爻村發現四座唐墓》,《考古與文物》1983年第 3 期。

山西省考古研究所、太原市文物管理委員會：《太原市北齊婁叡墓發掘簡報》，《文物》1983 年第 10 期。

山東省文物考古研究所：《臨淄北朝崔氏墓》，《考古學報》1984 年第 2 期。

薛增福：《河北曲陽發現隋代墓誌及瓷器》，《文物》1984 年第 2 期。

磁縣文化館：《河北磁縣東陳村北齊堯峻墓》，《文物》1984 年第 4 期。

磁縣文化館：《河北磁縣東魏茹茹公主墓發掘簡報》，《文物》1984 年第 4 期。

陳瑞琳：《甘肅正寧縣出土北周佛像》，《考古與文物》1985 年第 4 期。

韓明祥：《釋北齊宜陽國太妃傅華墓誌銘》，《文物》1985 年第 10 期。

寧夏回族自治區博物館、寧夏固原博物館：《寧夏固原北周李賢夫婦墓發掘簡報》，《文物》1985 年第 11 期。

陝西省考古研究所：《西安東郊隋李椿夫婦墓清理簡報》，《考古與文物》1986 年第 3 期。

張光明：《山東淄博市發現北魏傅豎眼墓誌》，《考古》1987 年第 2 期。

嘉祥縣文物管理所：《山東嘉祥英山二號隋墓清理簡報》，《文物》1987 年第 11 期。

馬忠理：《北齊蘭陵王高肅墓及碑文述略》，《中原文物》1988 年第 2 期。

大同市博物館：《大同東郊北魏元淑墓》，《文物》1989 年第 8 期。

李學文：《山西襄汾出土東魏天平二年裴良墓誌》，《文物》1990

年第 12 期。

　　徐殿魁：《河南偃師縣杏園村的四座北魏墓》，《考古》1991 年第 9 期。

　　壽光縣博物館：《山東壽光北魏賈思伯墓》，《文物》1992 年第 8 期。

　　山西省考古研究所、太原市文物管理委員會：《太原隋斛律徹墓清理簡報》，《文物》1992 年第 10 期。

　　310 國道孟津考古隊：《洛陽孟津邙山西晉北魏墓發掘報告》，《華夏考古》1993 年第 1 期。

　　運城地區河東博物館：《晉南發現北齊裴子誕兄弟墓誌》，《考古》1994 年第 4 期。

　　李裕群：《山西平定開河寺石窟》，《文物》1997 年第 1 期。

　　河北省文物研究所、平山縣博物館：《河北平山縣西嶽村隋唐崔氏墓》，《考古》2001 年第 2 期。

　　陝西省考古研究所：《北周宇文儉墓清理發掘簡報》，《考古與文物》2001 年第 3 期。

　　洛陽市第二文物工作隊：《洛陽紗廠西路北魏 HM555 發掘簡報》，《文物》2002 年第 9 期。

　　濟南市考古研究所：《濟南隋代呂道貴兄弟墓》，《文物》2005 年第 1 期。

　　洛陽博物館：《洛陽北魏楊機墓出土文物》，《文物》2007 年第 11 期。

　　中國社會科學院考古研究所河北工作隊：《河北磁縣北朝墓群發現東魏皇族元祜墓》，《考古》2007 年第 11 期。

　　田韶品：《曲陽北魏崔楷墓》，《文物春秋》2009 年第 6 期。

　　陝西省考古研究院：《西安南郊隋李裕墓發掘簡報》，《文物》

2009 年第 7 期。

陝西省考古研究院：《北周獨孤賓墓發掘簡報》，《考古與文物》2011 年第 5 期。

洛陽市文物考古研究院：《北魏淮南王元遵墓發掘簡報》，《洛陽考古》2013 年第 2 期。

四川大學考古學系、河南省文物局南水北調文物保護辦公室：《河南衞輝市大司馬村隋唐乞扶令和夫婦墓》，《考古》2015 年第 2 期。

西安市文物保護考古研究院：《隋韋協墓發掘簡報》，《文博》2015 年第 3 期。

鄭州市文物考古研究院、首都師範大學歷史學院：《隋代鄭仲明墓發掘簡報》，《中原文物》2015 年第 6 期。

中國社會科學院考古研究所河北工作隊：《河北贊皇縣北魏李仲胤夫婦墓發掘簡報》，《考古》2015 年第 8 期。

中國社會科學院考古研究所河北工作隊：《河北贊皇縣北魏李翼夫婦墓》，《考古》2015 年第 12 期。

陝西省考古研究院：《咸陽北周拓跋迪夫婦墓發掘簡報》，《中原文物》2019 年第 3 期。

西安市文物保護考古研究院：《陝西西安西魏乙弗虬及夫人隋代席氏合葬墓發掘簡報》，《考古與文物》2020 年第 1 期。

西安市文物保護考古研究院：《陝西西安北周康城愷公柳帶韋墓發掘簡報》，《文博》2020 年第 5 期。

陝西省考古研究院：《陝西西咸新區擺旗寨西魏陸醜墓發掘簡報》，《文物》2021 年第 11 期。

李明等：《咸陽洪瀆原　半部隋唐史——陝西咸陽發現中古時期系列家族墓園》，《中國文物報》2021 年 12 月 17 日第 8 版。

西安市文物保護考古研究院:《陝西西咸新區空港新城隋唐豆盧賢家族墓發掘簡報》,《考古與文物》2022 年第 1 期。

山西省考古研究院、運城市文物保護中心、萬榮縣文化和旅游局:《山西萬榮西思雅北魏薛懷吉墓發掘簡報》,《文物》2023 年第 1 期。

西安市文物保護考古研究院、西北大學文化遺産學院:《西安長安區北周宇文鴻漸、宇文吉甫墓發掘簡報》,《文物》2023 年第 6 期。

陝西省考古研究院:《陝西隋代裴政墓發掘簡報》,《咸陽師範學院學報》2024 年第 3 期。

西安市文物保護考古研究院、洛陽市考古研究院:《陝西西安北周步六孤逞墓發掘簡報》,《考古與文物》2024 年第 11 期。

四、研究論著

岑仲勉著:《金石論叢》,中華書局,2004 年。

岑仲勉著:《隋書求是》,中華書局,2004 年。

陳爽著:《世家大族與北朝政治》,中國社會科學出版社,1998 年。

陳爽著:《出土墓誌所見中古譜牒研究》,學林出版社,2015 年。

丁福林著:《南齊書校議》,中華書局,2010 年。

賴非著:《雲峰刻石》,浙江人民美術出版社,2023 年。

梁春勝著:《六朝石刻叢考》,中華書局,2021 年。

羅新主編:《彼美淑令:北朝女性的個體生命史》,北京大學出版社,2024 年。

羅新著:《漫長的餘生:一個北魏宮女和她的時代》,北京日報出版社,2022 年。

羅新著:《王化與山險:中古邊裔論集》,北京大學出版社,

2019 年。

馬長壽著:《碑銘所見前秦至隋初的關中部族》,廣西師範大學出版社,2006 年。

牟發松、毋有江、魏俊傑著:《中國行政區劃通史:十六國北朝卷》,復旦大學出版社,2017 年。

施和金著:《北齊地理志》,中華書局,2008 年。

嚴耕望著:《中國地方行政制度史:魏晉南北朝地方行政制度》,上海古籍出版社,2007 年。

姚薇元著:《北朝胡姓考》,中華書局,2007 年。

(日)窪添慶文著:《魏晉南北朝官僚制研究》,趙立新等譯,復旦大學出版社,2017 年。

王仲犖著:《北周地理志》,中華書局,1980 年。

王仲犖著:《北周六典》,中華書局,1979 年。

徐俊著:《翠微却顧集:中華書局與現代學術文化》,中華書局,2021 年。

趙振華著:《洛陽古代銘刻文獻研究》,三秦出版社,2009 年。

周一良著:《魏晉南北朝史札記》,中華書局,2007 年。

祥生:《長安發現北魏獻文皇帝之孫墓誌》,《碑林集刊》第 4 輯,陝西人民美術出版社,1996 年。

周一良:《北魏鎮戍制度考及續考》,《魏晉南北朝史論集》,北京大學出版社,1997 年。

王其禕、李舉綱:《新出土北周建德二年庾信撰〈宇文顯墓誌銘〉勘證》,《出土文獻研究》第 8 輯,上海古籍出版社,2007 年。

羅新:《北魏直勤考》,《中古北族名號研究》,北京大學出版社,2009 年。

陳財經、王建中:《新出土北朝長孫氏墓誌三方考略》,《碑林集刊》第 17 輯,三秦出版社,2011 年。

葉煒:《從王光、叱羅招男夫婦墓誌論西魏北周史二題》,《魏晉南北朝隋唐史資料》第 28 輯,武漢大學人文社會科學學報編輯部,2012 年。

王其禕、周曉薇:《新見隋仁壽元年〈柳機墓誌〉考釋——兼爲梳理西眷柳氏主支世系及其初入關中躋身"郡姓"之情形》,《唐史論叢》第 19 輯,三秦出版社,2014 年。

辛德勇:《北齊〈大安樂寺碑〉與長生久視之命名習慣》,《石室賸言》,中華書局,2014 年。

辛德勇:《北齊樂陵王暨王妃斛律氏墓志與百年太子命案本末》,《石室賸言》,中華書局,2014 年。

傅清音、王其禕:《從三方墓誌看北周尚主劉昶家庭在隋的境遇沉浮》,《碑林論叢》第 23 輯,三秦出版社,2018 年。

王書欽、秦航:《新出北周〈宇文賢墓誌〉〈宇文盛墓誌〉考釋》,《碑林論叢》第 23 輯,三秦出版社,2018 年。

周鼎:《北魏〈元妙墓誌〉三題》,《北朝研究》第 9 輯,科學出版社,2018 年。

傅清音:《新出元華光墓誌與元媛柔墓誌所見元魏宗女的婚姻和信仰》,《出土文獻研究》第 18 輯,中西書局,2019 年。

王丁:《中古碑誌、寫本中的漢胡語文札記(四)》,《元史及民族與邊疆研究集刊》第 38 輯,上海古籍出版社,2019 年。

周曉薇、李皓:《隋代鮮卑族乞伏氏與賀婁氏之新史料——長安新見隋開皇十五年〈婁叡妻乞伏氏墓誌〉》,《唐史論叢》第 28 輯,三秦出版社,2019 年。

傅清音:《新見唐〈劉禎墓誌〉及相關史事考》,《碑林集刊》第 26

輯,三秦出版社,2021 年。

張慶捷:《北魏乙弗莫瓌父子墓磚銘跋》,北京大學考古文博學院編:《宿白紀念文集》,文物出版社,2022 年。

李子春:《隋郭榮碑考釋》,《考古通訊》1957 年第 1 期。

秦公:《釋北魏高道悅墓誌》,《文物》1979 年第 9 期。

杜葆仁、夏振英:《華陰潼關出土的北魏楊氏墓誌考證》,《考古與文物》1984 年第 5 期。

施安昌:《隋刻〈重修定州七帝寺記〉》,《故宮博物院院刊》1985 年第 2 期。

王銀田:《元淑墓誌考釋——附北魏高琨墓誌小考》,《文物》1989 年第 8 期。

河北省文物研究所墓誌小組:《封孝琰及其妻崔氏墓誌》,《文物春秋》1990 年第 4 期。

李建麗、李振奇:《臨城李氏墓誌考》,《文物》1991 年第 8 期。

李獻奇、張欽波:《隋邊城郡公尒朱休神道碑考》,《中原文物》1992 年第 4 期。

馬先登:《北周武德皇后墓誌》,《文物天地》1995 年第 2 期。

王壯弘:《北魏封君夫人長孫氏墓誌》,《書法》1995 年第 3 期。

張慶捷、李彪:《山西靈丘北魏文成帝〈南巡碑〉》,《文物》1997 年第 12 期。

周偉洲、賈麥明、穆小軍:《新出土的四方北朝韋氏墓誌考釋》,《文博》2000 年第 2 期。

劉合心、呼林貴:《北周徒何綸誌史地考》,《文博》2002 年第 2 期。

劉恒:《北朝墓誌題跋二則》,《書法叢刊》2002 年第 2 期。

趙生泉:《〈正解寺殘碑〉綴補》,《文物春秋》2003 年第 4 期。

叢文俊：《新出土北朝小楷墓磚墨迹（墨書未刻）〈魏廣陵王元羽妻鄭太妃墓誌〉考》，《中國書法》2005 年第 9 期。

鄒冬珍、衞文革：《山西運城出土幾盒裴氏墓誌》，《文物世界》2006 年第 4 期。

李森：《新見唐代崔仁縱墓誌》，《文獻》2008 年第 3 期。

羅新、李泉匯：《北魏太武帝東巡碑的新發現》，《中國國家博物館館刊》2011 年第 9 期。

朱滸：《徐州出土薛道衡所撰隋代劉弘墓誌考釋及研究》，《文獻》2012 年第 1 期。

陶鈞：《北魏崔賓媛墓誌考釋》，《收藏家》2012 年第 6 期。

魏秋萍：《長安新出隋開皇十五年〈元綸墓誌〉釋讀》，《考古與文物》2012 年第 6 期。

張占民、倪潤安：《唐郭嗣本與長孫四娘夫婦墓誌考釋》，《文博》2013 年第 4 期。

蔡副全：《新發現武興國主楊文弘與姜太妃夫婦墓誌考》，《考古與文物》2014 年第 2 期。

王連龍：《北魏高樹生及妻韓期姬墓誌考》，《文物》2014 年第 2 期。

石松：《新見北魏〈胡國寶墓誌〉書法考》，《書法賞評》2015 年第 1 期。

董剛：《北魏元延明墓誌考釋》，《史學史研究》2016 年第 3 期。

廖基添：《論魏齊之際“河南—河北”政治格局的演變——從東魏張瓊父子墓誌説起》，《文史》2016 年第 3 輯。

羅新：《統萬城與統萬突》，《中華文史論叢》2018 年第 4 期。

張鶴泉：《論北魏時期的開府儀同三司》，《人文雜誌》2018 年第 7 期。

程迎昌、何漢儒:《魏收撰魏仲姿墓誌略考》,《書法叢刊》2019年第 3 期。

薛飛:《新見隋〈李士謙墓誌〉考》,《中國書法》2019 年第 12 期。

李浩:《新見柳宗元七世祖柳慶夫婦合祔誌初探》,《文獻》2023年第 1 期。

張玉興:《北周"虎門學"諱改"露門學"考》,《文史》2023 年第 1 期。

趙占鋭、鄭旭東:《試析隋王韶家族墓園的佈局特徵和營建過程》,《文博》2023 年第 5 期。

黄楨:《北魏〈于烈碑〉考》,《中華文史論叢》2024 年第 1 期。

張楊力錚:《隋裴政墓誌考釋》,《咸陽師範學院學報》2024 年第 3 期。

王慶昱、劉燦輝:《新出隋代〈尉吞墓誌〉涉及的幾個問題》,《書法》2024 年第 12 期。

張琦:《〈鄀乾墓誌〉世系新考》,《中國史研究》2025 年第 1 期。